KB059547

7가지 키워드로 읽는

오늘의 이스라엘

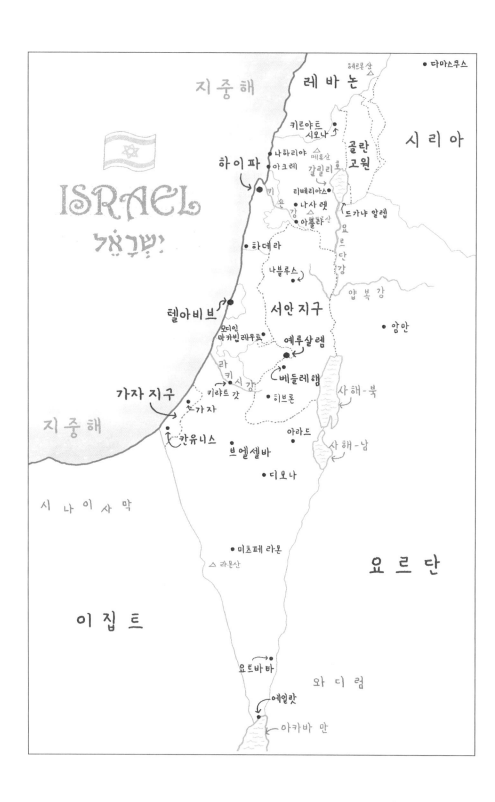

─ 7가지 키워드로 읽는 ─

오늘의 이스라엘

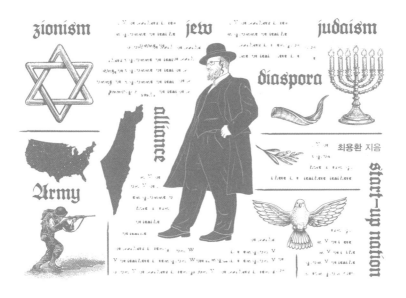

최용환 지음

최용환 지음

익숙하지만 낯선 나라, 이스라엘

약속의 땅, 이스라엘! 직항편으로도 열 시간 이상 걸릴 만큼 우리나라와는 지리적으로 꽤 먼 중동의 한 나라. 하지만 이스라엘은 우리에게 왠지 모르게 가깝게 여겨진다. 삼각형을 아래위로 두 개 겹친 '다윗의 별'이 그려진 이스라엘 국기를 알아보는 사람들도 많다. 이스라엘과 관련된 뉴스는 중동의 다른 나라 소식에 비해 더 자주 보도되는 것처럼 느껴지기도 한다. 중국이나 일본 등 주변국의 성취에도 시큰둥한 우리가 유독 중동의 작은 나라 이스라엘에 관심을 갖는 이유는 무엇일까?

필자의 짐작에 불과하지만, 가장 큰 이유는 이스라엘이 '《성경》의 나라'이기 때문이 아닐까 싶다. 가톨릭이든 기독교든 크리스천 신앙을 가진 사람들에게 이스라엘은 그야말로 성스러운 나라Holy Land이다. 언젠가 꼭 한 번 직접 가보고 싶은 나라로 꼽는 사람들도 많다. 또한 이른바 불멸의 민족인 유대인이 세운 나라라는 점에서 관심을 가진 사람들도 적지 않다. 2천 년 이상 세계를 유랑하면서 온갖 박해를 경험하고 홀로코스트라는 처참한 비극까지 겪었으면서도 마침내 유대민족의 나라를 다시 세우는 데 성공한 이야기는 우리에게 너무나 잘 알려져 있다. 또한 노벨상을 비롯하여 여러 분야에서 만들어온 다양한 성취의 역사 때문에 유대인에 대해 관심을 갖게 된 사람들도 많다. 우리 일반 가정에서도 탈무드 관련 책이 한 권 정도는 책장에 꽂혀 있으며, 자녀를 둔 학부모들은 유대인의 교육 방식에 대한 관심도 많다.

한편 비록 땅도 좁고 인구도 적은 데다 척박한 환경을 가졌지만 지난 수십 년 동안 아랍·무슬림 국가들과의 군사적 충돌 속에서도 국가를 지켜낸 강소국이라는 데 많은 사람이 공감을 표한다. 특히 최근에는 첨단 하이테크 분야에서 세계를 선도하는 기술국가로 명성을 높이고 있어 관련 비즈니스에 종사하는 사람들의 주목을 받고 있다. 하지만 아직 해결의 실마리가 잘 보이지 않는 이스라엘과 팔레스타인의 분쟁은 현재 진행형으로 여전히 지속되고 있어 가끔 세계 뉴스의 초점이 되기도 한다.

이처럼 이스라엘은 우리에게 익숙한 나라이다. 그런데 이스라엘에 근무하면서 한 발 더 깊숙이 이스라엘을 만나고 보니 우리가 익히 알던 것과는 다른 새로운 면모를 알게 되었다. 근무를 마치고 난 뒤 지인들과 만나 이야기를 나누면서 필자가 발견한 이야기들을 들려주니 이스라엘을 좀 더 깊이 이해하게 되었다는 반응이 많았다. 이스라엘을 방문했던 또 다른 지인은 나의 이야기를 듣고 한국을 떠나기 전에 이 내용을 미리 알았더라면 좋았을 것 같다고 이야기하기도 했다. 마침내 몇몇 가까운 지인에게서 필자가 들려주었던 이야기를 책으로 엮어 보라는 권유를 받기까지 했다. 당연히 처음에는 무모한 권유라는 생각에 엄두를 내지 못했다.

그런데 우연히 서점에 들렀을 때, 이스라엘에 관한 책들을 살펴보게 되었다. 지식이 넘쳐나는 세상이라 이미 너무나 많은 책들이 출간되어 있었다. 종교 서적에서부터 성지순례 안내서라든가 팔레스타인과의 분쟁이나 기술 혁신과 스타트업 등 다양한 분야의 책들이 넘쳐날 정도로 많이 있었다. 그에 더해 유대인과 관련된 책들은 훨씬 더 많았다. 하지만 오늘의 이스라엘에서 실제로 일어나고 있는 다양한 스토리들을 개괄적으로 다루고 있는 책은 생각보다 드물었다. 특히 여러 목적으로 이스라엘을 처음 방문하는 사람들이 이스라엘이 어떤 나라인가 알아보기 위해 전반적으로 참고할 만한 책이 많지 않다는 것을 알게 되었다. 그래서 책을 출간할 용기를 낼 수 있었다.

이 책은 이스라엘을 신앙의 차원에서 탐구하거나 또는 학술적 목적으로 연구한 결과물이 아니다. 이 책은 수천년의 오랜 역사를 가진 '성경 속의 이스라엘Biblical Israel'이 아니라 겨우 70여 년 전에 건국된 젊은 이스라엘이 현재 살아가고 있는 모습에 초점을 맞추고 있다. 오늘의 이스라엘에서 일어나고 있는 사건이나 문제가 되고 있는 여러 이슈들 가운데 이스라엘을 이해하는 데 도움이 되거나 필자의 시각에서 흥미로운 이야기들을 골라서 지인들에게 들려주는 방식으로 정리했다.

이 과정에서, 현재까지 영향을 미치고 있기 때문에 오늘의 이스라엘을 알기 위해서는 생략할 수 없는 과거의 역사들은 독자들의 이해를 돕기 위해 일정 부분 포함했다. 다만, 이해 당사자들 간에 대립과 갈등이 극심한 논쟁적 이슈들은 입장에 따라 의견이 너무 다르기 때문에 가급적 객관적 시각에서 사실관계를 중심으로 설명하는 데 집중하고자 했다.

이 책의 내용은 주로 현지 언론에 보도된 사건이나 이슈들을 주요 소재로 하되 인터넷 등 공개자료와 현지에서 필자가 직접 경험하거나 득문한 이야기 등을 바탕으로 정리한 것이다. 책 한 권으로 한 나라에 대해 이야기한다는 것은 무모한 도전인지도 모른다. 상세히 다루려 하면 그 내용이 너무 방대할 것이고, 중요한 내용만 골라 집필한다 하더라도 빠진 부분이 있을 수밖에 없기 때문이다. 또한 단편적 사례에만 근거를 둘 경우 과도한 일반화의 오류를 범할 수도 있다. 특히 종교적 이슈가 오랜 역사 속에 녹아 있는 매우 특별한 나라에 대해 이야기하는 것은 조심스러운 면이 있다. 그럼에도 불구하고 필자가 이스라엘에 대해 이야기를 꺼내려는 것은 오늘의 이스라엘은 선입견이나 하나의 고정된 이미지 속에 가둬두기에는 여러 면에서 스펙트럼이 너무나 넓은 나라라고 생각되기 때문이다.

젊은 나라 이스라엘은 건국 이후 그간 꾸준히 변화해 왔다. 지금도 여전히 변화하고 있다. 그래서 오늘의 이스라엘은 다층적이며 입체적인 프레임들로 바라볼 필요가 있다.

이 책이 담고 있는 이야기들 역시 그 다양한 프레임 가운데 겨우 일부분에 불과할 것이다. 하지만 이스라엘이라는 에너지 넘치는 나라에 대해 관심을 가진 분들부터 현지 파견이나 비즈니스 출장 등의 목적으로 이스라엘을 처음 방문하는 분들까지, 중동의 오랜 분쟁 원인을 궁금해 하는 분부터 이스라엘이라는 나라에서 새로운 모델을 찾는 분까지 이스라엘에 관심을 가진 분이라면 누구라도 큰 부담 없이 읽으면 좋겠다는 생각으로 이 책을 썼다. 또한 성지순례를 떠나는 분들이 성경 속의 이스라엘을 뛰어넘어 현지에서 직접 마주치는 오늘의 이스라엘을 이해하는 데 이 책이 작은 도움이라도 될 수 있기를 바란다. 물론 당장 여행을 떠나지 않더라도 평소 이스라엘에 관심을 가진 분들이 이 책을 통해 그간 몰랐던 이스라엘의 속살을 조금 들여다볼 수 있기를 기대한다.

이스라엘 유대인의 상당수는 기존의 '고정관념에서 벗어나 생각의 틀 자체를 깨뜨리는 데think out of the box' 익숙한 편이라고 한다. 독자들이 이 책을 통해 그간 생각해 왔던 것과 다른 모습의 이스라엘을 만날 수 있다면 필자로서는 목적을 달성했다고 자부할 수 있을 것이다.

오늘의 이스라엘 현황

면적	약 2만2천㎢(서안, 가자, 골란 등 점령지역 제외) • 대한민국(북한 제외) 면적의 약 1/5
지형	해안과 평원(서부), 산악(동부), 사막(남부)
인구	약 966만 명(2022년말, 이스라엘 통계청) • 유대인 약 711만 명(74%), 아랍인 약 204만 명(21%), 기타 51만 명(5%)
건국(독립)	1948년 5월 14일
정부 형태	의회 민주주의 • 의회(크네세트) : 단원제, 120석, 단일 선거구, 임기 4년
언어	히브리어(공용어), 아랍어(특수어), 영어
GDP	약 4천8백억 달러(2021년 IMF) • 1인당 GDP : 약 5만2천 달러
교역규모	약 1,192억 달러(2020, 세계은행) • 수출 약 500억 달러, 수입 약 692억 달러
화폐단위	세켈(New Israeli Shekel)
수도	예루살렘(지위문제를 둘러싸고 국제법상 논란 존재)

히브리어 알파벳

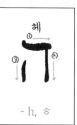
헤
- h, ㅎ

달렛
- d, ㄷ

기멜
- g, ㄱ

베이트
- b, ㅂ

알렙
- ·, ·

요오드
- y, 이

테트
- t, ㅌ

헤트
- h(ch), ㅎ(ㅋ)

자인
- z, ㅈ

바브
- b, ㅂ

싸멕
- s, ㅆ

눈
- n, ㄴ

멤
- m, ㅁ

라메드
- l, ㄹ

카프
- k, ㅋ

레쉬
- r, ㄹ

코프
- q, ㅋ

챠데
- ts, ㅊ

페
- p, ㅍ

아인
- ·, ·

타브
- t, ㅌ

신
- s, ㅅ

쉰
- sh, 슈

4장 작은 나라 강한 군대의 비밀   208

1장

시오니즘과
분쟁

분쟁의 역사를 딛고 선 나라, 이스라엘

우리가 외신을 통해 접하는 이스라엘 소식의 상당 부분은 분쟁과 관련이 있다. 그도 그럴 것이 이스라엘은 건국을 선언한 이래 지금까지 10여 차례의 크고 작은 전쟁을 치렀다. 그뿐만 아니라 이란·시리아·팔레스타인 등과의 분쟁은 오늘도 현재 진행형이다.

가자지구와 인접한 스데롯이나 애쉬켈론 같은 마을에서는 미사일 경보 사이렌이 심심찮게 울린다. 때로는 가자지구에서 70킬로미터나 떨어져 있는 텔아비브에서도 사이렌 소리를 들을 수 있다. 남쪽에서는 미사일 공방이 벌어지는 와중에도 텔아비브의 식당이나 카페는 손님들로 북적인다는 이야기가 있을 정도로 분쟁은 일상적이다. 그런 만큼 현대 이스라엘의 역사는 분쟁의 역사이다. 먼저 그 분쟁의 역사를 간략히 살펴보자.

제2차 세계대전이 끝날 무렵, 팔레스타인 지역을 위임통치하던 영국이 이 지역을 떠나게 되자, 1948년 5월 14일 유대인들은 이곳에서 독립국가 이스라엘의 건국을 선언했다. 그러자 그 다음 날 유대인의 국가 건설에 반대하는 주변 아랍 5개국(이집트, 시리아, 요르단, 이라크, 레바논)의 선제공격으로 제1차 중동전쟁(팔레스타인 전쟁)이 벌어졌다. 유대인들에게 '독립전쟁'이라 불리는 이 전쟁에서 신생 독립국가 이스라엘이 승리함으로써 오늘날 이스라엘 영토의 기초가 확보되었다. 1956년 10월에는 영국과 프랑스가 이집트의 수에즈 운하 국유화에 대항하여 벌인 전쟁에 이스라엘이 동참하였다. 이스라엘이 이집트의 시나이반도를 공격하면서 제2차 중동전쟁(수에즈 전쟁)이 일어났고, 결국 두 번째 전쟁에서도 승리했다. 이스라엘은 건국 초기에 두 차례에 걸친 전쟁에서 승리하며 국가의 기반을 잡았다.

그 뒤 1967년 6월, 이스라엘이 이집트와 요르단을 선제공격하면서 제3차 중동전쟁(6일 전쟁)이 벌어졌다. 겨우 엿새 동안 치러진 전쟁에서 이스라엘은 남쪽의 시나이반도와 가자지구, 북쪽의 골란고원, 동쪽의 동예루살렘 및 서안지구 등을 모두 차지하게 되었다. 이후 시나이반도와 가자지구에서는 철수했지만, 골란고원, 동예루살렘, 서안지구는 현재까지도 이스라엘이 점령 중이다.

다시 1973년 10월 유대인의 대속죄일(욤 키푸르)에 이집트의 전격적인 선제공격으로 제4차 중동전쟁(욤 키푸르 전쟁)이 발발했다. 개전 초기에 상당히 고전했던 이스라엘은 미국의 지원에 힘입어 결국 승리로 전쟁을 마무리할 수 있었다.

네 차례의 전면적 정규전이 끝난 이후에도 이스라엘은 북쪽 국경에 인접한 레바논의 남부지역에서도 두 차례의 전쟁을 벌였다. 1982년 6월 이스라엘은 레바논 남부지역을 거점으로 활동하며 테러를 자행해오던 팔레스타인 해방기구PLO를 제거하기 위해 레바논을 침공했다. 수도 베이루트까지 진격하면서 PLO의 군사 조직뿐 아니라 시리아와도 전쟁을 벌였다. 2006년 7월에는 이란과 연계된 이슬람 시아파 소속의 무장정파[1]로서 레바논 남부지역을 장악하고 있던 헤즈볼라Hezbollah를 공격해 전쟁을 치르기도 했다.

특히 오늘날까지도 많은 사람이 기억하고 있는 것은 팔레스타인 가자지구를 실질적으로 통치하고 있는 무장정파 하마스HAMAS와 벌이는 무력 분쟁이다. 그중에서도 2008년과 2014년 발생한 대규모 무력 분쟁은 '가자전쟁Gaza War'이라고 불릴 정도로 공격의 규모가 크고 양측에서 사상자가 많이 발생했다. 2014년 수천 명의 사상자가 발생한 가자전쟁에서는 이스라엘에 대한 하마스의 로켓 공격과 이스라엘의 가자지구 폭격 장면이 실시간으로 방송에 중계되면서 세계인들을 놀라게 하기도 했다.

이처럼 이스라엘이 반대 세력과 벌이고 있는 무력 분쟁은 오늘도 여전히 이어지고 있다. 비교적 최근인 2021년 5월에는 예루살렘 성전산Temple Mount 구역 내 '알 아크사Al-Aqsa' 모스크 주변에서 팔레스타인 주민들의 소요사태가 일어났다. 서안지구 내 유대인 정착

---

1   독자적인 무장력을 갖춘 정치세력을 지칭하는 표현으로 팔레스타인 하마스나 레바논 헤즈볼라 등이 이에 속한다.

촌의 확장으로 삶의 터전을 잃게 된 팔레스타인 주민들의 불만이 간 헐적인 시위로 이어오던 중 수만 명의 군중이 집결하는 라마단 기도 행사에서 반 이스라엘 집단시위로 번진 것이었다. 주민들은 이스라 엘이 가장 증오하는 하마스의 깃발을 흔들기도 했다. 이스라엘 무장 경찰이 최루탄과 고무총탄 등으로 강경진압에 나서면서 200여 명 의 팔레스타인 주민들이 부상을 입었다. 진압과정에서 이스라엘 경 찰도 10여 명이나 부상당했다. 상황은 곧바로 이스라엘과 하마스 간 의 무력 충돌로 이어졌다. 당초 이스라엘 경찰의 강경 진압은 가자 지구에서 60여 킬로미터 이상 떨어진 동예루살렘 성전산 구역 내에 서 발생했지만, 하마스는 자신들이야말로 알 아크사 모스크와 전체 팔레스타인 주민들의 진정한 수호자라는 점을 과시하고자 이스라엘 에 대한 로켓포 공격을 감행한 것이다. 이에 대응하여 이스라엘은 '장벽 수호자 작전Operation Guardian of the Walls'이라는 이름으로 군사 적 대응에 나서기도 했다. 이스라엘이 가자지구 국경 인근에서 집중 포격을 하면서 전폭기까지 동원하여 가자지구 내 하마스 지휘부 시 설을 파괴하는 등 전면전을 방불케 하는 상황이 벌어져 열하루 동안 200여 명이 넘는 사망자를 포함해 엄청난 사상자가 발생했다.

이처럼 '분쟁'은 이스라엘에 꼬리표처럼 따라붙은 떼려야 뗄 수 없는 키워드이다. 분쟁의 원인과 과정에 대해 이해하지 않고서는 오 늘의 이스라엘을 도저히 설명할 수 없는 것이다. 그럼 이러한 분쟁 은 어디에서 비롯된 것일까? 유대민족과 아랍민족이 피 흘리면서도 물러설 수 없는 이유를 팔레스타인 지역을 둘러싼 두 민족 사이의 엇갈린 운명의 역사에서 찾을 수 있을 것이다.

팔레스타인, 오래된 분쟁의 땅

이스라엘이 건국을 선언한 지역, 곧 '팔레스타인Palestine'은 상당히 복합적인 의미를 지닌다. 제2차 세계대전 후 독립을 선언한 유대민족이 나라를 세우고자 했던 그 땅을 지칭하기도 하고, 오랜 기간 그곳에서 살아온 아랍계 민족을 가리키기도 한다. 여기에 오늘날 국제정치의 한 실체를 가리키는 국가명까지 여러 의미가 뒤섞여 있다. 바로 이 복합적인 의미에서 오랜 분쟁의 실마리를 찾을 수 있다.

팔레스타인이라는 단어의 기원에 대해서는 여러 가지 설이 있다. 그 가운데 고대 '필리스틴Philistine 민족이 살던 지역'에서 유래했다는 주장이 설득력이 있다. 필리스틴은 구약성경에서 소년 다윗의 돌팔매에 맞아 쓰러진 거인 골리앗의 부족, 즉 '블레셋Philistia'을 뜻한다. 이스라엘과 팔레스타인의 오랜 불화는 구약에서도 확인된 셈이다.

그러면 지역으로서의 팔레스타인은 그 범위가 어디부터 어디까지일까? 팔레스타인은 개략적으로 지중해에 면한 서쪽에서부터 동쪽으로 요르단 계곡에 이르는 지역까지와, 북쪽의 레바논이나 시리아의 고산지대와 인접한 곳에서부터 남쪽의 시나이반도 사막지대까지를 아우르는 지역이다. 오늘날 이스라엘의 영토 전체와 서안 및 가자지구가 모두 포함되는 지역이라고 볼 수도 있다. 이 지역은 대대로 유대인, 그리스인, 아랍인을 비롯한 여러 민족이 끊임없이 충돌과 갈등을 일으키며 살았던 곳이다.

국제정치적 의미에서의 팔레스타인은 자치정부로 대표되는 국가적 실체로서의 '팔레스타인State of Palestine'으로, 1988년 스스로 독립국가를 선포하고, 1994년에 자치정부를 수립하였다. 현재까지 러시아, 중국, 북한 등 전 세계 130여 개국에서 국가로 승인을 받았고, 2010년 11월에는 유엔 총회에서 옵서버 국가 자격을 취득하기도 했다. 하지만 우리나라는 물론 미국을 비롯하여 상당수의 유럽 국가 및 일본 등은 아직도 팔레스타인을 정식 국가로 승인하지 않은 상태다.

유엔안전보장이사회 상임이사국인 미국의 거부로 아직 유엔의 정식 회원국 지위도 얻지 못했지만, 팔레스타인은 유네스코, 국제형사재판소 등 국제기구에는 가입하고 있다. 지난 2019년에는 개발도상국가 모임인 '77그룹 G77'에서 임기 1년인 순회 의장국 역할을 처음으로 맡기도 했다.

이렇듯 정식 국가로의 국제적 승인 여부와 무관하게 팔레스타인은 국제정치의 실체로 위치한다. 문제는 이들이 주장하는 영토가 이

팔레스타인 지역. 팔레스타인은 개략적으로 지중해에 면한 서쪽에서부터 동쪽으로 요르단 계곡(조던 밸리)에 이르는 지역까지와 북쪽의 레바논이나 시리아의 골란고원과 인접한 곳에서부터 남쪽의 시나이 반도 네게브 사막을 아우르는 지역이다.

스라엘이 주장하는 영토와 일정 부분 겹친다는 데 있다. 같은 땅을 두고 서로 자국의 영토임을 주장하는 유대인의 나라 이스라엘과 팔레스타인을 비롯한 아랍국가들의 분쟁은 피할 수 없는 숙명이라 할 수 있다.

이스라엘 건국을 촉발한 시오니즘

오늘의 이스라엘을 이해할 때 빼놓을 수 없는 것이 바로 '시오니즘Zionism'이다. '이스라엘 땅(에레츠 이스라엘 Eretz Israel)으로 돌아가자'는 시오니즘에서 말하는 '시온'은 현재 예루살렘 구시가지Old City 남서쪽에 위치한 나지막한 산을 가리킨다.[2] 물론 성경에 나오는 시온산의 정확한 위치에 대해서는 여러 주장이 있다. 일부에서는 솔로몬 성전이 있었던 '모리아산(성전산)'을 의미한다고 주장한다. 어떤 이들은 고대 이스라엘 왕국의 다윗왕이 당시 그 지역에 거주하던 여부스족을 섬멸하고 다윗의 성채를 세운 곳이 시온산이라고 주장한다. 오늘날에는 대체로 16세기 오스만 제국 시절 만들어진 올드시티 성벽 남서쪽 모퉁이 부분에 붙어 있는 구역을 시온산이라 일컫는다.

예루살렘을 방문하는 많은 순례객들은 '다윗왕의 영묘(실제 무덤인지 불확실하여 '가묘'라고도 부름)'나 예수님과 열두 제자가 최후의 만

---

2   실제로 그 산에 올랐을 때는 '산'이라기보다 '언덕'에 가깝다고 느꼈다. 예루살렘을 방문하는 사람들 중에는 《성경》에 등장하는 '감람산'이나 '모리아산' 등이 생각보다 낮은 언덕 정도의 높이라는 사실에 놀라기도 한다.

예루살렘 올드시티를 나타낸 지도. 남쪽에 시온산이 있고 성 안 동남쪽 부분에 성전산이 있다. 본디오 빌라도 법정 지점에서 시작하여 성묘교회까지 이르는 수난의 길(십자가의 길)도 보인다.

찬을 나눈 장소인 '마가의 다락방' 등을 방문하게 되는데, 이 모두가 시온산 지역에 위치하고 있다. 어쨌든 시온산은 세계를 유랑하던 유대인들에게 있어 단순히 다윗왕의 성채가 있었던 작은 언덕이 아니라 다윗과 솔로몬 시대 유대민족의 영광이 서린 곳이다. 이뿐만 아니라 언젠가 유랑의 세월이 끝나면 반드시 돌아가야 할 일종의 본향, 즉 '에레츠 이스라엘'을 의미하는 상징적 장소가 되었다. 다시 말해 '시온'은 해외를 유랑하는 디아스포라 유대인들에게 있어 곧 예루살렘 그 자체로 여겨졌던 것이다.

　　19세기 말에 이르러 마침내 유대인들의 간절한 염원을 실현할 시오니즘 운동이 '테오도르 헤르츨Theodor Herzl'에 의해 시작되었다. 1894년 헝가리 태생 오스트리아 언론인 테오도르 헤르츨은 프랑스의 육군장교 드레퓌스가 유대인이라는 이유만으로 억울하게 간첩죄를 뒤집어쓰게 되면서 촉발된 국가적 논란('드레퓌스 사건')을 경험한다. 그로부터 2년 뒤인 1896년 그는 《유대 국가Der Judenstaat》라는 한 권의 책을 펴냈다. 그 책에서 헤르츨은 유대인에 대한 박해를 유대인 개인이 아닌 유대민족의 문제로 보아야 한다고 주장했다. 그는 유대민족은 다른 민족과 달리 국가가 없어서 차별과 박해를 받는 것이며, 이를 극복하기 위해서 '유대민족에 의한 유대 국가의 건설'이 절실히 필요하다고 주창했다.

이어 그는 1897년 8월 스위스 바젤에서 제1차 시오니스트 총회 개최를 주도했다. 세계 각지에서 온 200여 명의 유대인들이 참가한 제1차 총회에서 세계 시오니스트 기구가 만들어지고 에레츠 이스라엘을 회복하여 유대 국가를 건설해야 한다는 '시오니즘'을 주창하기에 이른다.

그즈음, 동유럽의 반反유대주의 확산과 더불어 '포그롬pogrom' 이라고 불리는 러시아에서의 유대인 대학살 사태를 지켜보면서 헤르츨은 위기에 처한 유대인들을 조속히 구해야 할 필요성을 절감했다. 그는 영국이 유대 국가 건설 후보지로 제시한 동부 아프리카의 영국령 우간다 지역(오늘날의 케냐)을 받아들이자고 제안하기도 했다. 우간다 이외에도 건국의 후보지로 남미 지역의 아르헨티나가 한때 거론되기도 했다. 건국의 땅을 어디로 결정할 것인가를 두고 갑론을박의 논쟁이 벌어졌다. '약속의 땅인 에레츠 이스라엘'(팔레스타인)로 돌아가야 한다는 당위론에는 공감하지만, 유대민족의 안전한 도피처 확보가 급선무라는 현실적 주장도 만만치 않았다. 상상하기 어려운 엉뚱한 가정일테지만 만약 시오니스트 총회가 팔레스타인 땅을 선택하지 않고 다른 결정을 내렸더라면 오늘의 이스라엘은 과연 어떤 모습일까? 팔레스타인 문제는 과연 어떻게 되었을까? 역사적 상상은 꼬리를 물고 이어진다.

하지만 시오니스트 총회는 이 모든 대안들을 거부하고 약속의 땅인 에레츠 이스라엘(팔레스타인)로 돌아갈 것임을 재확인했다. 시오니즘이 확산되면서 러시아, 우크라이나 등지에서 박해를 피하려는 유대인들이 팔레스타인으로 이주하는 사례가 이어졌다. 제2차 세계대전이 일어나기 직전인 1939년 당시에 팔레스타인 지역의 유대인들이 대략 45만 명에 이를 정도로 그 숫자가 늘어났다. 제2차 세계대전 중 유럽내에서 나치에 의한 홀로코스트를 겪으면서 더욱 가속화된 시오니즘 정치운동은 전쟁이 끝나고 1948년 5월 팔레스타인 지역을 통치하던 영국군이 모두 철수하게 되면서 마침내 독립국가 건설이라는 목표를 달성할 수 있었다.

시오니즘 운동이 한창일 당시 세계 시오니스트 기구에서 주요 지도자로 활동했던 하임 바이츠만Chaim Weizmann과 다비드 벤 구리온David Ben Gurion은 이스라엘 건국과 더불어 각각 첫 번째 대통령과 총리를 맡았다.[3] 하지만 공교롭게도 테오도르 헤르츨은 이스라엘 건국의 장면을 보기 훨씬 이전인 1904년에 44세라는 젊은 나이로 사망했다. 그의 유해는 건국 이듬해인 1949년 예루살렘으로 옮겨졌다.

건국의 정신적 아버지였던 그는 오늘날 이스라엘에서 '나라의

선지자'(호제 하 메디나)로 추앙받고 있다. 이스라엘 의회(크네세트) 의
사당 내 정면 벽에는 이스라엘의 국장國章인 '메노라Menorah(7갈래 촛
대)'와 함께 테오도르 헤르츨의 사진이 걸려 있다. 크네세트를 대표
하는 의장의 집무실에도 그의 사진이 걸려 있다. 이스라엘의 국립묘
지는 그의 이름을 딴 산인 헤르츨 산에 위치해 있다. 텔아비브와 북
쪽으로 바로 인접한 스타트업 중심 도시는 그의 이름을 따서 '헤르
츨리야Herzliya'로 명명되었다. 대한민국 대사관도 헤르츨리야에 소
재하고 있다.

비극의 씨앗, 팔레스타인 지역 분할안

분쟁의 휴화산이었던 유대민족의 시오니즘 운동이 활화산으로
바뀌고 대폭발을 하는 데 가장 결정적 역할을 한 것은 영국과 유엔
이었다. 특히 제2차 세계대전이 끝난 이후 내려진 유엔의 팔레스타
인 분할 결정은 숨죽였던 불씨에 기름을 끼얹는 역할을 하고 말았
다. 그 과정은 어떠했을까? 비극의 역사는 제1차 세계대전으로 거슬
러 올라간다.

제1차 세계대전 당시 독일제국의 동맹으로 참전한 오스만제국

---

3   이스라엘이 건국되기 훨씬 이전인 1934년 하임 바이츠만이 설립한 바이츠만 과학
연구원(Weizmann Institute of Science)은 오늘날 노벨상 수상자를 배출할 정도로 저
명한 과학분야의 연구소로 성장했다. 벤 구리온 총리의 이름을 딴 벤 구리온 공항은
이스라엘과 세계를 연결하는 국제관문으로 여행객들이 이스라엘을 처음 만나는 곳
이다.

은 결국 패전하면서 400여 년 이상 유지해 온 팔레스타인 지역에 대한 통치권을 잃게 되었다. 제1차 세계대전 당시 팔레스타인 지역에서 오스만제국과 전투를 벌이던 영국은 오스만제국에 반감을 품은 아랍 민족들을 자신의 파트너로 삼았다. 영국은 이들 아랍 민족에게 오스만제국에 좀 더 강력히 저항하도록 독려하기 위해 '당근'을 제시했다. 이 전쟁에서 승리한다면 팔레스타인 지역에 아랍인들의 국가를 건설할 수 있도록 하겠다는 약속(1915~1916, 후세인-맥마흔 서한)을 한 것이다. 한편 영국은 전쟁을 조기에 승전으로 마무리하기 위해 미국 등 해외 유대인들의 더 많은 지지가 필요했다. 그런 까닭에 영국은 유대인들과도 팔레스타인 지역에서 유대민족의 국가를 세울 수 있도록 지원하기로 약속(1917 밸포어 선언)했다.

이와 같은 영국의 이중적 태도는 유대인과 아랍인 양측 모두에게 팔레스타인 지역에서의 국가 건설을 결코 포기할 수 없는 민족적 과제로 만들었다. 앞에서 설명한 대로 19세기 말부터 시오니즘 운동이 계속 확산되면서 팔레스타인 지역으로 향하는 유대인들의 이민 행렬은 갈수록 그 수가 증가했다. 이에 따라 이미 팔레스타인 땅에서 정착했던 아랍인들의 불안감 역시 갈수록 증폭되었다.

마침내 제1차 세계대전이 끝나자 국제연맹은 팔레스타인 지역에 대한 통치를 승전국을 대표하여 영국에게 위임했다. 아랍민족과 유대민족 모두에게 팔레스타인 지역에서의 민족국가 건설을 약속한 영국은 두 민족 사이에서 그야말로 난처한 상황에 봉착하고 말았다. 팔레스타인 지역으로 새로 이주해 온 유대인 정착민과 기존에 그곳에 거주하던 아랍인들의 갈등이 커지면서 양측간에 조직적인 무장

영국의 팔레스타인 위임통치에 관한 내용의 선언문을 읽고 있는 영국 군인
(출처: Arab Center Washington DC)

투쟁마저 발생하게 되었다. 결국 영국은 제2차 세계대전이 끝난 후 1947년 팔레스타인 문제의 관할권을 유엔으로 이관하고, 팔레스타인 지역에서 완전히 떠나기로 결정하였다.

　팔레스타인 문제의 새로운 관리자로 등장한 유엔은 1947년 11월 팔레스타인 지역에 유대인과 아랍인이 각각 그들의 국가를 수립하도록 하는 '팔레스타인 영토 분할안Partition Plan'을 결의했다. 분할안이 결정될 당시 팔레스타인 지역에 살던 유대인들은 어느새 65만~70만 명 정도까지 늘었다. 물론 아랍인들은 그 두 배 정도인 130여만 명이 살고 있었다. 실제 유대인들이 거주하던 지역은 팔레스타인 지역 전체의 10% 수준에도 미치지 못했다. 그런데 유엔의 영토 분할안은 전체의 절반이 넘는 55% 정도의 땅을 유대인들에게 할당하고 있었다.

당연히 아랍인들은 유엔의 분할안에 반대하고 나섰다. 팔레스타인 영토 분할안이 유대인에게만 유리한 편파적인 내용이라고 비난하면서 이 지역에서의 유대 국가 건설 자체를 반대하였던 것이다. 한편 일부 반대가 없지는 않았지만 유대인들은 유엔의 분할안을 유대 국가 건설의 첫 출발점으로 간주하고 이를 적극 수용하였다. 결국 아랍인들의 반대에도 불구하고 팔레스타인 분할안은 유엔에서 통과되었으며, 이는 유대인 독립국가 건설 과정에서 큰 분수령이 되었다.

한 가지 흥미로운 것은 30여 년간 팔레스타인을 위임통치해 온 영국의 태도였다. 유대인과 아랍인 양측 모두에게 팔레스타인에서의 국가 건설을 약속했던 영국은 정작 유엔의 영토 분할안 결의 투표에서 기권표를 던졌다. 유엔의 분할 결의안이 통과된 이후 영국은 '팔레스타인 지역에서 영국의 위임통치는 1948년 5월 14일 완전히 종료될 것'이라고 선언했다. 바로 그날 유대인들은 독립국가 이스라엘의 건국을 전 세계에 선포했다. 이는 곧바로 아랍 측의 강력한 반발을 불러왔고, 다음 날인 5월 15일부터 아랍 5개국의 선제공격으로 제1차 중동전쟁(독립전쟁)이 발발했다. 본격적인 분쟁의 시작이었다.

역사에 가정은 없다지만 만약 아랍인들이 당시 유엔의 분할 결의안을 받아들였더라면 어떻게 되었을까? 어떤 이는 아랍인들이 유엔의 분할안을 거부함으로써 그때부터 오늘까지 이어지고 있는 이스라엘과 팔레스타인 간의 70년 분쟁을 막을 수 있었던 유일한 기회가 사라졌다고 주장하기도 한다. 하지만 오래전부터 그곳에서 살아왔던 아랍인들의 입장에서는 수긍하기 어려운 일이 아닐 수 없다.

한편 팔레스타인을 대표하는 최고 기구인 팔레스타인 해방기구
는 1988년에 이르러 팔레스타인 독립국가를 선포하면서 비로소 유
대인의 나라인 이스라엘의 존재를 받아들이게 된다. 팔레스타인 지
역에서 유대 국가 건설을 거부해 오던 팔레스타인이 그들이 처한 정
치적 현실을 인정하는 데 거의 40년이라는 세월이 걸린 셈이다.

지속되는 분쟁의 핵심, 예루살렘

제1차 중동전쟁을 치르고도 이스라엘과 아랍 국가들 간의 불화
는 사그라들지 않았다. 국제사회의 우려에도 불구하고 공방이 이어
지고 있다. 전면전의 성격을 띠는 세 차례의 중동전쟁과 오늘날까지
이어지는 테러 등 국지적인 분쟁이 그치질 않는 것이다. 아이러니하
게도 지속적인 분쟁의 핵심에는 성스러운 도시 예루살렘이 있다.

고대로부터 예루살렘은 여러 부족과 국가들이 수십 차례에 걸
쳐 통치권을 두고 다툰 지역이다. 예루살렘은 지형적으로 타지역보
다 높은 고원지대에 위치하고 있다. 멀리 동쪽으로는 요르단강을,
서쪽으로는 유대광야를 내려다 볼 수 있고 작은 언덕들로 둘러싸여
있다. 당연히 외적으로부터의 공격을 방어하는데 유리하다. 유대교,
이슬람교, 기독교의 각 종교 세력들이 번갈아 예루살렘을 통치했다.
근대에 이르러서는 16세기 초부터 20세기 초까지 거의 400여 년간
팔레스타인 전 지역을 지배하던 오스만제국이 예루살렘의 주인 노
릇을 하다가 제1차 세계대전의 패전으로 몰락하자 새로운 국면을

맞게 된 경위는 앞서 설명한 대로이다.

1917년 영국군이 오스만제국의 군대를 격파한 이후부터 30여 년 동안 국제연맹의 결의에 따라 영국이 이 지역을 위임통치하였고, 이후 제2차 세계대전이 발발하면서 국제연맹을 이은 유엔은 1947년 11월 영국의 위임통치를 종식하되 팔레스타인 지역에 유대인과 아랍인이 각각 그들의 개별국가를 건설토록 하는 이른바 '팔레스타인 영토 분할안1947 Partition Plan'을 채택했다. 이 분할안에서 주목할 것은 '예루살렘'에 대해 내린 결정이었다. 팔레스타인 영토 분할안은 예루살렘을 직접 관할할 수 있는 '코르푸스 세파라툼Corpus Separatum'⁴이라는 특별한 지위를 유엔에 부여하고 있다. 예루살렘은 앞으로 팔레스타인 지역에 건설될 유대 국가나 아랍 국가 그 어디에도 속하지 않고 별도로 분리된 지역이라는 뜻이다. 다시 말해 예루살렘을 유엔이 관할하는 '국제특별지역'으로 선언한 것이다.

이 같은 유엔의 영토 분할안에 따라 다음 해인 1948년 영국이 팔레스타인에서 완전히 철수하는 날인 5월 14일에 이스라엘은 곧바로 독립국가 건설을 선포했고, 다음 날인 5월 15일 주변의 아랍 5개국이 전격적으로 이스라엘을 선제공격하면서 제1차 중동전쟁(이스라엘 입장에서는 독립전쟁)이 시작되었다. 해를 넘기는 전투 끝에 1949년 이스라엘과 아랍 국가들은 마침내 휴전에 합의하였다. 이때 양측간 그어진 군사분계선인 '1949 휴전선1949 Armistice Line'을 일명 '그린라인Green line'이라고 부른다. 양측간 휴전협정 당시에 사용한 지도

---

4   '따로 분리된 독립체(separated body)'라는 뜻을 가진 라틴어이다.

에서 휴전선이 녹색 선으로 표시되었기 때문이다.

협정이 체결될 당시 이스라엘 군대와 요르단 군대가 각각 장악하고 있던 지역 사이에 그어진 이 그린라인을 기준으로 예루살렘은 동·서로 나뉘었다. 당시 올드시티를 포함한 예루살렘의 동쪽 부분은 요르단이, 예루살렘의 나머지 부분인 서쪽 예루살렘은 이스라엘이 각각 장악하고 있었다. 앞에서 보았듯이 1947년 유엔 '영토 분할안'에서 예루살렘은 UN이 직접 관할하는 특별지역으로 규정되었지만, 1949년 휴전협정에서는 예루살렘의 동쪽 부분은 요르단이, 서쪽 부분은 이스라엘이 각각 나누어 관할하는 것으로 양측 간 합의가 이루어진 것이다.

예루살렘 중에서도 가장 중요한 구시가지(올드시티) 구역은 당시 이스라엘이 장악하지 못한 채 요르단의 관할구역으로 남았다. 그

지도에 표시된 서예루살렘과 동예루살렘을 나누는 그린라인. 이스라엘의 점령으로 동·서 예루살렘이 통합된 이후 현재는 그린라인의 모습을 찾아보기 어렵다. 과거 동예루살렘 구역에는 아직도 많은 팔레스타인계 아랍인이 살고 있다

이후 거의 20년 동안은 그린라인이 양측 간에 실질적인 국경 역할을 했다. 그러다가 이스라엘은 1967년 제3차 중동전쟁(일명 '6일 전쟁')에서 마침내 요르단이 장악하고 있던 올드시티 등 동예루살렘 지역마저 점령하는 데 성공한다. 이로써 예루살렘 전역에 대한 실질적 통치권을 행사하게 되었으며, 이 같은 상태는 오늘 현재까지 그대로 이어지고 있다.

동예루살렘과 서예루살렘을 나누고 있던 그린라인은 1949년에 그어졌지만, 국제정치적 관점에서는 70여 년이 지난 오늘날까지도 여전히 중요하다. 현재 이스라엘은 그린라인을 인정하지 않는다. 예루살렘은 동과 서로 나눌 수 없는 하나의 도시이며 이스라엘의 영원한 수도라는 주장이다. 이미 예루살렘 전체를 장악하고 있는만큼 동예루살렘을 포기할 필요가 없기 때문이다. 이에 반해 팔레스타인은 이스라엘이 동예루살렘을 포함한 서안지구를 무력으로 장악한 만큼 이는 국제법을 위반한 일방적인 불법 점령이라는 입장을 펴고 있다. 특히 팔레스타인은 동예루살렘이 완전한 팔레스타인 독립국가의 미래 수도라는 입장을 고수하고 있다. 이스라엘이나 팔레스타인이나 양측 모두 동예루살렘은 결코 포기할 수 없는 곳이다. 이 지역에서 벌어지는 길고 긴 분쟁의 역사는 바로 이러한 이유 때문에 오늘을 넘어 내일로도 이어지고 있는 것이다.

두 개의 땅, 두 개의 세력

국가로서의 팔레스타인State of Palestine은 하나의 나라다. 하지만 오늘날 팔

레스타인은 분단 상
황에 처해 있다. 팔레
스타인은 서안지구
West Bank와 가자지
구Gaza Strip라는 서로
떨어져 있는 두 개의
땅을 영토적 기반으
로 하고 있다.

서안지구는 '요르
단강Jordan River(요단
강)의 서쪽west에 있는
언덕bank'이라는 뜻
이다. 이스라엘 영토
의 1/4 정도 되는 약

이스라엘과 팔레스타인의 영토를 나타낸 지도. 팔레스타
인이 서안지구와 가자지구라는 따로 떨어져 있는 두 개
의 땅으로 이루어져 있는 것을 알 수 있다.

5,600평방킬로미터 크기의 서안지구에는 300여만 명의 주민들이 거주하고 있다. 가자지구는 서쪽으로 지중해와 남쪽으로 이집트와 닿아 있는 좁고 기다란 지역이다. 가자지구의 크기는 서안지구의 1/10도 안 되는 365평방킬로미터 정도에 불과하다. 우리나라와 비교하면 충청남도 서천군의 크기와 비슷하다. 가자지구에는 무려 200여만 명의 사람들이 거주하고 있다. 인구의 밀집도가 어느 정도인지 상상할 수 있다.

팔레스타인을 구성하는 두 개의 땅은 완전히 서로 분리되어 있다. 두 지역 사이에는 이스라엘 영토가 있다. 한 나라이지만 당연히 서안지구와 가자지구 사이의 자유로운 왕래는 불가능하다. 양측간 왕래가 철저히 차단되어 있기 때문이다. 특별한 사유로 왕래가 필요한 경우에는 이스라엘 당국의 사전허가를 받아야 한다.

팔레스타인의 기본법은 팔레스타인의 수도가 예루살렘이라고 규정하고 있다. 이스라엘과 팔레스타인 양측 모두 예루살렘이 자신들의 수도라고 주장하고 있는 셈이다. 하지만 예루살렘은 현재 이스라엘이 실효적으로 지배하고 있다. 따라서 팔레스타인은 서안지구 북부의 도시 '라말라Ramallah'를 임시 행정수도로 두고 있다. 라말라는 예루살렘에서 북쪽으로 30여 킬로미터 정도 떨어진 곳에 있다.

팔레스타인 민족을 대표하는 최고의 의사결정 기구는 '팔레스타인 해방기구Palestine Liberation Organization, PLO'이다. 1964년 팔레스타인 해방을 위한 기구로 창설되어 활동하던 PLO는 한때 국제사회에서 과격 무장투쟁을 주도하는 테러단체로 지목되기도 했었다. 그러나 현재는 국제사회에서 팔레스타인 민족의 명실상부한 대표기구로 인정을 받고 있다. PLO에는 10여 개의 정파가 참여하고 있다. 가장 큰 영향력을 가진 정당은 팔레스타인 민족의 지도자였던 야세르 아라파트가 주도하여 1965년에 창설한 '파타 Fatah'이다.

팔레스타인 자치지역 내의 행정은 오슬로 협정에 근거해 1994년에 설립된 팔레스타인 자치정부Palestine National Authority, PA가 맡고 있다. 2004년에 사망한 야세르 아라파트의 뒤를 이어 마흐무드 압바스가 PLO 의장chairman인 동시에 PA의 수반president을 맡고 있다.

서안지구와 가자지구는 모두 여러 가지 문제들을 동시에 겪고 있다. 환경은 척박하고 자원이 부족하다. 반면에 인구밀도는 높고 사회 인프라가 취약하다. 지속되는 정파 간 분쟁 때문에 외부의 투자는 끊기고 실업률도 매우 높다. 2021년도 세계은행 자료에 따르면 팔레스타인의 총 GDP는 180억 달러 정도에 불과하고 1인당 GDP도 약 3천6백 달러 수준에 그치고 있다. 그나마 서안지구 주민의 경우에는 1인당 GDP가 5천 달러 정도로 상대적으로 좀 나은 편이지만, 가자지구의 경우 2천 달러 수준에 불과할 정도로 초빈곤 상태에 놓여 있다. 실업률도 50%나 될 만큼 가자지구의 경제 상황은 매우 열악하다.

팔레스타인을 대표하는 자치정부PA 역시 어려운 입장에 있다. 정부 운영을 위한 재정의 상당 부분을 국제사회의 지원금으로 충당하는 형편이기 때문이다. 아이러니하게도 전기, 수도, 통신 등 가장 기본적인 사회 인프라는 거의 모두 이스라엘에 의존하고 있다. 이스라엘과의 교역 과정에서 벌어들이는 관세 수입이 팔레스타인 재정의 중요한 부분을 메우고 있다. 팔레스타인은 독자적인 화폐를 갖고 있지 않다. 자신들을 점령하고 있는 나라인 이스라엘의 화폐 '세켈'을 그대로 사용한다. 또한 자체적인 항만이나 공항도 없다. 당연히 사람의 출입국이나 상품의 수출입 모두 이스라엘의 협조를 받아야 가능하다. 모든 경제활동이 이스라엘을 통해서만 작동되는 것이다. 팔레스타인을 공식적으로 국가로 승인하지 않은 우리나라는 지난 2006년 일반대표부 수준의 관계를 맺고, 2014년부터는 임시 행정수도 라말라에 상주 대표사무소를 설치해 운영하고 있다.

가자지구를 이야기할 때는 빼놓을 수 없는 것이 바로 이슬람 저항운동을 뜻하는 무장정파 '하마스HAMAS, Harakat al-Muqaqama al-Islamiyya'이다. 팔레스타인의 두 개의 땅 중에서 서안지구는 온건파인 '파타'가 주도하는 팔레스타인 자치정부인 PA가 관할하고 있다. 하지만 PA의 통치권은 가자지구에는 전혀 미치지 못한다. 대신 하마스가 가자지구를 실질적으로 통치하고 있다. 하마스는 세계적 이슬람 운동 단체인 '무슬림형제단'의 영향을 받아 이슬람 원리주의에 기반한 정치운동 조직이다. 이 조직은 팔레스타인 주민들의 반이스라엘 민중봉기를 주도하면서 1988년 만들어졌다.

하지만 하마스는 현재 팔레스타인의 최고 의사결정기구인 PLO에 참여하지 않고 있다. 하마스는 합법 정당으로 총선거에 참가해 과반수 의석을 획득하며 다수당의 위치까지 차지한 적이 있다. 하마스의 지도자는 팔레스타인의 총리가 되었다. 그러나 집권 이후 하마스는 이스라엘의 생존권을 인정하고 무장 테러를 포기하라는 국제사회의 요구를 무시했다. 2007년에는 PLO의 주축 세력인 파타를 가자지구에서 축출하기에 이르렀다. 하마스는 이후에도 이스라엘과의 외교적 협상 반대, 팔레스타인 영토 수호, 무장투쟁 불사 등 강경노선을 고집하면서 국제사회로부터 과격 테러 조직이라는 비난을 계속 받아왔다. 하마스는 이란의 지원을 받으면서 아직도 1만여 명이나 되는 독자적 무장 병력조직인 '알카삼 여단Izz ad-din al-Qassam Brigades'을 유지한 상태에서 가자지구를 실질적으로 지배하고 있다.

강경파인 하마스는 이스라엘과의 전면전은 불가능하더라도 전략적 차원의 무장투쟁은 반드시 필요하다고 여긴다. 다시 말해서 무장조직은 결코 포기할 수 없다는 것이다. 하마스는 PLO를 주도하는 '파타'를 부패하고 무능하며 이슬람 정신에서 벗어나 있다고 비난한다. 반면 온건파인 '파타'는 외교적 해결 방식을 불가피한 현실로 받아들여야 한다는 입장이다. 국제사회의 지원을 받아야 하는데 과격 무장노선만 고집하는 것은 비현실적이라고 하마스를 비난하고 있는 것이다.

이처럼 팔레스타인의 양대 세력은 서로 갈등과 반목을 지속하고 있다. 일부에서는 양측 모두 대외적으로는 그럴듯한 명분을 내세우고 있지만 실제로는 모두 자신들의 정치적 기득권을 놓지 않으려는 속셈이 더 크다고 싸잡아 비난하기도 한다. 2023년 현재 파타를 이끄는 마흐무드 압바스 Mahmoud Abbas가 87세의 고령이라는 점에서 누가 그의 뒤를 이을 것인지도 양대 세력 간 갈등의 변수로 관심을 끌고 있다.

어쨌든 파타는 이스라엘과 일정 부분 접촉을 유지하고 있으나, 이스라엘과 하마스 간에는 상호 비난과 공격이라는 적대관계만 지속되고 있다. 우파성향의 일부 이스라엘 국민은 군대를 투입해 가자지구를 다시 점령하고 하마스 세력을 완전히 분쇄해야 한다고 주장한다. 하지만 무장력을 갖춘 하마스가 저항할 경우 이스라엘도 병력 손실 가능성이 높고, 또한 전쟁 과정에서 가자지구 주민들의 희생과 국제사회의 비난이 불가피하다는 점에서 현실성 없는 주장이라는 반론이 더 많다.

3대 유일신 종교의 성지, 예루살렘

그럼 예루살렘은 어떤 도시이기에 이스라엘과 아랍 국가들이 피를 흘리면서까지 차지하려는 것일까? 심심찮게 국제적 관심사로 떠오르는 예루살렘 속으로 한 발 더 들어가 보자.

2017년 12월, 전 세계의 이목이 예루살렘으로 집중되었다. 당시 미국 대통령이었던 도널드 트럼프의 충격적인 한 선언으로 아랍 국가들뿐만 아니라 전 세계가 놀란 탓이다. 이 선언에서 그는 문제의 예루살렘을 이스라엘의 수도로 인정하고, 이를 확인하는 차원에서 텔아비브에 있던 미국 대사관을 예루살렘으로 이전하겠다고 천명하였다. 이스라엘은 당연히 대대적으로 환영하고 나섰다.

하지만 아랍 세계뿐만 아니라 유럽지역 국가들을 중심으로 국제적인 비난이 확산되었다. 팔레스타인 지역에서 일어난 반대 시위는 시간이 갈수록 격화되었다. 특히 가자지구 국경 지역에서 수만 명이 참가하는 대규모의 격렬한 시위가 수개월 간 이어졌고, 이스라엘 군이 이를 강경 진압하면서 가자지구 주민 수백 명이 사망하는 참사가 일어났다.

하지만 팔레스타인의 시위와 국제사회의 비판적 여론에도 불구하고 트럼프 대통령은 2018년 5월 이스라엘의 독립 70주년에 맞춰 결국 미국 대사관의 예루살렘으로의 이전을 강행했다. 전 세계 언론이 팔레스타인에서 이어지는 시위와 미국 대사관의 이전 강행 사실을 보도했다. 이를 통해 예루살렘 문제는 다시 한 번 국제무대에서 가장 핫한 뉴스로 떠올랐다. 그렇다면 도대체 무엇 때문에 예루살렘은 시시때때로 국제 분쟁의 태풍의 눈으로 떠오를까?

아랍어로 '알 쿠즈Al Quds'라고 부르는 예루살렘은 '유일신 하느님을 믿고 아브라함을 믿음의 조상으로 여기는 3대 종교 모두의 공통 성지聖地'이다. 이스라엘은 국방부 등 일부 부처를 제외한 정부 기관의 대부분을 서예루살렘 지역에 두고 있다. 이스라엘의 수도로서의 위상을 반영한 조치이다. 하지만 역사적, 종교적, 국제정치적으로 가장 중요한 의미를 갖는 예루살렘의 상징은 동예루살렘이며, 그중에서도 '올드시티'라고 불리는 지역이다.

올드시티 지역은 네 개의 면이 각각 1평방킬로미터가 채 안 되는 성벽으로 둘러싸여 있다. 올드시티의 핵심은 예루살렘 성의 동남쪽 부분에 있는 성전산 구역이다. 성전산은 동서보다 남북이 조금 더 긴 사각형의 형태로 올드시티의 가장 중요한 부분을 차지하고 있다.

성전산은 히브리어로는 '하르 하 바이트'라고 부른다. '하르'는 '산'을 '바이트'는 '집'을 뜻한다. 그대로 옮기면 '집이 있는 산'이라는 뜻이다. 다윗 왕의 아들인 솔로몬 왕이 그곳에 처음으로 유대 성전을 세웠다고 전한다. 그래서 여기서 '바이트'는 단순한 집이 아니라 '하느님의 집', 즉 '성전'을 뜻한다. '하르 하 바이트'는 '성전이 있는 산' 즉 '성전산'이라는 의미가 된다. 한편 성전산은 솔로몬 왕이 성전을 세우기 훨씬 전 성경의 창세기에 아브라함이 아들 이삭을 하느님께 번제물로 바치려 했던 '모리아산'이라고도 알려져 있다.

실제로 언덕처럼 나지막한 성전산에 올라가면 오히려 정원에 들어온 느낌을 받는다. 언덕의 정상 주위에 성벽을 먼저 쌓은 후에 정상보다 낮은 부분을 흙으로 메워 평평하게 다져 놓았기 때문이다.

통곡의 벽 광장에서 보는 성벽의 윗부분이 바로 성전산 구역 정원이 되는 것이다. 면적도 0.15평방킬로미터 정도에 불과하다.

예루살렘, 그 가운데서도 성전산 구역은 무슬림들에게도 '메카', '메디나'와 더불어 3대 성지로 꼽힌다. 아랍인들은 성전산을 '하람 알 샤리프Haram al-Sharif'라고 부른다. '하람Haram'은 본래 '금지된'이라는 뜻으로 일반인에게는 접근이 금지되어 있다는 뜻이다. '샤리프'는 고귀하다는 뜻이다. 그러니 '일반인은 접근할 수 없을 만큼 고귀한 장소'라는 뜻이 된다. 이슬람의 창시자인 무하마드가 메카에서 '부르카(천마)'를 타고 예루살렘으로 날아왔는데, 바로 이곳에서 천국에 다녀왔다고 믿기 때문이다.

과거에는 유대인의 성전이 있었다던 성전산 구역에 현재 두 개의 큰 이슬람 사원이 세워져 있다. 남쪽에는 무하마드가 부르카를 타고 도착했다고 전해지는 곳에 세워진 검은색 지붕의 '알 아크사 사원Al-Aqsa Mosque'가 있다. 북쪽에는 이브라힘(유대교에서는 아브라함)이 아들 이스마엘(유대교에서는 이삭)을 바친 곳이며, 무하마드가 천상 여행을 시작한 곳으로 전해지는 장소에 세운 이슬람의 바위 돔 Dome of the Rock 사원이 있다. 바위 돔 사원은 1950년대 말부터 수년간에 걸쳐 요르단의 후세인 국왕의 지원을 받아 돔 지붕을 순금으로 장식해 두고 있어 '황금 돔 사원'이라고도 불린다. 예루살렘 올드시티에서 가장 높은 곳에 있으며 가장 두드러지게 보이는 건축물이 바로 황금 돔 사원이다. 유대교 입장에서 너무나도 거룩한 솔로몬 성전이 있었던 곳이지만 현재는 이슬람 사원들이 세워져 있는 것이다.

크리스천들에게 있어서도 예루살렘은 너무나도 중요한 성지

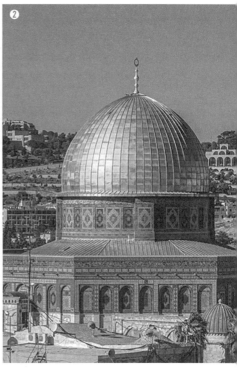

❶ 알 아크사 모스크 ❷ 황금 돔 사원 ❸ 성전산 황금 돔 사원 내부의 한가운데 있는 거대한 바위. 이곳은 아브라함(이브라힘)이 이삭(이스마엘)을 하느님께 번제물로 바친 장소로 알려져있다.

이다. 예수께서 수난을 당해 십자가를 지고 걸었던 '수난의 길Via Dolorosa'이나 십자가에 못 박혀 돌아가신 곳에 지어진 '성묘교회(무덤교회)'가 모두 올드시티 안에 있기 때문이다. 이처럼 예루살렘은 유대인, 무슬림, 크리스천 누구에게나 결코 포기할 수 없는 가장 중요한 의미를 갖고 있는 최고로 성스러운 장소인 것이다.

특히 성전산은 세 종교 공통의 최고 성지이지만, 오늘날 그곳에

비아 돌로로사

출입하는 문제는 그다지 간단하지 않다. 제3차 중동전쟁에서 승리한 이스라엘이 성전산을 포함한 올드시티 지역을 완전히 장악했기 때문이다. 따라서 오늘날 성전산에 대한 출입은 이스라엘 무장 경찰들의 철저한 통제를 받고 있다. 이들은 출입 통제뿐 아니라 무슬림들의 시위에 대응이 필요할 경우 성전산 구역에 들어가서 치안 유지 작전을 벌인다. 평소에도 매일 한두 차례씩 순찰 활동을 벌이고 있다. 필요할 경우에는 이스라엘의 유대인 무장 경찰들이 무슬림에게는 최고 성지인 이슬람 사원의 내부까지 들어가서 특이사항이 없는지 살펴보기도 한다.

무슬림이라면 성전산을 둘러싸고 있는 여러 개의 출입구를 통해 성전산 구역에 들어갈 수 있다. 물론 모든 출입구에는 이스라엘 무장 경찰들이 항상 지키고 있다. 성전산 구역에 들어온 무슬림들은 황금 돔 사원이나 알 아크사 사원 등 이슬람 성전 건물의 내부에 들어가 기도할 수 있다. 무슬림이 아닌 사람은 유대인이든 크리스천이든 일반 관광객이든 모두 단 한 곳의 출입구, 즉 통곡의 벽 광장에 설치된 나무다리를 따라 연결되어 있는 '무그라비 게이트Mughrabi Gate(무어 게이트 또는 모로칸 게이트라고도 부름)'라는 지정 출입구를 통해서만 성전산을 방문할 수 있다.

물론 출입이 허용되는 특정 시간에만 방문할 수 있다. 계절별로 방문을 허용하는 시간이 다르며, 안식일인 토요일에는 방문이 불가하다. 그러나 성전산 구역에 들어가더라도 무슬림이 아니기 때문에 정원 구역 이외에 황금 돔 등 이슬람 사원 건물의 내부에는 들어갈 수 없다. 사원을 관리하는 이슬람 재단의 직원이 무슬림 여부를 확인하고 출입자를 통제하고 있기 때문이다.

율법상 유대인은 성전산 방문이 금지되어 있다. 왜냐하면 성전은 유대교 신앙에서 너무나도 성스러운 '성소聖所'이고, 따라서 제사장 등 허가받은 사람 이외에 일반 유대인이 방문하는 것은 성소를 훼손하는 것으로 간주하기 때문이다. 이스라엘 최고랍비청은 무그라비 게이트 입구에 일반 유대인의 방문을 금지하는 포고문을 붙여놓았다.

하지만 이스라엘의 세속법에서는 유대인의 성전산 방문을 직접 규제하지는 않는다. 다만, 무슬림을 자극하지 않도록 몇 가지 행동은 규제하고 있다. 바로 소리 내어 기도하거나, 무릎을 꿇거나, 절을 하거나, 바닥에 엎드리거나, 노래를 부르거나, 이슬람 사원 건물을 만지거나, 이스라엘 국기를 흔드는 등의 행위다. 비록 2천 년 전에 유대교의 성전이 있던 곳이지만 현재 이슬람 성전이 자리 잡고 있는 것이 현실이고, 자칫 그 같은 행위들은 무슬림과 물리적인 충돌로 이어질 가능성이 매우 높기 때문이다. 반면 외부로 드러나는 행위가 아니라면 마음속 기도나 묵상 정도는 허용된다.

예루살렘을 둘러싼 정치적 갈등의 역사를 잘 모르고 성전산을 처음 방문하면 대단히 평화롭다는 느낌을 가질 수 있다. 이곳이 과거 솔로몬 왕이 세운 성전이 있었던 곳이고, 3대 종교 모두 신성시하는 지역인 것만을 생각하면 일종의 경외감마저 드는 것도 사실이다.

하지만 현실적으로 이곳은 유대인과 아랍인 간에 충돌과 시위가 빈번히 벌어지는 곳이다. 한시도 경계를 늦출 수 없는 일촉즉발의 위기감이 감도는 곳이기도 하다. 충돌의 조짐이 보일 경우 평소에 평온하게만 보이던 분위기가 순식간에 긴박한 상황으로 바뀌며 이스라엘 무장 경찰들이 바로 진입한다. 시위진압을 위해 때때로 고무총탄이 발사되기도 한다.

가끔씩 일부 젊은 유대인들은 성전산을 방문하여 무슬림에게 도발로 비칠 행위를 벌이기도 한다. 성전산이 본래 유대교 성전이 있던 곳이라면서 노골적으로 소리 내어 토라를 암송한다거나 기도를 하는 것이다. 이럴 경우 무슬림과의 충돌은 피할 수 없다. 그래서 유대인 청소년들이 단체로 성전산을 방문할 경우에는 무슬림과의 예기치 않은 충돌을 차단하는 차원에서 이스라엘 무장 경찰들이 단체 방문객들과 같이 다니는 모습을 볼 수 있다. 만약 양측간에 충돌이 생겨 사상자가 발생하는 등 상황이 과격해질 경우 곧바로 엄청난 폭발력을 가진 유혈사태로 번질 수 있기 때문이다. 성전산은 이렇게 청소년의 치기 어린 행동이나 돌발적 상황이라는 작은 불씨가 대규모 충돌과 참사로 이어질 수 있는 곳이다.

일례로 지난 2000년 가을 당시 이스라엘 보수야당이었던 리쿠드당의 당수 아리엘 샤론(다음 해인 2001년에 집권당이 되어 총리로 선출)이 군인 수백 명의 경호를 받으며 성전산 구역에 들어간 일이 있었다. 이에 자극받은 무슬림들이 이스라엘의 도발을 항의하는 시위에 나섰으며, 결국 대규모 유혈 충돌로 이어졌다. 이로 인해 양측간에 수천 명이 죽고 다치는 '인티파다(팔레스타인의 반이스라엘 민중봉기)' 상황이 거의 5년 동안이나 지속되었다.

이스라엘 정부는 이스라엘과 팔레스타인 간의 긴장이 고조되는 분위기를 보면서 때에 따라서는 치안 유지와 방문자 신변 보호 등을 위해 정치인의 성전산 방문을 특정 기간 동안 규제하기도 한다. 일반인과는 달리 정치인의 성전산 방문은 팔레스타인에 대해 정치적 행위로 비칠 여지가 크기 때문이다.

이와 같이 성전산은 양측 모두에게 가장 고결한 종교적 성지인 동시에 양측간 분쟁과 갈등을 상징하는 역사의 현장이기도 하다. 이스라엘이 전반적인 출입 통제와 치안 업무를 담당하고 있으나, 성전산에 있는 황금 돔 사원이나 알 아크사 사원 등 이슬람의 종교유적에 대한 관리나 유지 보수는 요르단 왕실의 재정 지원을 받아 예루살렘 '와크프WAQF'라는 이슬람신탁관리재단에서 담당하고 있다.

그런데 예루살렘 와크프 관리인들과 이스라엘 무장 경찰들 사이에서도 때때로 충돌과 갈등이 빚어지곤 한다. 2019년 초에는 황금 돔 사원을 관리하는 와크프 소속 관리인과 정기적 순찰을 위해 사원에 들어가려던 이스라엘 무장 경찰 사이에 충돌이 벌어졌다. 와크프 관리인이 테러 예방 순찰을 위해 사원 내부에 들어가려던 이스라엘 경찰이 키파(종교적 유대인들이 머리에 쓰는 동그란 형태의 모자)를 쓰고 있는 것을 발견하고 벗을 것을 요구했으나 거부하자 경찰의 사원 진입을 막고 나선 것이다. 입장을 저지당한 이스라엘 경찰이 다른 와크프 간부들의 사원 출입을 막고 나서면서 양측간에 7시간 동안이나 대치 상태가 벌어졌다. 그 같은 충돌은 지금도 종종 발생하곤 한다.

이스라엘의 1980 예루살렘 기본법

이쯤에서 이스라엘이 건국 이후 예루살렘을 어떻게 여겨왔는지를 돌아보자. 아랍인들은 반발했지만 유대인들은 1947년 유엔의 팔레스타인 영토 분할안을 적극 수용하고, 1948년 건국을 선언했다. 이를 통해 우선 이스라엘이 국제법적으로 인정되는 영토를 확보할 수 있었다. 그 당시 이스라엘의 건국 선언은 '예루살렘'이 아닌 '텔아비브'에서 이루어졌다. 당시 팔레스타인 지역으로 이주 정착한 대다수 유대인들은 주로 텔아비브 지역에 살고 있었다.

그런데 당시 예루살렘은 위임통치 종식으로 영국군대가 떠나기에 앞서 그곳을 미리 장악하기 위해 유대인들과 아랍인들 간의 전투가 치열하게 벌어지고 있었다. 시오니스트 정치 지도자들인 다비드 벤 구리온David Ben-Gurion 등이 텔아비브에 모여 독립국가 건설을 천명할 당시 독립선언문에는 이스라엘의 수도나 예루살렘의 지위에 관해서는 특별한 언급이 없었다.

이스라엘의 건국 선포 다음 날 아랍 5개국의 선제공격으로 제1차 중동전쟁(독립전쟁 또는 팔레스타인 전쟁)이 벌어졌고, 오랜 공방 끝에 마침내 이스라엘은 북부의 해안 평야지대와 갈릴리 호수 일대 및 남부 네게브 사막의 서쪽과 예루살렘의 서쪽 부분까지 장악하게 되었다. 건국 당시 유엔으로부터 할당받은 땅은 팔레스타인 전체 지역의 55% 정도였으나, 제1차 중동전쟁을 통해 3/4 이상으로 영토의 범위를 확장할 수 있게 된 것이다. 반면 전쟁에 패한 아랍인들의 땅은 유엔의 분할안에서 당초 할당되었던 크기보다 더 줄어들었으며, 그마저도 두 개로 완전히 나뉘었다. 그 결과 동쪽의 서안지구는 요르단이, 남쪽의 가자지구는 이집트가 각각 관할하는 것으로 정리되었다.

제1차 중동전쟁에 승리한 이후 서예루살렘을 장악한 이스라엘은 이때부터 예루살렘을 이스라엘의 수도로 간주하기 시작했다. 그로부터 거의 20년이 지난 1967년 엿새 동안 치른 제3차 중동전쟁은 이스라엘의 영토 확장에 있어 대단히 중요한 순간이었다. 이때 동예루살렘까지 점령한 이스라엘은 동과 서로 나뉜 예루살렘을 통합하여 실효적으로 통치하게 되었다. 또한 남쪽에서는 이집트가 관할하던 시나이반도와 가자지구를 점령하는 한편 북쪽에서는 시리아로부터 골란고원을 빼앗고 동쪽에서는 요르단이 관할하던 동예루살렘을 포함한 서안지구까지 점령했다. 다시 말해 팔레스타인 땅 거의 전체를 무력으로 완전히 장악하게 되었던 것이다. 그로부터 10여 년이 지난 1979년 이스라엘은 이집트와 평화조약을 체결하고 1982년에는 시나이반도에서도 완전히 철수하였다.

그 사이 1980년 여름 당시 총리였던 메나헴 베긴은 이스라엘의 7번째 기본법인 〈예루살렘 기본법〉을 제정했다. 예루살렘 기본법은 '완전하고도 통합된 예루살렘'이 이스라엘의 수도라고 규정(1조)하는 한편 "대통령과 의회(크네세트) 및 대법원은 예루살렘에 소재한다"고 명시(2조)했다. 예루살렘이 명실상부한 이스라엘의 수도임을 명확하게 규정한 것이다. 단일 헌법이 존재하지 않는 이스라엘에서 기본법은 헌법과 같은 지위를 가진다. 그런 점에서 이 기본법을 통해 예루살렘이 이스라엘의 수도라는 점을 최고 규범의 하나로 명문화한 것이다.

이스라엘의 예루살렘 기본법 제정은 팔레스타인을 포함한 아랍 국가들은 물론 국제사회로부터도 맹렬한 비난을 받았다. 이스라엘이 예루살렘 기본법 제정을 추진할 당시부터 유엔은 안전보장이사회 결의안(476호)을 통해 '이스라엘의 일방적인 예루살렘 지위 변경은 법적 타당성이 전혀 없는 국제법 위반 행위'라고 경고하고 나섰다. 예루살렘이 그 어느 나라에도 속하지 않고 유엔이 직접 관할하는 지역이라는 점을 재확인했던 것이다.

그러나 유엔의 경고에도 불구하고 이스라엘은 예루살렘 기본법 제정을 강행했다. 유엔은 또다시 안전보장이사회 결의안(478호)을 통해 예루살렘 기본법이 무효임을 선언하고 기본법의 철회를 강력히 촉구했다. 두 차례의 결의안에서 15개 안전보장이사회 이사국

중 14개 국가가 찬성을 했고 반대한 나라는 하나도 없었다. 미국마저 이스라엘 편을 들지는 못하고 두 차례 모두 기권했을 뿐이다.

유엔안전보장이사회는 이스라엘에 대한 압박 수단으로 유엔 회원국들에 대해 예루살렘에 소재하는 외교공관을 다른 지역으로 이전시키라고 촉구했다. 통상적으로 대사관은 그 나라의 수도에 두는데, 예루살렘을 이스라엘의 수도로 인정하지 않겠다는 취지였다. 당시 미국 등 상당수 국가들의 대사관은 텔아비브 인근 지역에 있었기 때문에 해당 사항이 없었다. 우리나라도 당시 이스라엘에 상주하는 대사관이 없었기 때문에 유엔의 결의와는 무관했다. 다만, 예루살렘에 있던 13개 국가(과테말라 등 중남미 12개 국가와 네덜란드) 대사관들은 유엔 안전보장이사회의 결의를 받아들여 예루살렘을 떠나 텔아비브나 그 인근 지역으로 이전했다. 이스라엘이 수도라고 주장하는 예루살렘에는 외국 대사관이 하나도 남지 않게 된 것이었다.

이같이 예루살렘의 국제법적 지위에 대한 국제사회의 비판이 계속되는데도 불구하고 이스라엘은 입장을 바꾸지 않았다. 여기에 더 나아가 2018년 7월에는 14번째 기본법인 〈유대민족국가법〉을 만들어 '완전하고도 통합된 예루살렘이 이스라엘의 수도'라고 다시 한번 명확하게 규정(제3조)했다.

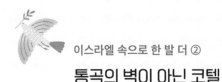

통곡의 벽이 아닌 코텔

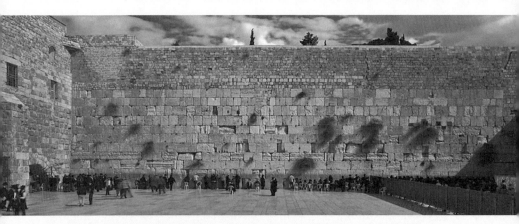

색깔과 크기와 질감이 다른 모습의 통곡의 벽(칸막이 왼쪽은 남성 오른쪽은 여성들의 기도 장소이다.) 통곡의 벽 위쪽 부분이 성전산 구역이다.

성지 순례객들이 예루살렘 올드시티를 방문할 때 '성묘교회(예수무덤교회)', '예수 수난의 길(비아 돌로로사)' 등과 더불어 가장 많이 방문하는 장소가 '통곡의 벽Wailing Wall'이다. 서기 70년 로마의 티투스 장군에 의해 예루 살렘이 함락되면서 두 번째 성전마저 파괴될 당시 예루살렘 성의 서쪽 벽 Western Wall 일부만 남았다. 이후 유대인들은 한동안 성전이 있던 예루살렘 성에 들어오는 것이 금지되어 오다가 로마가 기독교를 공인한 이후 1년에 한 차례 성전이 무너진 날에만 방문이 허용되었다고 한다. 이때 예루살렘을 방문한 유대인들이 허물어진 성벽을 부여잡고 성전 파괴를 애통해하며 나라를 잃은 슬픔에 울부짖게 되면서 이방인들에 의해 '통곡의 벽'이라는 이름이 붙여졌다고 한다.

통곡의 벽이라는 이름이 이같이 비장한 스토리를 갖고 있지만 정작 유대인들은 그 이름을 별로 달가워하지 않는다. 히브리어로도 '통곡의 벽'이라는 표현을 쓰지 않는다. 무너진 성벽 앞에 서서 흐느끼는 유대인들의 모습을 바라본 이방인들이 사용한 표현이기 때문에 유대인의 입장에서는 듣기에 치욕스러운 표현인 것이다. 유대인들은 보통 통곡의 벽을 그냥 '서쪽 벽' 또는 '코텔Kotel'이라고 부른다. 코텔은 히브리어로 '벽Wall'이라는 뜻이다.

물론 현재 우리가 보는 통곡의 벽은 2천 년 전 두 번째 성전 파괴 당시의 서쪽 성벽 그대로의 모습은 아니다. 서쪽 성벽은 성전산 지역을 차지하던 세력들에 의해 오랜 세월 동안 변화를 겪어 왔다. 로마에 의해 파괴된 서쪽 성벽의 상당 부분은 아직도 지하에 묻혀 있다. 우리가 보는 성벽은 길이 약 50미터, 높이 약 15미터 정도로 오랜 세월 동안 쌓아 올려진 색깔과 크기와 질감이 각각 다른 석벽층으로 구성되어 있다. 이는 현재 성전산 구역의 서쪽 부분을 받치고 있는 석축으로서의 역할도 하고 있다.

통곡의 벽은 전 세계에서 방문하는 수많은 성지 순례객들로 일년 내내 붐빈다. 특히 유대인들에게 있어서는 믿음의 조상인 아브라함의 무덤이 있는 헤브론과 더불어 유대교의 가장 성스러운 장소이다. 통곡의 벽에는 기도하는 유대인들의 발길이 끊어지지 않는다. 특히 금요일 저녁부터 시작되는 안식일이나 성전이 파괴된 날인 '티샤 베아브Tisha B'Av' 또는 각종 유대교 명절 등에는 통곡의 벽 광장이 발 디딜 틈이 없이 유대인들로 붐빈다.

성벽 앞에 다가가면 여러 가지 진지한 모습으로 기도하는 사람들을 만날 수 있다. 머리를 앞뒤로 흔들며 토라를 읽거나 성벽에 이마를 가만히 대고 있거나 혼자 속삭이거나 성벽에 입맞춤하는 사람 등 다양한 모습을 볼수 있다.

성벽을 자세히 들여다보면 오래된 벽돌 틈에 수많은 종이쪽지들이 꽂혀있는 것을 발견할 수 있다. 사람의 손이 닿을 수 있는 높이의 바위틈은 거의쪽지들로 가득 차 있다고 할 정도로 쪽지들이 많다. 쪽지를 넣을 바위틈에공간이 없는 경우에는 장시간 기도할 때 앉는 의자 위에 올라가서 좀 더 높은 위치에 있는 바위틈에 쪽지를 꽂아 두기도 한다. 이는 하느님에게 비는소원이나 기도를 적은 쪽지들이다. 유대인뿐 아니라 종교와 무관하게 통곡의 벽을 방문하는 순례객이나 일반 관광객도 쪽지를 써서 끼워 넣는 경우가 많다. 소원을 적어 바위틈에 꽂아 두면 언젠가 소망이 이루어진다는 속설 때문이다. 어쩌면 어린아이들이 크리스마스를 맞으면서 산타클로스에게 편지를 보내는 마음과 통한다고도 볼 수 있다.

순례객이나 일반 관광객뿐만 아니라 이스라엘을 방문하는 각국의 정치지도자나 종교 지도자 등 저명인사들 역시 통곡의 벽을 방문한다. 교황 요한 바오로 2세나 베네딕토 16세 등이 종교적 갈등과 분쟁의 상징이라고도할 수 있는 통곡의 벽 앞에서 화해와 평화를 기도하는 모습은 종교와 관계없이 세계인들에게 적지 않은 감동을 준 바 있다. 또한 오바마 전 미국 대통령처럼 기도문을 써서 직접 성벽의 바위틈새에 꽂는 유명인도 있었다.

여행 경비나 건강 문제 등의 사정으로 직접 통곡의 벽을 방문하지 못하는 사람들은 대행 서비스를 이용할 수도 있다. 팩스나 이메일을 통해 통곡의 벽을 관장하는 랍비청 사무실에 의뢰하면 기도 쪽지를 대신 작성하여 바위틈에 끼워주기도 한다. 물론 이 서비스를 이용하려면 약간의 수수료를 내야 한다. 수수료를 지급하더라도 하느님에게 대신 기도를 전달해주는 서비스를 간절히 원하는 사람들이 한 해에 수백 명에 이른다고 한다.

그러면 바위틈에 끼워둔 수많은 쪽지들은 어떻게 될까? 쪽지가 너무 많이 차서 바위틈에 새로운 공간이 필요할 경우를 대비해서 매년 두 차례 통곡의 벽에 꽂힌 기도 쪽지들을 수거하는 작업을 한다. 유대력의 새해 명절인 '로쉬 하샤나'를 앞둔 시기와 유월절이 시작되기 전 등에 진행된다. 통곡의 벽 유적지 관리업무를 총괄하는 유대교 재단의 책임 랍비의 주관하에 기도 쪽지 수거 작업이 벌어진다. 쪽지 수거는 주로 나무 막대기와 빗자루를 이용한다. 신성한 성벽에 손상을 입히지 않기 위해 쇠막대는 절대 사용해서는 안 된다. 수거한 쪽지들은 모두 자루에 담은 후 예루살렘 성벽 동편 감람산 근처 땅에 파묻는다. 절대로 불에 태우지 않는다. 그 이유는 확실치 않지만 아마도 유대인이 죽으면 시신을 화장하지 않고 매장하는 풍습과 일맥상통하는 것이 아닐까 싶다.

영토 확장과 유대인 정착촌

이스라엘은 건국 초부터 아랍 국가들과의 전쟁을 통해 영토를 계속 확장해 나갔다. 또한 군사력으로 점령한 지역을 실효적으로 지배하기 위해 유대인들을 이주시켜 마을을 형성했다. 이렇게 팔레스타인 지역 내에서 유대인들이 모여 사는 마을을 '정착촌Settlements'이라고 부른다.

이스라엘은 1967년 제3차 중동전쟁(6일전쟁)에서 시리아로부터는 골란고원을, 요르단으로부터는 동예루살렘을 포함한 서안지구를, 이집트로부터는 가자지구를 각각 점령한 후 그 지역에 유대인들을 이주시켜 정착촌을 건설했다. 이후 약 40년이 지난 2005년에 가자지구에서는 정착촌을 모두 해체하고 철수했지만, 골란고원과 서안지구에서는 지난 55년 동안 정착촌을 계속 유지 · 확대해오고 있다.

유엔은 그간 수차례의 결의를 통해 이스라엘의 점령지 내 정착촌 건설이 불법이라는 입장을 유지하고 있다. 유엔인권이사회 결의에 따라 지난 2020년 유엔인권사무소는 서안지구 내 유대인 정착촌의 유지, 보수, 확장 등의 활동에 연관된 것으로 파악된 112개 기업체의 명단을 공개하기도 했다. 불법행위를 방조했다는 일종의 블랙리스트인 셈이다. 이스라엘의 서안지구 점령에 비판적인 사람들은 서안지구 내 유대인 정착촌에서 생산되는 와인 등 생산품을 구매하는 것은 불법 정착촌을 묵인하는 것과 같다고 주장하기도 한다.

골란고원 점령에 대해 이스라엘은 시리아나 레바논 헤즈볼라로부터의 공격을 방어하는 데 있어 꼭 필요한 전략적 요충지이기 때문에 절대로 포기할 수 없다는 입장을 고수해 왔다. 1981년에는 새로운 법률을 만들어 이스라엘의 법적·행정적 통치 시스템이 골란고원 지역에도 적용된다고 규정했다. 골란고원 지역을 사실상 병합한 것이다. 하지만 유엔안전보장이사회는 이스라엘의 골란고원 병합조치가 국제법 위반이라며 이를 인정하지 않고 있다.

그런데 트럼프 행정부는 2019년 봄 골란고원 점령지에 대한 이스라엘의 주권을 인정한다고 선언했다. 당시 네타냐후 이스라엘 총리는 이에 화답하여 점령지 골란고원의 이름을 '트럼프 고원'으로 명명했다. 골란고원에는 현재 약 4~5만 명의 정착민들이 거주하고 있다. 정착민 중에는 유대인뿐 아니라 드루즈계 국민도 상당수를 차지하고 있다.

가자지구의 경우, 이스라엘이 제3차 중동전쟁에서 점령한 이후 주로 지중해 해안에 가까운 마을을 중심으로 20여 개에 이르는 소규모 유대인 정착촌이 건설되었다. 그러다가 중동평화협상 과정에서 1994년 이스라엘은 가자지구에 대한 일반적 통치권을 팔레스타인 자치정부에 이양하고 대부분의 군대를 철수했다. 그 이후에는 이스라엘의 영토 보호와 자국민 안전을 명분으로 가자지구를 둘러싸는 장벽을 설치했다. 2005년에 와서 이스라엘 정부는 주민들의 반대에도 불구하고 가자지구 내 정착촌을 전면 폐쇄하고 수천 명의 유대인 정착민들을 이스라엘 땅으로 강제 이주시킴으로써 비로소 가자지구에서 완전히 철수하게 된다.

서안지구 내 정착촌은 골란고원이나 가자지구보다 문제가 더 복잡하다. 이스라엘과 팔레스타인의 오랜 분쟁을 해결하기 위한 노력의 일환으로 1993년부터 1995년까지 이스라엘과 팔레스타인 해방 기구 간에 체결된 오슬로 평화협정에 따라 서안지구는 세 개의 지역으로 구분되었다. 팔레스타인이 독자적으로 관할하는 A지역, 양측이 공동관할하는 B지역, 이스라엘이 단독 관할하는 C지역중에서 C지역이 전체의 약 60%를 차지할 정도로 제일 넓다. C지역 안에 있는 140여 개의 유대인 정착촌들은 방호 장벽으로 둘러싸여 이스라엘 군인들이 정착민들의 안전을 지키고 있다. 유대인 정착민이 아닌 사람이 정착촌에 접근할 경우 정착촌을 지키는 무장군인들의 검문을 받게 된다. 허가받지 않은 팔레스타인 주민의 정착촌 진입은 불가능하다.[5]

서안지구에는 약 40~50만 명의 유대인들이 정착촌에 거주하고 있는 것으로 알려져 있다. 이들 정착민들 모두 이스라엘 국민이다. 정착촌에는 이스라엘의 아리엘대학교까지 들어와 있다. 정착촌은 지속적으로 확대되고 있다. 점령지에 대한 실효적 통치권을 확보하기 위해서 그곳에 더 많은 유대인의 거주가 필요하기 때문이다. 이에 더해 해외에서 이주해 오는 '올림(귀환 유대인)'의 증가에 따라 주택 마련이 필요한 현실적 이유도 크다.

여기서 한 가지 주의할 것이 있다. '정착촌'이라고 하면 우리말 어감 때문에 주거환경이 열악한 곳으로 생각할 수 있다. 하지만 사실상 상당수의 정착촌은 주택의 규모나 각종 편의시설 등 여러 가지 면

---

5 서안지구내에서 운행되는 차량은 번호판의 색깔만으로 멀리서도 탑승자의 신분을 알 수 있다. 유대인 정착민의 차량 번호판은 이스라엘 영토에서 운행되는 일반 국민들의 차량과 동일하게 노란색 바탕에 검은색 숫자로 되어 있다. 팔레스타인 일반 주민의 차량 번호판은 흰색 바탕에 녹색 숫자로 만들어져 있다.

에서 이스라엘의 여타 마을들과 전혀 다를 바가 없다. 서안지구 내 유대인들이 거주하는 정착촌과 팔레스타인 주민들이 사는 마을을 비교하면 수준 차이가 확연히 구별되는 경우가 많다. 이에 따라 당연히 유대인 정착민들과 기존 팔레스타인 주민들 간에 끊임없는 갈등이 벌어지고 있다.

이스라엘 정부로부터 허가받은 합법적 마을인 정착촌과 달리 허가 없이 불법으로 들어선 무허가 유대인 마을인 아웃포스트outpost[6] 들도 상당히 많다. 이 같은 무허가 마을들이 무분별하게 늘어나는 것은 이스라엘 정부로서도 골칫거리가 되고 있다. 정부는 아웃포스트들을 통폐합하거나 인프라 지원을 하는 등의 방식으로 합법화해 오고 있다. 국제사회는 이스라엘 정부의 허가 여부와 관계없이 서안지구 내 모든 유대인 마을들을 국제법 위반으로 간주한다. 2023년초 이스라엘의 보수강경 성향의 네타냐후 신정부가 9개의 아웃포스트들을 합법화하자 미국 국무부는 이스라엘의 일방적 조치에 반대한다는 비판 성명서를 발표했다. 유엔안전보장이사회도 나서서 이스라엘의 정착촌 확대를 비판하는 성명서를 만장일치로 채택했다. 정착촌과 크고 작은 아웃포스트를 모두 합하면 200개가 훨씬 넘는다고 한다.

유대인 정착촌을 바라보는 팔레스타인 주민들의 생각은 복잡하다. 과거에는 팔레스타인 독립국가가 건설되면 유대인 정착민들을 모두 몰아내고 빼앗긴 땅을 되찾을 수 있을 것이라는 희망이 있었다.

---

6   아웃포스트는 이스라엘 정부의 공식 허가를 받지 않고 독자적으로 만든 무허가 유대인 마을이다. 보통 정착촌은 주택단지의 규모가 큰 반면 아웃포스트들은 대부분 소규모이다.

하지만 세월이 흐르면서 현재는 그 같은 희망이 점점 사라져가고 있다. 오히려 스스로 자립하지 못하고 이스라엘과 국제사회에 대한 의존도가 갈수록 늘어나고 있는 현실에 개탄하고 있다. 팔레스타인에 대한 국제사회의 지원에도 피로현상이 나타나고 있다. 이스라엘이 걸프만 아랍권 국가들을 상대로 적극적인 관계 개선 노력을 펼치고 있는 반면 팔레스타인에 대한 아랍권 국가들의 지지는 미온적인 수준에 머물고 있다.

팔레스타인 주민들의 불만도 계속 쌓여만 간다. 팔레스타인 지도층의 무기력 속에 파타(서안지구)와 하마스(가자지구)라는 양대 정파 간의 내부 주도권 갈등은 여전히 지속되고 있다. 이 같은 정치적, 외교적 문제와 더불어 여전히 열악한 수준의 사회 인프라나 높은 실업률과 더불어 실생활 측면에서 개선의 조짐이 잘 보이지 않는 경제적 문제들도 계속 누적되고 있다. 일부 전문가들은 주민들의 불만이 계속 쌓일 경우 언젠가 이스라엘에 대한 엄청난 규모의 '인티파다(Intifada, 무장봉기)'가 다시 일어날 가능성이 있다고 분석한다. 특히 가자지구에서는 철저하게 봉쇄된 땅에서 미래가 보이지 않는 인생을 살아가는 것보다 항쟁을 통해 삶의 가치를 찾고 싶다고 생각하는 젊은이들이 늘고 있다는 것이다. 크고 작은 충돌사건은 이 같은 팔레스타인 주민들의 좌절감이 임계점을 향해 달려가고 있는 증거라고 한다.

보안장벽인가 분리장벽인가

서안지구와 가자지구는 모두 약 8미터 높이로 설치된 장벽으로 둘러싸여 있다. 서안지구는 상대적으로 넓고 굽이굽이 돌아가는 지형이라 장벽의 길이가 700킬로미터를 넘는다. 반면에 가자지구는 폭이 좁은 데다 서쪽은 바다와 맞닿아 있고 남쪽은 이집트와 붙어 있어 북쪽과 동쪽으로 설치된 이스라엘 쪽 장벽은 거의 직선 형태이고 길이도 약 60킬로미터 정도로 짧은 편이다. 이러한 장벽의 성격에 대해 이스라엘과 팔레스타인 양측은 서로 다른 주장을 하고 있다.

이스라엘은 이 장벽을 '보안장벽security wall'이라고 부른다. 이스라엘은 팔레스타인 테러 분자로부터 정착촌에 거주하는 유대인을 보호하고, 테러범의 침투 공격으로부터 이스라엘을 방어하기 위해 장벽은 불가피하다고 주장한다. 과거에는 예루살렘 등지에서 수시로 테러 사건이 발생하곤 했지만, 이스라엘이 2003년경부터 이 같은 장벽을 설치하기 시작한 이후에는 테러 사건이 대폭 감소한 것이 사실이다. 이스라엘은 하마스의 이스라엘 침투 역시 보안장벽 덕분에 효과적으로 대처할 수 있게 되었다고 설명한다.

장벽으로 둘러싸인 팔레스타인 지역과 이스라엘을 연결하는 것은 여러 곳에 설치된 검문소Check Point이다. 이스라엘 군은 검문소를 통해 사람의 출입과 물자의 반출입을 철저하게 통제하고 있다. 검문소마다 상황이 다르긴 하지만 서안지구는 가자지구에 비해 출입 절차가 상대적으로 덜 까다롭다. 서안지구 내 정착촌에 거주하는 유대인이나 출입허가증을 소지하고 있는 팔레스타인 주민은 예루살렘이나 이스라엘 영토에 있는 직장에 가기 위해 매일 검문소를 넘나든다. 이들의 숫자는 하루에 수만 명에 이른다.

이와는 달리 가자지구는 원칙적으로 일반인의 출입이 불가능하다. 업무 목적으로 외교관이나 국제기구 직원의 출입이 필요한 경우 또는 긴급하거나 특별히 인도적인 사유가 있는 경우 등 극히 예외적인 경우가 아닌 한 이스라엘에서 가자지구로 들어가는 것도, 가자지구에서 이스라엘로 나오는 것도 모두 차단되어 있다. 특히 가자지구 주변 지역은 이스라엘과 하마스

위에서 바라본 이스라엘 서안지구의 모습. 장벽이 눈에 들어온다.

간의 무력 충돌 가능성이
항상 존재하기 때문에 대
다수 국가들은 자국 국민
의 가자지구 방문을 규제
하고 있다.

이 같은 장벽에 대해 팔
레스타인은 팔레스타인 전
역을 거대한 감옥으로 만
드는 불법적인 '분리장벽
separation wall'이자 '차별장
벽segregation wall'이라고 비
난한다. 장벽이 안보를 지
켜주는 것이 아니라 오히
려 안보를 불안하게 만든
다고 주장한다. 예루살렘

지도 상에 표시된 건설 중이거나 건설 완료된 보안
장벽

에서 검문소를 거쳐 서안지구로 들어가면 팔레스타인 주민들이 콘크리트
장벽에 써놓은 그들의 주장과 요구사항들을 쉽게 찾아볼 수 있다. 이스라
엘 내 인권단체들 중에도 팔레스타인 입장에 동조하면서 장벽 건설을 비판
하는 단체도 있다. 2003년 유엔으로부터 장벽 건설에 대한 법률 검토를 요
청받은 국제사법재판소ICJ는 장벽 건설이 국제법 위반이라는 의견을 제시
한 바 있다. 이어 유엔총회는 2004년 이스라엘에 대해 장벽 해체를 촉구
하는 결의안을 채택했다. 반기문 전 유엔사무총장도 재임중이던 2014년
이스라엘의 지속적 장벽 건설은 국제법 위반이라고 지적한 바 있다.

분쟁은 현재 진행 중, 테러의 물결

운명의 장난처럼 유엔에 의해 결의된 팔레스타인 영토 분할안으로 촉발된 분쟁은 네 차례에 걸친 전면전에서 이스라엘이 승리하였고, 물리력에서 밀린 팔레스타인은 전면전이 아니라 '국지전 또는 테러'라는 방식으로 저항을 이어갔다. 특히 엿새 만에 승패가 갈린 제3차 중동전쟁에서 이스라엘이 승리한 지난 60년대 말부터 80년대까지 팔레스타인이 이스라엘에 대해 감행한 여러 테러 사건들은 세계인들에게 '팔레스타인은 곧 테러 조직'이라는 부정적인 인식을 심는 데 큰 역할을 했다. 하지만 팔레스타인 사람들 입장에서는 이들 사건의 테러범 대부분은 민족독립을 위해 싸운 영웅적인 투사들로 각인되어 있다.

통상적으로 테러라고 하면 '불특정 다수를 대상으로 강력한 폭발물을 사용하여 대규모의 인명피해를 입히는 사건'을 떠올릴 것이다. 또한 그 같은 테러 사건의 배후에는 지휘체계를 갖춘 테러 조직이 숨어있는 경우가 많다. 이스라엘에서도 과거에는 유사한 사례가 많이 발생했다. 하지만 보안장벽이 설치된 이후 이스라엘에서 발생하는 테러의 양상은 조금 달라졌다. 물론 가자지구의 하마스가 이스라엘을 상대로 감행하는 미사일이나 로켓 공격 등은 제외하고 말이다. 미국을 비롯한 국제사회는 하마스를 테러 조직으로 지목하고 있기 때문에 하마스에 의한 공격을 모두 테러의 범주에 포함시키는 경우가 많다. 하지만 이는 테러라기보다 일종의 국지전으로 간주해야 한다는 의견도 있다.

테러는 자파Jaffa(욥바) 등 아랍계 주민이 상당수 거주하는 이스라엘 지역에서도 드물게 발생하지만 대부분의 경우에는 동예루살렘이나 서안지구 내 정착촌 인근 지역에서 발생한다. 가장 흔한 공격의 형태는 팔레스타인 주민들에 의한 투석 행위이다. 총기나 칼을 이용하여 이스라엘 군인이나 경찰을 살상하는 테러 공격도 가끔씩 발생한다. 때로는 차량을 이용하여 분리장벽(보안장벽)을 지키는 이스라엘 검문소를 충돌 공격하는 사례도 있다.

2015년 가을에는 예루살렘 올드시티의 성전산 구역에 대한 출입 통제 문제를 둘러싸고 이스라엘과 팔레스타인 사이에 갈등이 벌어지면서 팔레스타인 주민들에 의한 공격이 거의 반년 동안이나 지속된 시기가 있었다. 칼, 총, 차량 등을 이용한 이런저런 형태의 공격 사건이 거의 매일 또는 일주일에 몇 차례씩 계속해서 일어난 것이다. 대부분의 공격 형태는 개인에 의한 단독공격, 즉 이른바 '외로운 늑대형' 공격이었다. 수개월 간 테러 사건이 계속되면서 이스라엘에서는 '테러의 물결'이라는 표현이 등장했다. 이 기간 동안 수십 명의 이스라엘 사람들이 죽거나 다쳤으며, 이스라엘 당국이 테러에 대응하는 과정에서 그보다 훨씬 많은 숫자의 팔레스타인 사상자도 발생했다.

이스라엘 당국은 현재도 극단적 무슬림과 테러 분자들이 팔레스타인 청소년들에게 유대인을 죽이라고 끊임없이 선동하고 있다고 하면서, 그 같은 테러의 물결 현상은 여전히 지속되고 있다고 평가한다. 공격의 유형에 관한 2018년도 통계를 보면, 투석 행위가 2천여 회로 가장 많다. 변변한 공격무기를 갖지 못한 팔레스타인의 십대 청소년들이 주로 그 같은 투석 공격에 가담한다. 그 이외에 총격 사건이 33회, 칼로 찌르는 형태가 17회 등으로 집계되었다. 이 같은 공격으로 군인을 포함한 18명의 이스라엘 국민이 사망하고 200여 명이 부상당했다.

이러한 '테러의 물결' 현상은 때로는 잠잠하다가도 양측간 충돌 요인이 발생하면 또다시 나타나곤 한다. 사실 이스라엘 영토에서는 테러를 피부로 체감할 수 있는 기회가 흔하지는 않지만 동예루살렘이나 서안지구에서는 소규모 시위나 테러행위 등이 가끔씩 일어난다. 외국 방문객을 목표로 하는 사건은 거의 일어나지 않지만 우연한 장소에서 우연한 기회에 우발적 피해를 당할 가능성은 항상 열려 있다. 특히 여행 가이드를 동반하지 않는 개인 여행자들은 현지 사정에 익숙하지 않기 때문에 조심할 필요가 있다.

반대로 유대인이 팔레스타인 주민을 상대로 벌이는 공격 사건도 드물지는 않다. 지난 1994년 초에는 미국에서 이스라엘로 이주해 서안지구 유대인 정착촌에 살던 한 유대인 극단주의자가 믿음의 조상 아브라함이 묻혀 있는 헤브론의 '족장들의 무덤(막벨라 사원)'에서 팔레스타인 무슬림을 향해 무차별 총격을 가한 사건이 있었다. 이 사건으로 29명이 사망하고 백수십 명이 부상당하는 참사가 일어났다. 2005년 8월에는 서안지구 내 유대인 정착촌에 거주하던 한 유대인 운전자가 훔친 총기로 팔레스타인 주민을 향해 총을 난사하여 4명을 살해한 사건이 있어나기도 했다. 범인은 이스라엘 정부의 가자지구 철군 정책에 반발하여 팔레스타인 주민의 폭력 항쟁을 유발할 목적으로 범행을 저질렀다고 했다. 무기징역을 선고받고 복역하던 범인은 감옥에서 결국 자살했다.

2018년 가을에는 서안지구에 거주하는 팔레스타인 주민 부부와 어린 딸이 차를 타고 가다가 유대인 정착촌 방향에서 앞유리창으로 날아온 큰 돌에 맞아 부인이 사망하는 사건이 발생했다. 사건 직후 팔레스타인 자치정부의 수반이 유가족을 만나 위로하는 장면이 언론에 공개되기도 했다. 사건 용의자로 서안지구 정착촌에 살며 종교학교 예시바에 다니던 십대 유대인 학생들이 긴급 체포되었다. 현재도 서안지구에서는 테러와 강경대응이라는 악순환이 계속 이어지고 있다 2022년 한해동안 테러로 이스라엘인 31명이 사망하고 진압과정에서 팔레스타인인 171명이 사망했다는 보도도 있었다. 특히 2022년 가을 총선으로 역사상 가장 극우성향의 연립정부가 출범한 이후 양측간 갈등이 증폭되는 가운데 2023년초 현지를 둘러본 윌리엄 번스 미 CIA 국장은 현재 상황이 지난 2000년 발생했던 2차 인티파다 당시와 매우 유사하다며 새로운 인티파다 발생 가능성을 경고하기도 했다.

팔레스타인의 보훈 수당과
이스라엘의 주택 철거

"누군가의 테러범이 다른 사람에게는 자유의 투사다One man's terrorist is another man's freedom fighter"라는 표현이 있다. 테러의 개념 정의를 둘러싸고 서로 상반된 시각과 인식이 있다는 뜻이다. 이스라엘과 팔레스타인 간에도 테러에 대한 인식과 관련하여 갈등이 항상 존재한다.

팔레스타인 독립국가 건설을 위한 이스라엘과의 투쟁 과정에서 사망한 사람들을 아랍어로 '샤히드Shahid', 곧 '순교자'라고 부른다. 사망하는 사람 이외에 부상당하거나 이스라엘 당국에 체포되어 투옥된 이들도 있다. 팔레스타인 자치정부PA는 이들 테러범이나 그 가족들에게 금전적 보상을 해 오고 있다. 매달 지급되는 보훈 수당은 팔레스타인 자치정부의 순교자기금에서 충당된다. 이에 대해 이스라엘은 테러범에 대한 금전 지급은 테러범을 영웅시하고 결국 테러 행위를 선동·조장하는 일종의 살해대금Pay-for-slay이라고 강력히 비난하고 있다.

이스라엘 정부는 2018년 의회에 제출한 보고서에서 팔레스타인 자치정부는 테러범의 유형과 복역 기간 등에 따라 적게는 2천 세켈부터 많게는 1만 세켈까지 지급하고, 배우자나 자녀가 있으면 추가 수당을 지급한다고 밝혔다. 2020년에는 팔레스타인 자치정부가 테러범에게 지급한 금액 규모가 1억 8천만 달러에 이르며 이는 자치정부 전체 예산의 7%가 넘는 수준이라는 언론보도도 있었다.

팔레스타인에 의한 테러 행위가 지속되자 이스라엘 정부는 결국 2018년 여름 테러 행위에 대한 금전 보상을 차단하는 법률을 만들기에 이르렀다. 새로운 법률이 만들어지면서 이스라엘은 팔레스타인 정부를 대신해서 징수하는 관세 총액에서 테러범에 대한 보상금 총액을 공제한 후 나머지 부분만 팔레스타인측에 전달하고 있다. 이 같은 조치에 대해 팔레스타인 자치정부는 당연히 반발하고 있다.[7]

이와 더불어 이스라엘은 팔레스타인의 테러에 대응하는 다양한 조치를 취하고 있다. 그중에서 가장 논쟁적 이슈가 테러범이 살던 주택에 대한 강제 철거 조치이다. 이 조치는 영국이 팔레스타인을 위임통치하던 시절인 1945년에 만들어진 법인 〈비상국방령Defense Emergency Regulation〉에 근거를 두고 있다. 〈비상국방령〉은 당시 팔레스타인 지역에 살던 아랍인들의 저항운동에 대응하기 위해 최초로 발령되었고 1948년 이스라엘이 건국된 후 '영국 통치 시절의 법률은 폐지되지 않는 한 그대로 적용된다'는 원칙에 따라 현재까지도 유효한 것으로 인정받고 있다.

〈비상국방령〉 119조에 의하면, 군사령관은 법원 결정이 없이도 테러범이 사용하던 물건을 압수하거나 거주하던 부동산을 몰수할 수 있다. 이스라엘 군은 서안지구 내에서 발생한 테러 사건 가운데 살인과 같은 심각한 테러 행위에 대해서는 테러범이 거주하던 자택에 대한 철거 조치로 대응하고 있다. 정확한 통계자료는 없으나, 인권단체들은 1967년 제3차 중동전쟁 이후 현재까지 약 2천여 채의 가옥이 테러범이 거주하던 집이라는 이유로 강제 철거당했다고 주장한다.

이스라엘 당국은 주택 철거 정책이 불가피하다는 입장이다. 테러를 계획하는 잠재적 테러범들에게 자신의 테러 행위가 가족들에

---

7   일반적인 경우에는 수입하는 국가가 수입물품에 대해 관세를 징수하지만 이스라엘과 팔레스타인 사이에는 특별한 방식이 적용된다. 1994년 체결한 협약에 따라 이스라엘이 대신해 수입관세를 징수한 후 이를 모아서 팔레스타인 자치정부측에 전달한다. 팔레스타인 자치정부의 행정역량이 취약한데다 상품의 국경통과를 이스라엘이 장악하고 있기 때문이다.

게 주택 철거라는 불이익으로 이어질 수 있다는 사실을 미리 인식시 킴으로써 결과적으로 테러를 예방하는 강력한 억제 효과를 낳고 있 다는 것이다. 그러나 이에 대해 팔레스타인이나 국제사회는 주택 철 거 조치가 테러범 본인이 아니라 무고한 가족들을 징벌하는 일종의 연좌제에 해당하는 만큼 제네바협약 등 국제법 위반이라고 비판하고 있다.

또한 그 같은 주택 철거 조치는 팔레스타인 주민들의 증오심만 더 부추길 뿐 실제로 테러를 억제시킨다는 실증적 근거가 전혀 없다 는 주장도 있다. 이스라엘 당국의 철거 조치가 오히려 테러라면서 '철거 테러demolition terrorism'라고 비난하기도 한다. 한쪽에서는 철거 가 폭력적 테러 행위를 억제하기 위해 불가피한 수단이라고 주장하 는 반면, 다른 한쪽에서는 테러 억제는 명분일 뿐이며 결코 용인될 수 없는 과잉대응 조치라고 비난하고 있는 것이다.

부동산 거래로 종신형을 선고받다

이스라엘과 팔레스타인 간의 반목과 갈등은 반드시 정치적 이 슈에서만 발생하는 것이 아니다. 개인 간의 사적인 부동산 거래가 국 가적인 차원에서는 반역행위로 간주되기도 한다. 2018년 말 팔레스 타인 자치정부 임시수도 라말라 법원은 동예루살렘에 거주하고 있던 한 팔레스타인 남성에게 종신 징역형을 선고했다.

그는 동예루살렘 올드시티 내에 자신이 소유하고 있던 부동산을 유대인에게 판매한 혐의로 팔레스타인 당국에 체포되어 재판을 받게 되었다. 전 세계의 성지 순례객들이 방문하는 올드시티는 면적이 좁고 건물의 신·개축이 상당히 어렵기 때문에 매물로 나오는 부동산이 귀하다. 당연히 부동산 거래 역시 드문 편이다. 올드시티는 유대인 구역, 아르메니안 구역, 크리스천 구역, 무슬림 구역 등 4개의 구역으로 나뉘어 있는데 문제의 부동산은 무슬림 구역에 소재하고 있었다.

팔레스타인 자치정부의 법률은 팔레스타인 아랍인이 소유하는 부동산을 당국의 허가 없이 이스라엘 정부나 유대인에게 매각하는 것을 금지하고 있다. 1967년 제3차 중동전쟁 당시 이스라엘 군이 동예루살렘을 포함한 서안지구를 점령한 이후 점령지 내에서 정착촌 설치를 지속적으로 확대해 나가자 이스라엘에 땅을 빼앗기지 않으려는 팔레스타인 당국의 조치였다. 이는 이스라엘도 마찬가지다. 이스라엘 토지법 역시 올드시티 땅을 유대인이 아닌 자에게 판매하지 못하도록 규제하고 있다.

부동산 거래로 체포된 팔레스타인 주민은 팔레스타인 국적뿐 아니라 미국 국적도 보유하고 있는 이른바 복수국적자였다. 그가 체포된 사실이 알려지자 미국 정부는 그가 자국민임을 근거로 석방을 요구하고 나섰다. 하지만 팔레스타인 법원은 이를 무시하고 재판을 강행했으며, 결국 그에게 종신 징역형을 선고하였던 것이다.

예루살렘의 올드시티는 3대 종교의 최고 성지로, 이스라엘을 방문하는 대부분의 외국인이 이곳을 방문한다. 그만큼 올드시티 내 부동산은 단순한 부동산의 의미를 넘어서 매우 중요한 정치적, 종교적 의미를 갖는다. 팔레스타인 입장에서는 그의 부동산 매각으로 인해 비록 작지만 무슬림 구역 내의 영토를 추가적으로 상실하게 된 것이며, 그런 만큼 이스라엘 입장에서는 무슬림 구역 내에 또 하나의 새로운 거점을 구축했다는 상징적 의미를 갖게 되었다고 할 수 있다.

아무튼 종신 징역형을 선고받은 문제의 팔레스타인인은 어떻게 되었을까? 또 하나의 국적인 미국의 압력이 통했는지 결국 2개월 정도 감옥에 갇혔다 풀려난 후 미국으로 떠났다고 한다. 아마도 그는 팔레스타인 주민들로부터는 배신자로 간주되었을 것이다. 이 사건은 외형상으로는 단순히 팔레스타인 실정법을 위반한 부동산 거래 사건에 불과하다. 하지만 실제로는 평소 미국과 이스라엘에 대한 팔레스타인의 반감이 작용한 판결이었다는 관측이 제기되기도 했다.

이 사건 이후에도 저명한 무슬림 가문 출신의 인물이 무슬림 구역 내에 소유하고 있던 부동산을 유대인에게 판매했다가 반역의 비난을 받고 큰 곤욕을 치른 사건이 또 있었다. 그는 13세기경부터 올드시티 내 성묘교회(예수님 무덤교회)의 출입문 열쇠를 관리해 온 무슬림 가문의 자손이었다. 그런 만큼 팔레스타인 사회의 비난은 더욱 컸다.

하지만 그는 자신은 유대인이 아닌 아랍인에게 부동산을 팔았을 뿐이며, 부동산을 구입한 사람이 유대인에게 다시 판매한 것이라고 주장했다. 거래의 진실은 알기 어렵다. 그러나 매수자 측에서 시세보다 높은 가격을 제시할 경우 부동산을 팔려는 사람의 마음이 흔들릴 수도 있을 것 같다. 이처럼 올드시티 내에서 개인 간의 부동산 거래는 땅을 지키려는 팔레스타인과 땅을 더 확보하려는 이스라엘 사이에 벌어지는 눈에 보이지 않는 또 하나의 전쟁이 되고 있다.

테러범은 월드컵 경기를 시청할 수 없다

전 세계 각국의 교도소와 관련된 자료를 모아놓은 '세계 교도소 브리프
World Prison Brief, WPB'라는 데이터베이스가 있다. 영국 런던대학교 범죄
사법정책연구소가 주관하는 WPB는 각 국가별로 교도소 수감자의 숫자, 인
구 대비 수감자 비율, 적정 수용 규모 초과 비율, 성별 비율, 미성년자 수감
률, 외국인 수감률 등 여러 가지 자료를 정리해 공개하고 있다.

WPB에 의하면, 이스라엘 교도소에 수감 중인 수용자는 2018년 기준으
로 약 2만여 명에 이른다. 시점이 다르기는 하지만 2014년 12월 말 기준으
로 수용자 가운데 외국인의 비율은 38.9%로 비교적 높은 편이다. 외국인
수용자 중에서 팔레스타인 출신이 다수를 차지할 것으로 추정된다.

그런데 수년 전 수감 중인 팔레스타인 수용자들이 집단으로 단식투쟁을
벌이는 사건이 있었다. 당국의 각종 제한조치에 반발한 팔레스타인 수용자
1천 500여 명이 면회 횟수 증대, 가족과의 통화 허용, 의료제도 개선, 독방
수용 폐지 등을 요구하면서 단식을 벌인 것이다. 이들의 단식투쟁 사실이
외부에 알려지면서 팔레스타인 주민들이 동조 시위를 벌이기도 했다.

지난 2018년에는 그해 개최될 예정인 러시아 월드컵 개막을 앞두고 이

스라엘 정부가 교도소에 수감 중인 하마스 부대원들에 대해 월드컵 경기 TV시청 불허 방침을 발표하면서 화제가 되기도 하였다. 교도행정을 총괄하는 공안당국은 하마스 테러범들에게 국제 스포츠 경기를 시청할 수 있도록 특전을 베푸는 것은 적절하지 않은 만큼 이를 박탈해야 한다고 주장했다. 실제로 월드컵이 열리는 기간 동안 교도소에 수감 중인 하마스 부대원들이 TV 중계 시청을 금지당했는지 여부는 알려지지 않았으나, 이는 하마스에 대한 이스라엘 우파정부의 반감을 보여주는 사례로 여겨졌다.

2019년에는 공안당국이 테러범들에 대한 또 다른 처우 규제를 선언했다. 테러 혐의 수감자에 대해 가족들이 맡기는 영치금 한도액을 축소하겠다고 선언한 것이다. 또한 하마스 수감자들은 감방 내에서 수돗물을 항상 틀어놓음으로써 교도소 당국이 수도 사용료를 많이 부담토록 하는 방법으로 이스라엘 정부에 보복하고 있다면서, 앞으로는 샤워 시간 축소 등 물 사용도 규제해야 한다고 주장했다. 또한 그동안에는 팔레스타인의 양대 정파인 온건세력 파타와 강경세력 하마스 간의 갈등과 반목을 고려해 양 정파 출신의 수감자들을 격리 수용해 왔으나 앞으로는 이들을 통합 수용해야 한다고 강조하기도 했다.

2021년 가을 유대력으로 새해 연휴 기간이 시작되는 첫날 밤에 이스라엘 교도소에 수감된 팔레스타인 독립 저항조직 출신 죄수 6명이 탈옥하는 사건이 벌어졌다. 세계의 이목이 집중된 가운데 수많은 팔레스타인 시민들은 이들의 탈옥을 영웅적인 행위라고 축하하고 나섰다. 군경 합동 수색을 통해 탈옥한 수감자들은 짧은 도주 행각 끝에 약 2주 만에 모두 검거되었다. 시설보안이 철저하기로 알려진 이스라엘 교도소를 수감자들이 숟가락을 이용해 땅굴을 파는, 할리우드 영화 같은 방법으로 탈출했다는 사실이 알려지면서 이스라엘 공안당국의 입장도 당혹스러워졌다. 공안당국은 재발 방지를 위해 이스라엘의 전체 교도소를 대상으로 대대적인 보안방책 점검에 나섰다고 한다.

분쟁의 상흔, 현충일 다음 날이 독립기념일

건국 선언 다음 날부터 전쟁을 치러야 했던 이스라엘은 건국 초기에 전몰장병 추모식을 독립기념일 당일에 같이 치렀다. 제1차 중동전쟁 때 수많은 희생자가 목숨을 바쳤기 때문이었다. 그런데 시간이 흐르면서 독립을 축하하는 날에 전몰장병을 추모한다는 것이 어색하다는 여론이 제기되었다. 말하자면 기쁜 날의 축하 잔치와 슬픈 날의 추모 제사를 한날에 치르는 셈이기 때문이다. 이스라엘 정부는 여론의 흐름을 좇아 전몰장병 추모식 즉, 현충일을 변경 지정하였다. '욤 하지카론Yom HaZikaron'이라고 부르는 이스라엘의 현충일은 독립기념일 바로 하루 전날이다. 유대력으로 '이야르Iyar'달 4일이다.

이스라엘에서는 안식일이나 각종 기념일은 그 전날 저녁 해질 무렵 시작해서 당일 저녁 해질 무렵에 끝나는 것으로 한다. 현충일에는 여느 나라와 마찬가지로 관련 법규에 따라 조기를 게양하고 추모 사이렌을 울리는가 하면 음주가무를 금지하는 등 경건한 분위기로 하루를 지낸다. 현충일 전날 저녁 8시에 울리는 사이렌을 시작으로 나라 전체가 추모 분위기에 들어간다. 현충일 당일 오전에는 대통령, 총리, 국회의장, 대법원장 등 주요 인사가 참석한 가운데 국가적 추모 행사를 치른다.

그런데 현충일 저녁에 해가 떨어짐과 동시에 추모는 끝나고 독립을 기념하는 축하의 분위기로 바뀐다. 불꽃놀이도 하고 먹고 마시고 춤추고 즐긴다. 이스라엘에 처음 오는 외국인들은 낮 동안에는 엄숙하고 경건한 분위기가 지속되다가 밤이 되자 갑자기 분위기가

180도 달라지는 것에 대해 의아해하기도 한다. 물론 다음 날인 독립 기념일 당일 오전에는 주요 인사들이 다시 모여 공식적인 축하 행사를 갖는다. 이틀간 연이어 국가적 추모 행사와 축하 행사가 벌어지는 것이다.

2019년 봄 이스라엘 정부 발표에 의하면, 그간 이스라엘을 위해 순직한 전몰자의 숫자가 23,741명이라고 한다. 그중에는 건국 이전부터 독립을 위해 싸우다 사망한 독립군, 제2차 세계대전 중 영국군에 배속되어 참전했던 군인, 수차례에 걸친 중동전쟁에서 전사한 군·장병, 테러 등 각종 사건으로 사망한 경찰, 교도관, 정보·보안기관 요원 등이 모두 망라되어 있다. 전쟁국가의 이미지와는 다르게 실제 사망자가 그다지 많지 않다는 느낌이 들기도 한다. 정부는 전몰군경 이외에 전몰군경의 부모로서 아직 생존 중인 사람이 9천여 명, 미망인은 5천여 명이라고 밝히고 있다. 또 다른 통계자료에 따르면, 1948년 건국 이후 전쟁이나 테러 등으로 희생당한 민간인은 3,134명이다. 정부 통계가 전몰군경이나 테러 피해 당사자뿐만 아니라 그 유가족들의 숫자까지 밝히고 있는 점이 상당히 이채롭다.

최근 들어 현충일에는 이스라엘의 독립을 위해 순직한 이스라엘 군경뿐 아니라 전쟁이나 테러 등으로 희생당한 민간인들에 대해서도 함께 추모행사를 하고 있다. 그런데 희생을 당한 사람이라면 유대인이든 팔레스타인인이든 누구라도 추모의 대상이 되어야 한다는 주장도 있다. 진보성향의 이스라엘 시민단체에 속한 이들의 주장이다. 이들은 10여 년 전부터 정부가 주관하는 현충일 행사와는 별도로 일종의 대안 추모행사를 거행해 오고 있다. 2019년 5월 텔아비브에서는 이스라엘과 팔레스타인 간의 적대관계 개선을 위해 활동하는 시민단체가 주관한 가운데 이스라엘 – 팔레스타인 합동 추모행사가 개최되었다. 시몬 페레스 전 대통령의 손녀이면서 영화배우인 미카 알모그가 사회를 맡은 가운데 개최된 추모행사는 보수 유대인들의 반대 시위 속에서도 예정대로 진행되었다.

'욤 하츠마우트Yom Haatzmaut'라고 부르는 이스라엘의 건국기념일(독립선언일)은 양력 기준으로 1948년 5월 14일이다. 유대력으로는 '이야르달' 5일이다. 이스라엘에서는 유대력에 따라 각종 기념일을 경축하기 때문에 독립기념일 역시 양력으로는 매년 날짜가 달라진다. 건국 70주년을 맞은 2018년에는 양력으로 4월 19일이 독립기념일이었다. 미국 대사관은 양력 5월 14일 이스라엘 독립기념일에 맞춰 예루살렘으로 대사관을 이전하는 행사를 가졌다. 이스라엘은 미국보다 거의 한 달이나 앞서 미리 독립기념 행사를 치른 것이다.

반대로 팔레스타인은 이스라엘의 독립기념일 다음 날인 5월 15일을 '알 나크바Al Nakba', 즉 '나크바(재앙)의 날'이라고 부른다. 그들의 입장에서는 이스라엘의 건국 선언 다음 날인 5월 15일 제1차 중동전쟁이 일어나 수많은 팔레스타인 사람들이 조상 대대로 살아오던 자신들의 고향에서 쫓겨났기 때문이다. 유대인들에게 있어서는 2천년 이상의 유랑생활을 끝내고 에레츠 이스라엘로 돌아와 나라를 세운 것은 당연히 이루어져야 할 사명이 실현된 것이었다. 하지만 팔레스타인 사람들은 이스라엘의 건국이 결코 일어나지 말았어야 할 대재앙이라고 생각하고 있다.

2018년 5월 미국 대사관의 예루살렘 이전이 현실로 나타나면서 이스라엘 전역에는 환호와 축제의 분위기가 가득 찼다. 하지만 '알 나크바'를 맞는 팔레스타인 주민들은 잃어버린 자신들의 고향땅을 되찾아 돌아가야 한다는 '귀환 대행진Great March of Return' 시위를 도처에서 벌였다. 시위대 일부가 국경선 울타리를 넘다가 이스라엘 군의 강경 대응으로 수백 명이 죽고 다치는 등 불행한 상황이 계속 이어졌다.

'알 나크바'와 함께 6월 5일이면 팔레스타인 주민들이 추모와 시위를 벌이는, '알 나크샤', 즉 나크사(좌절)의 날도 있다. 나크바의 날이 1948년 이스라엘의 건국에 따른 재앙의 날이라면 나크사의 날은 1967년 제3차 중동전쟁(6일 전쟁)으로 동예루살렘을 포함한 서안지구와 가자지구가 이스라엘의 점령하에 들어가면서 그곳에서 쫓겨난 팔레스타인 주민들의 좌절을 상징하고 추모하는 날이다.

집안의 대피소, 마마드

이스라엘은 전쟁이 일상적인 국가이다. 네 차례의 중동전쟁뿐만 아니라 21세기에 들어온 이후에도 가자지구의 하마스나 레바논 헤즈볼라 등과 전쟁을 치렀다. 북쪽 시리아와의 국지적 무력 분쟁 역시 지속되고 있다. 오늘날에도 적대세력으로부터 가끔씩 공격받고 있으며, 이스라엘 역시 예방 또는 보복 차원에서 상대방을 공격하면서 무력 충돌이 이어지고 있다.

전쟁의 일상화 속에서 현실적으로 가장 우려되는 안보적 위협은 가자지구 하마스나 레바논 헤즈볼라 등에 의한 미사일이나 박격포와 같은 재래식 공격이다. 이 같은 공격에 대비하기 위해 전국 곳곳에는 '미클랏'이라고 부르는 방공호가 설치되어 있다. 이스라엘 남부의 가자지구 인접 도시인 스데롯이나 북부의 레바논 국경 지역인 나하리야, 키리얏 시모나 같은 마을에서는 공습 경보 사이렌이 울릴 경우 15초 이내에 방공호로 달려가도록 되어 있다. 그만큼 국경으로부터 거리가 매우 가깝기 때문이다. 그 외에 북부지역 중 시리아와 가까운 나사렛이나 갈릴리 호수 주변의 티베리아스 같은 도시는 경보 발령 후 1분, 예루살렘이나 텔아비브 같은 지역들은 1분 30초, 텔아비브 북쪽의 헤르츨리야나 네타냐 같은 도시들은 2~3분 이내 방공호로 대피하도록 하고 있다.

그런데 공습 사이렌이 울리고 15초에서 3분 이내에 방공호로 대피하는 것은 현실적으로 쉽지 않다. 또한 섣불리 대피하는 것이 오히려 피해를 키울 수도 있다. 그래서 이스라엘 정부는 1993년 걸프전 이후부터는 주거 시설물에 대해서도 자체적으로 대피공간 설치를 의무화하고 있다. 물론 아파트에도 각 세대별로 이 특별한 공간을 설치해야 한다. 이는 '마마드'라고 부르는 안전 보호공간을 말한다. 외부 공격으로 쉽게 붕괴되지 않도록 강화 콘크리트로 천장과 벽을 만들고 출입구와 창문은 모두 철제와 강화유리로 제작하여 설치토록 하고 있다. 정부는 창문의 크기, 벽의 두께 등 상세한 설치 규정을 마련해 두고 있다.

일반 사무용 빌딩의 경우에도 각 층마다 하나씩 설치하도록 의무화하고 있다. 그래야 건축물의 준공 허가가 난다. 하마스의 공습

가능성이 높은 가자지구와 가까운 지역에서는 당연히 마마드의 효용성이 높다. 마마드가 설치된 집은 부동산 거래시에도 상대적으로 선호된다. 하지만 1993년 이전에 건축된 주택 중에는 비용 때문에 아직도 마마드가 설치되지 않은 경우가 많다.

공습 사이렌이 울릴 경우 집 밖으로 뛰쳐나가 방공호로 달려가는 것보다 집안의 마마드에 숨는 것이 현실적이다. 특히 고층 아파트나 야간공습의 경우 마마드는 더할 나위 없이 효율적이다. 그러나 국토가 좁은 이스라엘에서 아파트들도 실내 여유 공간이 그다지 넉넉한 편은 아니다. 일반 가정에서 3평 정도 크기의 마마드를 비상시 대피를 위한 공간으로 항상 비워두는 것이 아까울 수 있다. 그래서인지 평소에는 어린 자녀의 놀이공간, 서재, 창고 등 다른 용도로 사용하는 경우도 흔하다.

싸우면서 협조한다

이스라엘과 팔레스타인 간의 분쟁은 상시적이고 현재 진행형이다. 언제 어디서 크고 작은 충돌이 벌어질지 모르는 것이 현실이다. 그런데 팔레스타인에는 독자적으로 운영되는 공항이나 항만이 없다. 두 개로 나누어진 영토 역시 이스라엘 군에 의해 철저히 봉쇄되어 있다. 따라서 팔레스타인 지역 출입 문제에서부터 국제기구가 관장하는 팔레스타인 지역 내에서의 각종 인도적 지원사업에 이르기까지, 팔레스타인과 외부세계를 물리적으로 연결하는 데 있어 이스라엘 당국의 협조를 얻는 것이 가장 우선적이면서 또한 필수적이다. 이스라엘 입장에서도 팔레스타인과 관련된 각종 비군사적·행정적 업무를 조정·통제할 수 있는 조직이 필요하다.

이러한 필요에 따라서 만들어진 것이 '코가트COGAT'라는 조직이다. 국방부 산하 조직으로 'Coordinator of Government Activities in the Territories'의 머리글자를 딴 것이다. '점령지 민정조정관실' 정도로 번역할 수 있다. 코가트의 책임자는 현역 육군 소장이 맡고 있다. 여기서 주목을 끄는 것은 점령지에 대한 명칭이다. 국제사회에서는 서안지구나 가자지구를 '점령지Occupied Territories'라고 부른다. 이스라엘이 군사력으로 점령하고 있다는 의미이다. 이에 반해 이스라엘에서는 그냥 '지역Territories'이라는 표현을 사용한다. 국제법상 불법으로 간주되는 '점령occupied'이라는 단어가 주는 부정적 이미지 때문이다. 그래서 외국인이나 외국의 언론이 'Occupied'이라는 표현을 사용할 경우 이스라엘 입장에서는 불편함이나 거부감을 드러낼 수도 있다. 국제사회는 서안지구에 대해 'West Bank'라고 부르지만 이스라엘 정부는 서안지구라는 일반적 표현 대신 '유대와 사마리아 지역Judea and Samaria'이라는 표현을 사용한다. 현재 이스라엘이 '유대와 사마리아'라고 부르는 지역은 성경에 등장하는 고대 왕국 시절의 유대와 사마리아 지역과 일치하는 것은 아니다. 또한 이스라엘의 입장에서는 이미 서예루살렘과 동예루살렘이 합쳐져 하나의 예루살렘으로 통합되었다고 인식하기 때문에 '동예루살렘'이라는 표현은 사용하지 않으려는 경향이 크다.

아무튼 코가트는 팔레스타인과 관련된 여러 가지 업무에 관한 연락이나 조정 등의 역할을 총괄하고 있다. 우선 서안지구 내에서 이스라엘과 팔레스타인 양측의 보안·정보 당국간 협조 업무를 수행한다. 양측의 군·치안 당국도 평소 코가트를 통해 상시적으로 서안지구 내에서의 치안 업무 수행에 필요한 협조를 한다. 만약 서안지구 내에서 유대인 정착민을 대상으로 테러 사건이 발생할 경우, 이스라엘 군병력이 용의자 수색 등을 하게 되는데, 이 과정에서 필요한 양측 치안 당국간 협조·조정 등의 기능을 코가트가 수행하는 것이다. 서안지구에서는 이 같은 양측 치안 당국간 협조가 이루어지는 반면 가자지구에서는 지난 2007년 강경 무장정파 하마스가 장악한 이래 이스라엘과 하마스 양측간에 치안 당국 차원에서의 협력 기능은 작동되지 않고 있다.

서안지구나 가자지구 국경에서 사람의 출·입경 허가 업무도 코가트에서 담당한다. 점령지는 이스라엘 군이 봉쇄하고 있어 점령지에 대한 출입은 모두 이스라엘 군이 철저히 통제하고 있다. 만약 가자지구 내에서 현지 치료가 불가능한 환자가 발생하여 상대적으로 의료시설이 양호한 서안지구의 병원으로 가기 위해 가자지구에서 나와야 할 경우 코가트로부터 출·입경 허가를 받아야 하는 것이다. 이스라엘 기업이나 서안지구 내 유대인 정착촌에서 일하기를 원하는 팔레스타인 주민에 대한 취업 허가 및 통행증 발급도 코가트의 소관 업무이다. 코로나 팬데믹 기간에는 이들에 대한 백신접종 허가 문제도 코가트가 맡아서 처리했다.

점령지에서는 100여 개의 각종 국제기구, 정부기구, 비정부기구 NGO 등이 팔레스타인 주민들을 대상으로 교육, 주택, 보건위생, 인프라 등 다양한 분야에서 개발 협력 지원사업을 수행하고 있다. 이 같은 국제 개발 협력 지원사업 수행을 위해 대표단의 방문이나 물자의 반입을 위해 필요한 경우에도 코가트와 협조하게 된다.

우리나라의 한국국제협력단KOICA도 서안지구 임시행정수도 라말라에 팔레스타인 사무소를 설치해 운영하고 있다. KOICA에서 베들레헴에 지어준 국립약물중독재활치료센터는 코로나19 팬데믹 기간 중 팔레스타인 주민들의 치료를 위해 크게 기여한 것으로 알려져 있다. 특히 위험지역인 가자지구를 방문하기 위해서는 사전에 코가트를 통해 출·입경 허가를 미리 받아 두어야 한다. 현실적으로 가자지구 내에서의 신변안전 문제로 인해 우리나라를 비롯한 대부분의 국가는 일반인의 가자지구 방문을 규제하고 있다.

땅굴에서부터 풍선까지

이스라엘과 팔레스타인의 갈등은 70년 이상 지속되고 있다. 팔레스타인 자치정부PA가 통치하는 서안지구에서도 크고 작은 반이스라엘 시위가 수시로 발생한다. 하지만 2005년 이스라엘 군이 가자지구에서 완전 철수하고 2007년부터 무장정파 하마스가 가자지구를 실효적으로 통치하게 되면서 이스라엘과 팔레스타인 간의 실질적 무력충돌은 주로 가자지구 국경 인근 지역에서 벌어지고 있다. 하마스는 이스라엘에 대한 지나친 강경 무장투쟁 방식으로 인해 국제사회로부터 비판을 받고 있다. 영국이나 호주, EU 등은 하마스 내 무장조직인

'알 카삼' 여단을 테러 조직으로 지정하고 있다. 미국, 캐나다 등 일부 국가는 아예 하마스 전체를 테러 조직으로 지정해 두고 있다.

이스라엘과의 투쟁에 있어 하마스는 다양한 형태의 공격수단을 사용하고 있다. 가장 대표적인 것이 이스라엘을 향해 로켓이나 박격포를 직접 발사하는 것이다. 지난 2008년, 2014년, 2021년 등 몇 차례의 대규모 가자전쟁 중 하마스는 이스라엘을 향해 수천 발의 단거리와 중거리 미사일을 발사했다. 또한 본격적 전쟁 시기가 아니더라도 이런저런 계기에 이스라엘을 향해 수십 발 정도의 소규모의 공격을 하고 있다. 하지만 하마스의 공격은 아이언돔Iron Dome 등 이스라엘의 대공방어망으로 인해 거의 대부분 차단되고 있다.

물론 하마스의 공격이 있을 경우 이스라엘은 가자지구 내 공격원점이나 하마스 무장세력의 근거지에 대해 몇 배의 규모로 집중적인 보복 공격을 하고 있다. 이스라엘은 하마스가 이스라엘 군의 반격을 회피하기 위해 학교, 병원, 모스크(이슬람교 사원), 민간 아파트, 외국 언론사 입주 건물 등에 로켓기지나 군사시설을 설치해 두는 이른바 인간방패human shield 전술을 활용하고 있다고 하마스 측을 비난하고 있다.

하마스의 또 다른 투쟁방식은 지하 땅굴을 파는 것이다. 가자지구는 서쪽으로는 지중해에 면해 있고 남쪽으로는 이집트의 시나이반도와 붙어 있다. 이스라엘과 접해 있는 북쪽과 동쪽은 약 60여 킬로미터 길이로 설치된 장벽이 실질적인 국경선의 역할을 하고 있다. 장벽을 따라서 300~500미터 정도 폭으로 설정된 완충지대 주변에는 이스라엘 군 무장병력이 첨단 감시장비를 설치해 두고 24시간 지키고 있다. 가자지구는 장벽 검문소들을 통해서만 외부세계와 연결이 된다. 이스라엘에서 가자지구로 들어가는 사람들이 이용하는 북쪽 지역의 에레츠Erez 검문소와 가자지구에 반출입되는 화물들의 통로인 남쪽 지역의 케렘 샬롬Kerem Shalom 검문소 등이 그것이다. 이스라엘 군과 사전협조가 없다면 출입이 봉쇄되어 있다.

이스라엘 군은 가자지구 국경 인근 지역에 수십 개의 지하 땅굴이 설치되었으며, 그중 절반 정도는 국경선을 넘어 이스라엘 땅 깊숙한 지역의 지하까지 들어와 있다고 주장하고 있다. 하마스의 지하 땅굴이 마치 지하철처럼 여러 군데에 걸쳐 만들어져 있다는 의미에서 이스라엘은 이 땅굴들을 '메트로(지하철)'라고 부르기도 한다. 또한 하마스가 이 같은 땅굴을 통해 로켓·박격포·폭약 등 각종 불법무기를 가자지구로 반입해 오고 있으며, 이스라엘 침투를 위한 노력을 여전히 포기하지 않고 있다고 비난한다. 물론 하마스 측에서는 이스라엘이 가자지구를 철저히 봉쇄하고 있어 외부세계와 차단되어 있기 때문에 의약품 등 긴급물자 조달이나 생존을 위해 필수적인 자재 수송에 땅굴을 이용할 수밖에 없다고 반박한다.

육상 검문소 이외에 가자지구는 서쪽 지중해 해상에서도 이스라엘 해군의 출입통제를 받고 있다. 과거 이스라엘과 팔레스타인 간 오슬로 평화협정이 추진되던 당시에는 해안선에서부터 20해리까지 수역에서 팔레스타인 어민들의 연안 어로작업이 가능했다. 그러나 하마스가 집권한 2007년부터는 이스라엘 안보 위협을 이유로 6해리(약 11.1킬로미터)까지의 수역에 대해서만 어로작업이 허용되고 있다. 이스라엘 해군은 이를 초과하는 수역에 대한 해상순찰을 통해 가자지구 어민들의 외부 진·출입을 통제하고 있다. 다만, 1년에 두어 차례

고기가 많이 잡히는 시즌에 한해 9해리(16.6킬로미터) 정도 범위까지 한시적으로 어로수역 확대를 허용한다.

물론 하마스와 전투가 벌어지는 경우에는 어로수역이 전면 봉쇄된다. 가자지구 어민들은 허용된 어로수역에서의 연안어업만으로는 생계유지가 안 된다면서 수시로 어로한계선을 넘나들며 이른바 불법 어로작업을 감행하고 있다. 이스라엘 해군의 단속 과정에서 어민이 체포되어 조사를 받고 선박을 압류당하는 사건도 가끔 발생한다.

2018년 6월에는 하마스가 건설 중인 해저 땅굴이 발견되어 폭파 해체된 바도 있다. 이스라엘 군 당국은 그때부터 하마스의 수중침투 증가에 대비하여 이스라엘 영토와 인접한 해역을 중심으로 콘크리트와 철조망 등으로 이중삼중의 해저 차단장치를 설치하기도 했다.

하마스는 이스라엘에 대한 투쟁 방식의 하나로 매년 다양한 계기로 각종 민간인 시위를 주도한다. 시위에서 가자지구 주민들은 전통적 시위방식으로 돌이나 화염병을 던지기도 하지만 기상천외한 새로운 공격수단을 개발하기도 한다. 불을 붙인 연이나 소형 폭발물을 장착한 풍선 등을 이스라엘 영토 쪽으로 수백 개씩 날려 보내는 새로운 공격을 시도한 것이다. 풍선이 부족할 경우 콘돔이 대용으로 등장하기도 했으며, 풍선의 이동거리를 늘리기 위해 헬륨가스를 사용하기도 했다. 불이 붙은 연이나 폭발물을 장착한 풍선은 지중해에서 불어오는 해풍을 따라 동쪽으로 날아가 국경에 인접한 이스라엘 마을에 떨어지면서 숲이나 농장에 화재를 일으켜 상당한 피해를 입혔다. 이에 따라 연을 뜻하는 '카이트 테러리즘kite terrorism'이라는 신조어가 등장하기도 했다.

이스라엘 역시 하마스로부터 날아오는 다양한 영토 침투에 대해 방어만 하는 것은 아니다. 드물지만 이스라엘 군이 가자지구에 직접 침투해 작전을 벌이는 경우도 있다.

2018년 가을 이스라엘 군의 특수작전팀이 가자지구에서 비밀활동을 하다가 노출되는 바람에 이스라엘 군 장교가 사망하는 사건이 발생했다. 밴 차량 2대에 탑승한 이스라엘 군의 특수작전팀 일행이 감청용 통신장비 설치를 위해 가자지구 남부 지역에 침투했다. 그런데 하마스의 무장 부대가 이스라엘 특수팀이 탑승한 차량을 검문하게 되었고 위조 신분증이 수상하다고 생각해 이들을 체포하려던 순간 양측간에 총격전이 발생했다. 양측 교전 과정에서 작전팀을 이끌던 중령이 사망하고 장교 1명이 부상당했다. 물론 하마스 병사들도 5명이나 사망했다. 사건 발생 이후 이스라엘 당국은 사망한 장교의 신원을 외부에 공개하지 않았다. 언론에서 'Mr. X'로 호칭한 장교의 장례가 조용히 치러졌다. 일부 언론은 사망 장교가 유대인이 아니라 드루즈 계라고 보도하기도 했다.

분쟁 해결은 메시아의 몫

그렇다고 이스라엘과 팔레스타인 사이는 갈등과 분쟁만 이어지지는 않았다. 지난 1991년 마드리드에서 열린 다자평화회담을 시작으로 '중동평화협상'이라는 이름으로 수많은 회담이 진행되고, 이런저런 협상안들이 오갔다. 가장 성공적인 협상으로 1993년 시작된 오슬로 협상을 꼽을 수 있다. 이를 통해 양측은 비로소 서로를 인정하고 공존하는 데 동의했다.

이스라엘은 그간 테러 조직으로 간주하던 팔레스타인 해방기구를 팔레스타인 민족의 대표기구로 인정하고, 팔레스타인은 PLO 헌장에서 이스라엘의 생존권을 인정하기로 상호 타협함으로써 양측간 분쟁이 조만간 해결될 것이라는 기대를 심어주었다. 또한 2년여 기간의 협상을 통해 이스라엘과 팔레스타인은 각각 자신들의 나라를 세우기로 하는 이른바 '2국가 해법Two States Solution' 원칙에 대한 합의를 이루었다. 오슬로 평화협정은 땅을 서로 나누는 대신 평화를 회복한다는 뜻에서 '땅과 평화의 교환Land for Peace'이라고 불리기도 했다.

당시 미국 대통령이던 빌 클린턴이 가운데 서고 이츠하크 라빈 이스라엘 총리와 야세르 아라파트 팔레스타인 자치정부 수반이 악수를 나누는 역사적 장면은 아직도 세계인들의 기억 속에 선명하게 남아 있다. 이후 라빈 총리와 아라파트 수반은 노벨 평화상을 공동으로 수상하기도 했다. 하지만 평화협상이 이루어진 직후 라빈 이스라엘 총리가 1995년 11월 유대인 시오니스트 극우세력에 의해 암살당하고 뒤이어 강경파인 베냐민 네타냐후가 집권을 하면서 오슬로 평화협상 합의안은 실천을 위한 동력을 상실하였다. 그 이후에도 캠프 데이비드 협상 등 여러 차례의 협상과 중동평화 로드맵 등이 진행되었음에도 불구하고 팔레스타인 분쟁 해결에 대한 기대는 여전히 실현되지 못하고 있다.

오슬로 합의를 실천하기 위해 그간 진행된 이스라엘과 팔레스타인 간의 협상은 여러 쟁점을 둘러싸고 서로 간에 극명한 입장의 차이를 보여왔다. 가장 중요한 이슈 중의 하나는 두 개의 나라를 각각 만들 때 이스라엘과 팔레스타인의 영토를 어떻게 나눌 것인가에 관한 문제이다. 그중에서도 특히 이스라엘이 1967년 제3차 중동전쟁을 통해 점령한 서안지구 영토를 팔레스타인과 어떻게 나눌 것인가 하는 것이다. 이스라엘이 팔레스타인에 어떤 지역을 넘겨주고 그 대가로 어떤 지역을 받을 것인가 하는 이른바 '땅 교환land swap 문제'는 오늘날 합의가 거의 불가능한 교착상태에 빠지게 한 원인이 되고 있다. 이스라엘은 아랍국에 둘러싸인 안보 지형상 자국 안보에 필수적인 지역이나 이미 대규모 유대인 정착촌이 설치된 지역 등은 양보할 수 없다는 입장이다.

이 같은 영토 문제와 더불어 또 하나의 과제는 팔레스타인 난민의 귀환 문제이다. 중동전쟁 과정에서 팔레스타인 지역을 떠나 인접국인 요르단, 시리아, 레바논 등지로 옮겨간 팔레스타인 난민과 그 후손들은 거의 550만 명에 이른다고 한다. 팔레스타인은 매년 봄이 되면 난민의 팔레스타인 귀환을 기원하는 '대행진 시위Great March of Return'를 벌이고 있다. 이스라엘은 2국가 해법이 실현되어 팔레스타인 독립국가가 건설된다 하더라도 해외 난민들이 팔레스타인 지역으로 돌아오는 것은 불가하다는 입장이다. 이스라엘 입장에서는 종교적으로 이교도인 무슬림들이 야훼 하느님이 약속한 유대인의 땅에 떼를 지어 몰려 들어오는 것을 결코 묵인할 수 없는 데다 정치적으로도 영토를 인접한 팔레스타인에 아랍 인구가 대폭 증가하는 것은 심각한 안보 위협이 되기 때문이다. 이처럼 난민 문제 역시 해결이 거의 불가능한 협상의 큰 장애가 되고 있다.

그 밖에도 팔레스타인은 군대를 보유한 완전한 독립 주권국가의 건설을 염원하고 있다. 반면에 하마스의 로켓 공격을 일상적으로 경험하고 있는 이스라엘로서는 팔레스타인이 치안 유지를 위한 경찰 병력 수준을 넘어 중重무장한 군대를 보유하는 것은 불가하다는 입장이다.

예루살렘 문제 역시 해결이 어려운 과제이다. 유엔이 특별관리 지역으로 규정한 예루살렘에 대해 양측간 입장이 첨예하게 갈리기 때문이다. 이스라엘은 과거 동서로 나누어졌다가 이제 하나로 통합된 예루살렘은 이스라엘의 영원한 수도라고 이미 선포했다. 반면에 팔레스타인 측은 올드시티를 포함한 동예루살렘은 독립국가 팔레스타인의 수도라며 절대 포기할 수 없다는 입장이다. 앞서 살핀 바와 같이 예루살렘 문제는 종교적, 역사적, 정치적으로 매우 복잡한 배경을 갖고 있기에 그 해결이 더욱 요원한 현실이다.

이처럼 수십 년 동안 난제가 된 이스라엘과 팔레스타인 간의 분쟁 해결을 목적으로 2019년 미국 트럼프 대통령은 사위인 자레드 쿠쉬너 백악관 선임보좌관을 통해 이른바 '세기의 협상안Deal of the Century'을 제시했다. 팔레스타인은 '평화에서 번영으로Peace to Prosperity'라는 이름도 그럴듯해 보이는 트럼프 대통령의 평화협상안에 대해 이스라엘에 일방적으로 유리한 지극히 편파적인 구상이라면서 거부 입장을 선언했다. 당시 트럼프 협상안을 주도했던 세 사람(쿠쉬너 백악관 보좌관, 그린블래트 국제협상 특별대표, 프리드만 주이스라엘 미국 대사) 모두 유대인이라는 사실은 처음부터 팔레스타인의 기대를 접게 만들기에 충분했다.

이스라엘–팔레스타인 주요 연표

1917년 11월	영국 '벨푸어 선언'으로 유대인 국가 건설 약속
1947년 11월	유엔총회, 팔레스타인 분할 계획 결의안 제181호 통과
1948년 5월	이스라엘 독립선언, 제1차 중동전쟁. 팔레스타인 대량 난민 사태
1967년 6월	제3차 중동전쟁(6일전쟁), 이스라엘, 가자지구 · 요르단강 서안 · 동예루살렘, 시나이반도, 골란고원 점령
1973년 10월	제4차 중동전쟁(욤키푸르 전쟁)
1978년 9월	캠프 데이비드 협정, 이스라엘-이집트간 팔레스타인 자치 등 중동평화구상합의
1987-1993년	제1차 인티파다(팔레스타인 민중봉기)
1988년 11월	PLO, 팔레스타인 독립국가 선언
1993년 9월	오슬로 협상, 이스라엘의 생존권과 팔레스타인의 자치 상호 인정
1994년 9월	팔레스타인 자치정부 수립
2000-2005년	제2차 인티파다
2006년 1월	팔레스타인 자치정부와 의회 선거, 무장정파 하마스 압승, 팔레스타인 분열
2008년 12월	이스라엘-가자 무력분쟁(Cast Lead 작전)
2012년 10월	이스라엘-가자 무력분쟁(Pillar of Defense 작전)
2014년 7월	이스라엘-가자 무력분쟁(Protective Edge 작전)
2017년 12월	트럼프 미 대통령, 예루살렘을 이스라엘 수도로 인정
2018년 5월	미국 대사관 예루살렘으로 이전, 팔레스타인 '땅의 날' 항의 시위
2020년 7월	이스라엘 네타냐후 총리, 서안지구 정착촌 지역에 대한 주권 행사 추진(UAE와 아브라함 협정 체결로 잠정 중단)
2021년 5월	이스라엘-가자 무력분쟁(Guardian of the Walls 작전)
2022년 12월	이스라엘 신정부 연립내각, 정착촌 지역에 대한 주권행사 재 추진 합의

이스라엘의 영토 확장.

이스라엘–팔레스타인 분쟁의 주요 쟁점들은 그 어느 것 하나 합의에 이르기 쉽지 않은 이슈들이다. 과연 분쟁 해결이 실제로 가능할 것인가에 대해서도 희망보다 회의적인 시각이 많다. 그래서 "언젠가 메시아가 도래하면 분쟁도 결국 해결될 것"이라는 우스갯소리가 나온다. 달리 말하면 메시아가 도래하기 전에는 분쟁이 해결되지 않을 것이라는 뜻이 된다. 시쳇말로 웃기면서도 슬픈 현실이다. 분쟁이 씨줄과 날줄로 얽힌 오늘의 현실을 지적하면서 그만큼 해결이 어렵다는 것을 상징적으로 보여주는 표현이 아닐 수 없다.

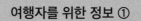

올드시티의 숨어 있는 전망 포인트

예루살렘을 찾는 방문객 대부분은 성지이면서 역사의 현장인 올드시티(구시가지) 구역을 방문한다. 방문객 중 한나절 정도의 바쁜 일정에 쫓기는 사람들은 성전산, 통곡의 벽, 예수 수난의 길(비아 돌로로사) 등 올드시티 안에 있는 대표적 순례지들만 방문하고 다음 행선지로 발길을 돌려야 한다. 그러다 보니 올드시티 전체에 대한 지리적 이해나 방향감각 없이 떠나는 경우가 많다. 만약 일정이 허락한다면 올드시티 전체를 바라볼 수 있는 장소들을 방문해 보는 것도 좋을 것이다.

일반적으로 가장 많이 찾는 곳은 예루살렘 성 전체를 동쪽에서 바라볼 수 있는 동예루살렘의 감람산(올리브 산) 전망대다. 단체 일정으로 예루살렘을 방문하는 순례객은 거의 대부분 이곳을 방문하기 때문에 전망대 앞은 항상 순례객과 이들이 타고 온 차량으로 북새통을 이룬다. 전망대에 올라서면 멀리 떨어져 있는 황금 돔 사원이나 알 아크사 모스크를 비롯해 넓이가 약 1평방킬로미터에 불과한 올드시티 전체를 조망할 수 있다. 또한 가까운 위치에서는 감람산 아래쪽에 빽빽하게 들어차 있는 묘지들도 구경할 수 있다. 마침 전망대 뒤쪽에는 일곱 개의 커다란 아치형 창문을 가진 호텔이 있어 여유 있게 커피 한잔을 마실 수도 있다.

올드시티 지역을 둘러싸고 있는 성벽의 곳곳에는 성 안으로 들어갈 수 있는 출입구가 여러 개 있다. 이들 출입구 가운데 북서쪽 모퉁이 부분에 있는 것이 '뉴게이트New Gate'인데 이 뉴게이트의 길 건너 맞은 편에 '노틀담 예루살렘 센터'가 있다. 노틀담 센터는 70여 년밖에 안 된 신생국가 이스라엘보다 훨씬 더 오래된 130여 년의 역사를 가진 건물이다. 19세기 말 열렬한 가톨릭 신자였던 프랑스의 한 귀족이 예루살렘을 찾아오는 성지 순례객들을 위해 성에서 가장 가까운 곳에 땅을 사고 건물을 지어 숙소로 사용하기 시작했다.

이 건물은 1948년 1차 중동전쟁과 1967년 3차 중동전쟁으로 일부가 파괴되는 아픔을 겪기도 했다. 이후 건물은 교황청 소유로 이관되었고 지금도 교황청 산하 기관에서 관리하고 있다. 건물 앞에는 교황청 국기가 나부끼고 있다. 그간 요한 바오로 2세, 베네딕토 16세, 프란치스코 등 가톨릭 교황들이 예루살렘을 방문했을 때 이곳을 숙소로 사용하기도 했다.

노틀담 센터는 객실이 140개 정도밖에 안 된다. 내부시설도 고급스럽지 않은 그야말로 평범한 수준의 호텔이다. 객실 내에는 TV도 없다. 하지만 건물 내부에 자그마한 성당이 있어 전 세계에서 예루살렘을 찾아오는 가톨릭 신자들이 많이 애용하고 있다. 건물이 교황청 소유인 탓에 호텔이나 내부 식당에서는 이스라엘 화폐인 세켈 대신 미국 달러를 기준으로 가격이 책정되어 있다. 물론 여기는 부가가치세도 받지 않는다.

바로 그 노틀담 센터 건물의 가장 높은 곳에 있는 식당에 올라가면 올드시티의 전망이 파노라마처럼 펼쳐진다. 특히 해질 무렵 하나둘씩 켜지는 건물들의 불빛은 피로에 지친 방문객이든 로맨틱한 분위기를 원하는 커플이든 누구에게나 아름다운 추억이 될 수 있다. 동예루살렘과 서예루살렘을 구분하는 선상에 위치한 노틀담 센터는 비록 교황청에서 관리하는 시설이지만 종교에 관계 없이 누구나 이용할 수 있다. 아름다운 전망 때문인지 식당 손님 중에는 이스라엘 사람들도 많고 가톨릭 신부나 수녀들도 보인다.

올드시티 안에 들어와서 시가지를 내려다 볼 수 있는 장소로 '오스트리아 순례자 호스피스Austrian Pilgrim Hospice'라는 곳이 있다. 이곳은 노틀담 센터보다 거의 30여 년이나 더 앞선 1850년대에 오스트리아 비엔나 가톨릭 대주교에 의해 지어진 건물로 역시 순례객들의 숙소로 사용되었던 곳이다. 지금도 가톨릭 비엔나 대교구에서 관리를 맡고 있다.

이 건물은 기숙사와 같은 형태로 주로 여러 명이 한 방에서 같이 숙박하는 일종의 호스텔이다. 올드시티 내 십자가의 길(예수 수난의 길) 순례 선상에 위치해 있고 가격도 여타 호텔보다 상대적으로 저렴한 편이다. 하지만 침대가 120개 정도로 한정되어 있어 약 1년 전부터 예약을 해야 원하는 기간에 이용이 가능할 정도로 인기가 높은 편이다.

올드시티 안에 위치해 있다 보니 시가지 전체를 조망할 수는 없지만, 건물 옥상에 올라가면 황금 돔 사원 등 시가지의 일부 모습을 내려다 볼 수 있다. 이곳 옥상은 숙박하거나 식당, 카페 등을 이용하지 않더라도 누구나 올라갈 수 있다. 다만, 호텔 시설을 이용하지 않고 전망대에 올라가서 사진 촬영만 하는 얌체(?) 방문객들이 너무 많은 탓인지 옥상에 올라가는 입구에서는 소액의 기부금을 받는다.

2장

디아스포라와
이민

'알리야'와 '올림'

이스라엘 건국 전 유대민족은 언젠가는 '약속의 땅'이자 고향이
며 역사적·정신적·종교적 정체성이 만들어진 '에레츠 이스라엘'로
돌아가고자 하는 오랜 열망을 버리지 않았다. 마침내 19세기 말부터
시작된 시오니즘 운동에 힘입어 세계를 유랑하면서 살아오던 디아
스포라 유대인들이 그들의 고향 땅으로 돌아오기 시작했다. 이렇게
고향 에레츠 이스라엘로의 회귀를 히브리어로 '알리야(Aliyah, 귀환 이
주)'라고 한다. 오늘의 이스라엘은 전 세계에 흩어져 살던 유대인들
이 여러 차례에 걸친 대규모 알리야를 통해서 일군 나라이다. 그런
의미에서 이스라엘은 이민 국가이다.

물론 알리야는 건국한 지 70여 년이 지난 오늘에도 여전히 진행

형이다. 이스라엘 내 유대인의 인구 증가율은 OECD 국가들 중에서도 상당히 높다. 그것은 유대인들의 높은 출산율과 더불어 알리야를 통해서도 계속 인구가 늘어나기 때문이다. 이같이 다른 나라에 살다가 알리야를 통해 이스라엘로 이주해 온 유대인 이민자를 '올레'(귀환자) 또는 '올림'(귀환자들)이라고 한다.

건국한 지 70년이 훨씬 지난 오늘날에도 해외에서 살던 유대인들이 기존의 생활기반을 버리고 이스라엘로 이주하는 데는 여러 이유가 있다. 우선 유대인으로서 이스라엘이 자신의 정체성의 뿌리이면서 신앙적 조국이라는 믿음이 크게 작용한다. 그리고 세계 도처에 여전히 존재하는 유대인에 대한 혐오 정서나 반유대주의Anti-Semitism 분위기에서 벗어나서 좀 더 안전하게 살아가고 싶다는 현실적인 욕구도 영향을 미쳤을 것이다. 최근에는 노쇠한 유럽에 비해 상대적으로 젊고 창업의 성공 신화가 많은 이스라엘에서 새로운 인생의 기회를 찾기 위해 이주하는 경우도 늘었다. 그 바탕에는 미국이나 대다수 유럽국가에서 인정하고 있는 복수국적제도도 일정 부분 긍정적인 영향을 미쳤을 것이다. 이스라엘은 해외 유대인들이 쉽게 알리야를 할 수 있도록 원래 거주하던 국가의 국적을 포기하지 않고 그대로 유지할 수 있도록 허용하고 있다.

지난 2008년부터 2018년까지 10년간 '알리야'를 통해 이스라엘로 이주한 '올림'은 25만여 명에 이른다. 연평균 2만 5천여 명 수준의 해외 유대인들이 자신이 살던 나라를 떠나 약속의 땅인 이스라엘로 이주한 것이다. 지난 2018년 이스라엘 통계청 통계자료를 보면, 3만여 명의 해외 거주 유대인들이 이스라엘로 이주했다. 이들 중 약 1/3 정도인 1만여 명은 러시아 출신이며, 우크라이나에서는 6천500여 명이 왔다. 러시아와 우크라이나 등 구소련권에서 이주해 온 경우가 절반 이상을 차지하는 것이다. 뒤를 이어 프랑스, 루마니아, 폴란드 출신 유대인들도 많이 이주해 오고 있다.

미국과 캐나다 등 북미지역에서는 매년 3천500여 명 이상 이주해 왔다. 과거 2000년도까지만 하더라도 2천 명 수준을 넘지 않았으나 이후에는 3천 명 후반대 수준을 꾸준히 유지하고 있다. 2021년도의 경우 미국에서 이주한 유대인들은 4천 명이 넘었다. 아무래도 구소련 국가보다는 미국에서의 삶이 전반적으로 더 낫고 안정적이기 때문에 구소련 국가보다는 규모가 적은 편인 듯하다.

그런데 이 같은 추세는 최근에 와서 다소 변하고 있다. 물론 아직까지 구소련 출신 이민자들의 숫자가 미국이나 유럽국가 출신들보다는 많지만, 그들이 차지하는 비중이 갈수록 점점 낮아지고 있는 것이다. 2021년도의 경우 구소련 출신 이민자들의 비중이 전체 이민자들 중 약 1/3 규모로 줄어들었다.

그 이유에 대해 코로나19 상황 이외에 여러 가지 분석이 제기되고 있다. 그중 하나는 소련 붕괴 이후 30여 년 동안 이스라엘로 이주할 유대인들은 이미 상당히 떠나왔기 때문에 이민 대상자 자체가 줄어들었기 때문이라는 분석이다. 또한 최근 이스라엘 정부가 취하고 있는 이민자들에 대한 여권 발급 제한 조치가 어느 정도 작용했다는 분석도 있다. 그동안 구소련 국가에서 온 이민자들의 상당수가 이스라엘에 정착하지 않고 국적을 취득한 후에는 곧바로 제3국으로 다시 떠나버리는 사례들이 많았기 때문이다. 그야말로 이스라엘에서 영원히 거주하는 것이 아니라 단순히 이스라엘 여권 취득을 목적으로 '알리야'를 이용하는 것이다. 이에 따라 이스라엘 정부는 일단 여권 유효기간을 1년으로 단축하고 연장 신청을 할 때는 이스라엘이 생활 근거지임을 입증하도록 규제하고 나섰다.

이스라엘로 이주한 유대인 '올림'들은 갓난아기부터 백 세가 넘는 고령의 노인들까지 다양하다. 이들은 주로 단체로 국적 항공사인 이스라엘항공EL AL전세기편을 통해 이스라엘에 도착한다. 벤 구리온 국제공항에서는 가끔 전세기편으로 도착한 새로운 이민자들을 환영하는 성대한 환영행사를 볼 수 있다. 올림을 실은 전세기가 공항에 도착할 때 이민통합부Ministry of Aliyah and Integration 장관, 이스라엘 유대기구Jewish Agency 의장 등이 이스라엘 국기를 흔들며 이들을 환영하기도 한다.

이스라엘에 도착한 이민자들은 여러 지역으로 흩어져서 거주하게 된다. 본인의 희망과 취업 여건에 따라 도시지역뿐만 아니라 농촌지역에도 정착한다. 이스라엘은 활용이 가능한 국토가 부족하기 때문에 정부에서는 다양한 지원 프로그램을 통해 이민자들이 대도시 지역 외에 상대적으로 낙후된 네게브 사막 지역이나 갈릴리 지역에도 정착하도록 유도하고 있다. 이스라엘로 귀환 이주한 유대인들은 대부분 새로운 생활에 비교적 잘 적응하는 것으로 알려져 있다. 아마도 유대인으로서의 신앙, 민족의식, 정부와 공동체의 지원 등이 함께 어우러진 결과일 것이다.

그러나 외국에서 태어나 오래 살다가 이주해 온 탓에 이스라엘 현지에서의 낯선 환경에 적지 않은 어려움을 겪는 사람들도 있다.

이들이 직면하는 어려움 중에는 언어 문제가 크다. 외국에서 현대 히브리어를 배운 경우가 아니라면 이스라엘 사회에 적응하기 위해 새롭게 히브리어를 배워야 하기 때문이다. 이민자들을 위해 히브리어를 집중적으로 가르치는 '울판'이라는 일종의 언어학교가 이스라엘 도처에서 운영되고 있다. 그러나 짧은 기간 공부한다고 해서 이스라엘에서 태어난 유대인처럼 히브리어를 완벽히 구사하기란 쉽지 않다.

물론 전반적으로 영어가 통용되기는 한다. 하지만 영어로 소통하는 데 지장이 있고 전문적인 기술마저 없다면 좋은 일자리를 찾는 데 지장을 받는다. 그러다 보니 이스라엘에서 직장 문제 해결이 생각보다 쉽지 않아 이른바 양다리를 걸치고 살아가는 경우도 있다. 서유럽 국가 출신의 일부 '올림'들이 주중에는 자신의 출신 국가로 가서 다니던 직장에서 일하고 주말에만 이스라엘로 돌아와 가족과 지내는 식이다. 이중국적이 허용되고 이스라엘과 유럽 각 도시들 간의 항공편이 많으니 조금은 피곤하겠지만 충분히 가능한 일이다.

이주자 가정의 또 다른 어려움은 자녀들이 겪는 문제다. 자녀의 나이가 어리다면 언어나 문화적 차이가 있는 이스라엘 학교에서도 적응이 빠른 편이다. 그러나 사춘기에 있는 자녀들의 경우에는 새로운 학교생활 적응에 어려움을 호소하기도 한다. 때로는 학교에서 외톨이로 지내거나 왕따를 당하는 경우도 생긴다. 이스라엘에 대해 지나친 환상과 부푼 꿈을 가지고 이주했다가 현실에 실망한다거나 또는 새로운 환경과 직장이나 자녀 문제로 어려움을 겪다가 결국 원래 거주하던 나라로 역이주하는 경우도 더러 있다.

🇮🇱	이스라엘	6,900,000 명
🇺🇸	미국	6,000,000 명
🇫🇷	프랑스	445,000 명
🇨🇦	캐나다	393,000 명
🇬🇧	영국	292,000 명
🇦🇷	아르헨티나	175,000 명
🇷🇺	러시아	150,000 명
🇩🇪	독일	118,000 명
🇦🇺	호주	113,000 명
🇧🇷	브라질	93,000 명
🇿🇦	남아프리카 공화국	69,000 명
🇺🇦	우크라이나	50,000 명
🇭🇺	헝가리	47,000 명
🇲🇽	멕시코	40,000 명
🇳🇱	네덜란드	30,000 명
🇧🇪	벨기에	29,000 명
🇮🇹	이탈리아	28,000 명
🇨🇭	스위스	19,000 명
🇨🇱	칠레	18,000 명
🇺🇾	우루과이	17,000 명
🇹🇷	튀르키예	15,000 명
🇸🇪	스웨덴	15,000 명

전 세계에 뿔뿔이 흩어져 있는 유대인 인구 분포[8]
(2020년 기준, 이스라엘 통계청)

극단적인 경우는 새로운 생활에 견디지 못하고 자살하는 경우이다. 이스라엘은 본래 자살률이 매우 낮은 나라이다. OECD 전체국가의 평균 수준인 10만 명당 11명(2019년 기준)을 훨씬 밑도는 6명 수준에 불과하다. 정확한 통계는 없지만 이스라엘로 이주해 온 집단의 자살률은 평균보다 다소 높은 것으로 알려져 있다.

이스라엘 정부의 여러 부처 중에서 '이민통합부'라는 조직이 있다. 이는 해외 유대인이 '알리야'를 준비하는 단계에서부터 이주한 후 이스라엘에서의 주거·교육·취업 등 정착을 위한 여러 가지 지원과 관련한 정책적 업무를 수행하고 있다. 이민통합부 이외에도 이스라엘 유대 기구나 '네페쉬 브네

페쉬'(유대영혼연합) 등 비영리 기구들이 해외 유대인의 알리야와 올림의 이스라엘 정착을 돕고 있다.

약속의 땅에 모인 네 그룹의 유대인들

전 세계 70여 개 국가에서 약속의 땅으로 모여든 올림은 얼핏 보면 모두 유대공동체라는 하나의 정체성을 가진 집단처럼 보인다. 하지만 자세히 들여다보면 이들 사이에는 출신 지역에서부터 언어, 인종, 풍습, 문화 등 여러 가지 면에서 서로 다른 부분이 적지 않다. 특히 종교적 관점에서 유대 종교법을 바라보는 인식 역시 매우 다르다. "유대교의 분파는 하늘의 별보다 많다"는 우스갯소리가 있을 정도로 유대교를 바라보는 유대인들의 인식에도 상당한 차이가 있는 것이다. 유대인들의 나라이자 유대교를 건국의 토대로 하는 이스라엘 사회에서도 이 같은 종교적 인식의 차이로 인해 정치적으로 대립하는 경우가 흔하다.

이스라엘의 유대인들을 종교적 관점에서 볼 때 숫자가 미미한 존재(메시아닉 유대인 등)를 제외하면 크게 네 그룹으로 나눌 수 있다. '하레디 Haredi', '다티 Dati', '마소르티 Masorti', '힐로니 Hiloni'가 그것

---

8   2020년 말 기준으로 전 세계 유대인들은 약 1,520만 명이다. 유대인의 규모는 사실 조사하는 기관마다 상이하다. 미국의 한 조사기관은 2020년 미국 유대인이 750만 명에 이른다고 발표하기도 했다. 이는 유대인을 어떻게 정의하느냐에 대한 인식의 차이 때문으로 보인다. 이스라엘 유대인은 2022년말 현재 700만 명을 넘어섰다.

정통 율법   종교적 구분   현대식

| 하레디 | 다티 | 마소르티 | 힐로니(세큘라) |

> 하레디 : 유대율법에 가장 충실한 초정통파 그룹
> 다티 : 근대화된 성향의 종교적 시오니스트 그룹
> 마소르티 : 전통적 가치를 따르면서도 현대식 생활방식을 추구하는 그룹
> 힐로니 : 종교적 가르침을 지키지 않는 세속적 성향의 그룹

이다.

'하레디'는 통상 초정통파 종교인이라고 부르는 그룹이다. 이들은 유대교의 율법을 가장 충실히 따르는 사람들로 삶의 모든 부분에서 종교적인 가치를 가장 우선시한다. 이들도 출신 지역이나 믿음의 방식 등에 따라 하시디 그룹, 리투아니안 그룹 등의 여러 분파로 나눌 수 있다. 하지만 이들을 통칭해서 '하레딤Haredim'(하레디의 복수)이라고 부른다. 이들은 다른 그룹으로부터 지나치게 근본주의적이라는 비판을 받곤 한다.

하레디 그룹의 뒤를 이어 유대교에 충실한 그룹이 '다티'이다. 다티는 '종교적'이라는 뜻이다. 이들은 유대 종교법을 지키고 따르는 점에서 하레디와 크게 다르지 않다. 하지만 강한 종교적 성향에도 불구하고 사회 변화에 대해서는 하레디만큼 보수적이지는 않다. 하레디가 근본주의적 인식을 버리지 않은 초정통파 그룹이라면 다티는 사회의 변화를 받아들이며 근대화된 종교인 그룹이라고 볼 수 있다. 민족주의 정치운동인 시오니즘에 대해 전반적으로 비판적인 하레디 그룹과 달리 다티 그룹은 시오니즘을 지지하는 종교적 시오니스트 그룹과 상당 부분 일치한다.

세 번째는 '전통적'이라는 의미를 가진 '마소르티' 그룹이다. 종교법의 음식 계율인 '카슈룻Kashrut'에 따라 인정되는 음식인 '코셔 Kosher', 샤밧Shabbat(안식일), 할례, 성인식 등과 같이 오랫동안 이어져 내려오는 유대교의 전통적 가르침에 대체적으로 충실한 전통주의 입장이다. 외형적으로만 보면 일정 부분 종교적 태도로 보이기는 하지만 다티에 비하면 생각이 훨씬 더 많이 열린 편이다. 그러면서도 '힐로니'만큼 세속적이지는 않다. 어떻게 보면 이들은 다티와 힐로니 사이의 중간이라고 할 수 있다. 종교를 바라보는 관점에 따라 이들을 종교적 색채가 짙은 마소르티와 종교적 색채가 옅은 마소르티로 나누기도 한다.

네 번째는 '세큘라Secular'라고도 불리는 그야말로 세속적인 '힐로니' 그룹이다. 이들도 물론 유대교의 명절이나 풍습을 대체로 지킨다. 다만, 종교적 믿음 때문이 아니라 유대민족의 문화나 풍습이기 때문에 존중하고 따른다는 점이 다르다. 소련 붕괴 이후 급격히 늘어난 구소련 출신 올림의 다수가 힐로니에 속한다. 이들 중에는 하느님의 존재 자체를 인정하지 않는 무신론자도 있으며, 유대교가 오히려 국가에 폐해가 되고 있다고 생각하는 사람들마저 있다. 노벨상 수상자나 세계적 석학들 중에서도 무신론을 주장하는 유대인들이 적지 않은데, 이들 대부분이 힐로니 그룹에 속한다고 볼 수 있다.

사실 이들 네 그룹을 두부 자르듯 각각 명확하게 구분하기는 어렵다. 종교적 성향도 사람이나 세월에 따라 변화하기 때문이다. 하지만 가장 보수적인 '하레디' 그룹과 가장 진보적인 '힐로니(세큘라)' 그룹 사이의 인식 차이는 무척 명확하다. 하레디 그룹에 대한 징병제 특혜, 안식일 준수 등 다양한 사회적 주요 이슈들을 둘러싸고 하레디와 힐로니는 자주 대립각을 세운다. 이들 각각의 그룹은 자신들이 속한 집단 내에서만 결혼하거나 사회적으로 교류하는 경향이 강하다. 과거부터 내려오는 유대의 종교법과 이스라엘의 세속법이 충돌하는 상황에서 하레디는 당연히 종교법을 우선시한다. 반면 힐로니는 세속법을 앞세운다. 규모로 볼 때 힐로니는 다수인 반면 하레디는 소수이다. 그러나 유대 국가 이스라엘에서 하레디가 가진 영향력은 작지 않다. 하레디의 인구 증가율이 다른 그룹보다 상대적으로 높은 점도 이들의 영향력이 앞으로 사그라지지 않으리라는 전망을 낳게 한다. 이들 그룹의 인구변화 추세는 미래 이스라엘의 모습과 관련하여 많은 점을 시사해 주고 있다.

처음 이스라엘을 방문하는 사람들 가운데 이스라엘 국민 모두가 대단히 종교적일 줄 알았는데 의외로 자유분방한 느낌을 받았다고 이야기하는 경우가 있다. 초정통파 하레디 그룹은 머리카락의 스타일이나 입고 있는 복장에서부터 확연히 구별되는 경우가 많다. 하지만 하레디 그룹 중에서는 특유의 검은 복장이 아닌 평상복을 입는 사람들도 있다. 다른 그룹들도 겉모습만으로 차이를 확인하긴 쉽지 않다.

유대인 남성들이 보통 머리에 쓰는 '키파'[9]도 그룹에 따라 모양이나 색깔이 조금씩 다르다. 가장 종교적인 하레디 그룹이 착용하는 키파는 전반적으로 아무런 무늬 없이 단순한 모양에 색깔이 검고 크기도 좀 큰 편이다. 이에 비해 다티나 마소르티 그룹으로 갈수록 크기가 작아지고 색깔도 검은색 일변이 아니다. 다양한 색상에 문양이 들어있는 카파를 착용하는 사람들도 있다. 물론 이 같은 구별도 절대적인 것은 아니다. 세속적인 힐로니 그룹 중에는 아예 키파를 착용하지 않는 사람들이 훨씬 많다. 그래서 이스라엘 전체 유대인 중에서는 일상적으로 키파를 쓰는 사람보다는 쓰지 않는 사람들이 더 많다.

따라서 외국인들은 자신이 만나는 이스라엘 사람이 어떤 그룹에 속한 사람인지, 또한 얼마나 종교적인지 구분하는 일이 쉽지 않다. 특히 외국인들의 눈에는 종교적 색채가 옅은 전통주의자 마소르티 그룹이나 세속적인 힐로니 그룹 유대인들의 모습에서도 종교적으로 보이는 부분이 남아 있다. 하지만 이들은 동시에 하레디나 다티와 같은 종교적인 그룹과는 구분되는 가치관과 생활방식을 추구한다. 이들은 시나고그(유대교 회당)에도 가지 않고 토라 공부도 하지 않는다.

물론 이들도 일정 부분은 유대인의 전통 안에서 생활한다. 즉 샤밧(안식일)이면 가족이 모여 함께 저녁식사를 한다. 페사흐(유월절)에는 '세데르'라고 부르는 만찬을 위해 가족들이 모두 모인다. 이스라엘에서 가장 조용한 하루라고 할 수 있는 '욤키푸르'(속죄일)에는 가능한 외출을 삼가고 집에 머물면서 조상의 어려운 시절을 회고하기도

---

9   유대민족 남성들이 착용하는 모자를 히브리어로 '키파'(이디시어로는 '야물케'라고 부름)라고 부른다. 시나고그 등 종교적 장소를 방문할 때는 이방인들에게도 키파 착용을 권유하는 경우가 있다. 물론 강제사항은 아니다.

정통파 유대인의 복식

오늘날 이스라엘에서 흔히 보는 정통파 유대인들의 복장의 시작은 동유럽(폴란드와 우크라이나) 유대인들로부터 시작되었다. 그 시기는 18세기로, 비교적 매우 최근의 일이라고 말할 수 있다. 전통적인 복장의 형태는 당시 폴란드의 귀족들이 입어온 옷차림을 따르고 있는데, 많은 사람들이 생각하는 것과는 반대로 종교적인 목적으로 고안되었다기보다는 역사적인 영향이 더 크다고 생각하면 된다. 예를 들면, 유대인들이 겉에 입은 정장의 옷저고리는 반드시 검은색이어야 하는데, 18세기의 랍비들이 규정한 것이다. 그 이유는 당대에 동유럽 사회에서는 유대인들이 화려한 색상의 옷을 입게 되면, 유대인이 아닌 사람들이 유대인들에게 폭력을 가했기 때문이다. 당시

테필린에 대해서

테필린을 묶으면서 암송하는 성경 구절:

"여호와께서 이르시되, 그날에 내가 응답하리라. 나는 하늘에 응답하고, 하늘은 땅에 응답하고, 땅은 곡식과 포도주에 응답하고, 또 이것은 이스라엘에 응답하리라."(호 2:21~22)

테필린 안에 쓰여진 글:

1. 하느님과 하나됨을 감사하는 기도
2. 이집트에서 이스라엘 백성들을 탈출시키신 하느님의 기적을 찬양하는 기도
3. 하느님만이 전지전능하심을 찬양하는 기도

테필린: 아침에 기도를 할 때에 탈릿과 함께 이마와 팔뚝에 묶고 기도하는 가죽 끈이 달린 상자이다. 테필린은 안식일이나 《성경》에서 말하는 명절에는 하지 않는다.

탈릿: 기도할 때에 뒤집어쓰는 보자기이다. 탈릿은 바탕색이 흰색이며 양쪽 끝에는 검은색 선이 그어져있다. 카발라 전통에 따르면, 흰색은 하느님의 사랑과 친절함을 상징하고 검은색은 하느님의 엄격함을 의미한다. 이 탈릿을 쓰고 기도를 하면서 하느님의 사랑과 너그러움이 그 엄격함보다 클 것을 바라는 의미를 지니고 있다.
탈릿을 쓰게되면, 탈릿 안의 세계와 탈릿 밖의 세계가 차단이 된다. 그러므로 매우 보수적인 정통파 종교인이라면, 탈릿을 쓰고 기도하는 동안에 누군가가 말을 걸 경우 절대로 대답하지 않는다.

에 사치단속령이 있었는데, 각 계급은 그 계급에 맞는 옷을 입어야 했다. 귀족들은 화려한 색상의 옷을 입었으나, 하층민은 검은색 옷을 입어야 하는 식이었다. 유대인들은 하층민의 취급을 당했으므로, 만약 유대인들이 검은색 옷을 입지 않는다면, 법령을 어기는 셈이었다.

그러다가 나중에 유대인들은 무채색의 이 복장에 종교적인 의미인 '겸손', '근검'의 의미를 부여하게 된다. 아래의 예로 든 예 외에도 다양한 복장들이 있는데, 유대교 내의 종파에 따라 차이가 있지만 기본적으로 무채색이라는 것은 동일하다.

키파: 키파는 하늘에 계신 하느님을 두려워하며 자신의 겸손을 표현하는 방법이다. 정통파 유대인들은 하느님이 각 사람의 머리 위에 있기 때문에 그 하느님을 공경하는 의미로 머리에 키파를 써야한다고 가르친다.

페옷: 구렛나룻을 길게 기르거나, 기른 구렛나룻 머리카락을 돌려 꼬는 독특한 모양을 페옷이라고 한다. 《성경》 레위기 19:27에는 이스라엘 백성들의 머리카락 규정이 기록되어 있다.

'머리 가를 둥글게 깎지 말며 수염 끝을 손상하지 말며'

찌지트: 탈릿의 네 귀퉁이에는 찌지트라는 술이 달려있다. 여덟 가닥으로 이루어진 이 술은 《성경》 민수기 15:37~39를 따라서 규정되었다.

'여호와께서 모세에게 말씀하여 이르시되, 이스라엘 자손에게 명령하여 대대로 그들의 옷단 귀에 술을 만들고 청색 끈을 그 귀의 술에 더하라. 이 술은 너희가 보고 여호와의 모든 계명을 기억하여 준행하고 너희를 방종하게 하는 자신의 마음과 눈의 욕심을 따라 음행하지 않게 하기 위함이라.'

오늘날에는 청색 끈을 술에 섞지는 않는다. 대신에 성경을 보수적으로 해석하고 따르려는 사람은 탈릿의 선색을 푸른색으로 하는 이도 있다.

정통파 유대인의 복식

❶ 시나고그 외부 ❷ 시나고그 내부

한다. 훗날 죽음에 이르면 유대교의 장례 절차를 밟아 유대인 공동묘지에 묻힌다.

하지만 이들은 동시에 율법의 가르침과는 다른 삶을 즐기기도 한다. 필요하다면 샤밧에도 쉬지 않고 일한다. 유월절 세데르 만찬에는 누룩이 들어가지 않은 맛 없고 딱딱한 빵 대신에 크루아상 같은 맛있는 빵을 미리 사두고 먹는다. '코셔' 인증을 받은 음식인지 여부를 따지지 않고 카슈룻(음식 계율)이 금지하는 새우나 오징어 등 해산물을 즐겨 먹는다. 주례가 없거나 비종교적 스타일의 결혼식을 올리는 경우도 많다. 이들에게 있어서 유대교는 종교라기보다는 이미 그들의 문화와 풍습이 되었다고 볼 수 있다.

아시케나지와 세파르디

이스라엘을 처음 방문하는 사람들은 현지에서 만나는 유대인들의 얼굴 모습이 다양한 데 놀란다. 홀로코스트 등을 다룬 할리우드 영화에서 자주 보던 유대인들의 얼굴 모습만 상상했는데 직접 이스라엘에 와서 보니 하얀 피부를 가진 서양인 모습의 유대인들 이외에도 남유럽 분위기가 나는 유대인들이 있는가 하면 중동의 아랍인들과 같은 생김새의 유대인들도 있고 심지어 흑인인데 유대인이라는 사람들도 있기 때문이다. 그래서 이들은 유대인들이 다양한 얼굴인 까닭을 궁금해한다.

사실 외모만으로는 유대인인지 무슬림인지 크리스천인지를 구

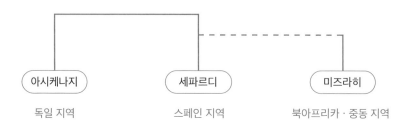

출신 지역별 구분

아시케나지	세파르디	미즈라히
독일 지역	스페인 지역	북아프리카 · 중동 지역

분하는 일은 불가능하다. 비슷한 외모를 한 같은 지역 출신이지만 그 중에는 유대인도 있고 무슬림도 있고 크리스천도 있기 때문이다. 그만큼 이민 국가 이스라엘의 유대인들에게는 출신 지역이나 인종적 관점에서, 또한 그에 따른 전통이나 문화와 풍습의 관점에서 서로 다른 면이 상당 부분 존재한다.

이렇듯 유대인을 출신 지역별로 나눌 때는 크게 두 그룹으로 나누기도 한다. 오늘날 이스라엘의 가장 대표적인 출신 지역 그룹은 '아시케나지Ashkenazi' 그룹이다. 아시케나지는 과거 독일 지역을 가리키는데 9~10세기경 라인강 유역의 유럽에 거주하고 있었던 유대인 그룹을 지칭한다. 현재 지도에서 보자면 주로 독일 서부와 프랑스 북부 일부 지역이 그들의 주요 거주지였다. 이들은 수세기에 걸쳐 동부 유럽 지역인 오늘의 폴란드, 리투아니아, 라트비아, 우크라이나, 러시아 등지로 이주했다. 이들은 동유럽과 러시아 등에서 유대인에 대한 박해가 본격적으로 가해지던 시기에는 서유럽과 미국 등지로 다시 옮겨가기도 했다. 아시케나지는 이처럼 오랜 기간 유럽지역에 살던 유대인들과 그들의 후손들을 통칭한다고 볼 수 있다.

이들은 독일어를 바탕으로 히브리어 문자가 결합된 '이디시 Yiddish'라는 언어를 독자적으로 만들어 사용하기도 했다. 미국에 거주하는 유대인들의 거의 대다수도 아시케나지 그룹이다. 오랜 기간 유랑을 끝내고 이스라엘이라는 독립국가를 건설하는 데 유럽과 미국에 거주하던 유대인들의 조력이 중요했는데, 이때 가장 주도적 역할을 한 집단이 바로 이들 아시케나지 그룹이다. 이들은 건국 초기부터 정치, 경제, 군사 등 여러 분야에서 신생국가 이스라엘의 기반을 닦는 데 매우 중요한 역할을 담당했다. 오늘날에도 이스라엘 사회에서 가장 영향력을 발휘하고 있는 집단이 바로 아시케나지 그룹이다. 하레디 종교정당인 UTJ를 구성하는 '아구닷 이스라엘Agudath Israel'과 '데겔 하토라Degel HaTorah'도 모두 아시케나지 유대인들이 중심을 이루고 있다.

또 하나의 대표적 그룹은 '세파르디Sephardi' 그룹이다. 세파르디는 히브리어로 스페인을 뜻하는 '세파라드'에서 나온 말이다. 이들은 로마 시대부터 오늘날의 스페인이나 포르투갈 등 이베리아반도 지역에 주로 거주해 오던 유대인 집단이다. 이들은 중세를 거쳐 15세기까지 무슬림이 지배하던 시기에 자신들이 거주하던 곳에서 상당한 지위와 영향력을 누리면서 활동했다. 그러나 15세기 말 기독교를 믿는 정치세력이 맹위를 떨치면서 위기를 맞는다. 이베리아반도가 기독교인들의 치하에 들어가자 무슬림은 세력을 잃고 유대인들도 기독교로의 개종을 강요당하며 시련을 겪었다. 급기야 개종을 거부한 유대인들은 그들이 살아왔던 땅에서 강제로 축출당했다. 이들 중 상당수는 이베리아반도에서 가까운 북아프리카나 중동 지역으로 대거 이주했으며, 일부는 네덜란드 등 유럽 쪽으로도 옮겨 갔다.

　세파르디 그룹 유대인들이 주로 이주한 북아프리카나 중동 지역에는 이미 상당수의 유대인이 거주하고 있었는데, 이들은 '미즈라히 Mizrahi' 그룹이라고 부른다. 미즈라히는 히브리어로 '동쪽' 또는 '동방'이라는 뜻이다. 이들은 바빌로니아(오늘의 이라크 지역)나 페르시아(오늘의 이란 지역), 아라비아반도 남단(오늘의 예멘) 등지를 중심으로 오랜 세월 동안 거주해 오던 유대인 그룹을 뜻한다. 이들은 외모로만 보면 아랍인들과 구별하기도 쉽지 않다. 당초 세파르디 그룹과 미즈라히 그룹은 출신 지역이나 문화가 전혀 달랐다. 하지만 세파르디 그룹이 대거 이주하면서 서로 동화되어 문화나 풍습도 많이 섞이게 되었다. 그런 까닭에 오늘날에는 이들을 통칭하여 세파르디 그룹이라고 부르기도 한다. 유럽 중심의 아시케나지와 구분하는 차원에서 지중해 주변 지역 중심의 유대인들을 통칭하여 모두 세파르디라고 부르기도 하는 것이다. 하레디 종교 정당 중 '샤스'당은 이들 세파르디가 중심이다. 아시케나지의 차별적 대우에 대한 반감과 소외의식을 가진 세파르디 유대인들이 1980년대에 들어서서 또 다른 소수세력이라고 할 수 있는 미즈라히 유대인들과 연합하여 샤스당을 만들게 되었다.

　이와 같이 아시케나지와 미즈라히를 포함한 세파르디는 오랜 기간 지리적으로 떨어져 생활하였으며, 그에 따라 각각의 유대인 사회는 그들이 거주하던 국가나 지역의 문화와 풍습과 언어 등과 자연스럽게 동화되어 갔다. 우리나라에서도 지방마다 제사상 차림이나 명절 풍습 또는 사투리가 다르듯이 유대인 사회도 그들의 출신 지역·인종·소속집단에 따라 유대교 회당의 모습, 복장, 명절 풍습, 즐기는 음식 등이 조금씩 다르다.

전 세계 유대인들을 보면 세파르디(미즈라히 포함) 그룹보다 아시케나지 그룹이 그 규모 면에서 더 크다. 특히 미국의 유대인들은 거의 대다수가 아시케나지이다. 반면 이스라엘에서는 정확한 통계는 없지만 지리적 특성 때문인지 그 규모가 비슷하거나 세파르디 그룹이 오히려 좀 더 많은 편이다. 젊은 층에서는 두 그룹이 섞인 경우도 적지 않아 둘을 명확히 구분하는 것은 불가능하다. 하지만 어쨌든 오늘의 이스라엘을 이끌어가는 주류세력은 유럽 출신의 아시케나지 그룹이라고 할 수 있다. 아시케나지가 건국 과정을 주도했고 오늘날에도 정치, 경제, 사회 전반에서 우위적 위치를 점하고 있는 것이 사실이다. 공립학교에서 근대 이스라엘 역사를 가르칠 때는 주류세력인 아시케나지 그룹의 활동상이 중심이 되고 있다. 따라서 상대적으로 영향력이 약한 세파르디 그룹(미즈라히 포함)은 자신들의 이익이 제대로 대표되지 않는 데 불만을 품고 있다. 따라서 자신들을 정치적으로 대변하는 샤스당을 따로 만든 것이다.

이처럼 같은 유대민족이지만 각각의 출신 지역이나 인종적 차이에서 오는 그룹별 특성과 구분의식이 존재하고 있는 것은 엄연한 현실이다. 과거에 비하면 많이 줄었고 겉으로는 잘 드러나지 않지만 아시케나지 유대인들은 미즈라히 유대인들과 같은 건물에서 살기를 꺼리는 경향이 아직 남아 있다. 이스라엘이 건국 이래 70여 년이 지난 현재까지 역대 총리 모두가 아시케나지 유대인들이었다. 다른 지역 출신들이 단 한 번도 총리 자리를 차지하지 못했다는 사실은 많은 점을 시사하고 있다. 종교 분야에서 최고의 권위를 갖는 최고랍비공의회는 아시케나지와 세파르디 두 그룹을 각각 대표하는 최고 랍비가 모인 2인 협의체 형식으로 구성되어 있다.

이 같은 일반적인 평가에 대해 상반되는 주장을 하는 사람들도 있다. 건국 이후에 이스라엘 현지에서 태어나 교육을 받은 유대인인 '사브라'들은 자신들의 부모 세대에 비해 조상의 출신 지역이나 인종적 배경에 따른 구분 의식이 별로 없다는 것이다. 사실 오늘날에는 이스라엘에서 태어난 사브라들이 해외에서 태어나 이스라엘로 이주해 온 올림보다 훨씬 더 많은 것이 사실이다. 이들 사브라들이 이제 이스라엘을 이끌어 가는 주도세력으로 성장한 만큼 그동안 존재해 왔던 아시케나지와 세파르디 집단 간의 갈등은 이미 상당히 해소되었다는 것이다. 종교적 관점에서 자유분방한 세속적 힐로니 그룹 내에서는 실제로 아시케나지 출신과 세파르디 출신 간의 결혼도 흔한 편이다. 하지만 초정통파 그룹 내에서는 아시케나지 출신과 세파르디 출신 간 결혼은 여전히 찾아보기가 쉽지 않다.

에티오피아 유대인들

이스라엘 유대인들 가운데서 가장 외모가 두드러져 보이는 이들은 피부색이 어두운 유대인들이다. 이들을 '이스라엘의 집'이라는 뜻을 가진 '베타 이스라엘' 또는 그들의 출신 지역을 따서 '에티오피아 유대인'이라고도 한다. 이들의 조상에 대해서는 고대 이스라엘의 솔로몬 왕과 시바의 여왕 사이에 태어난 후손이라는 설을 비롯한 여러

아사케나지와 세파르디, 미즈라히의 지리적 기원과 외양

설이 있으나 명확하지는 않다. 이들 에티오피아 유대인은 오랜 기간 유럽 중심의 유대인 공동체로부터 별다른 관심을 받지 못한 채 거의 잊힌 존재로 남아 있었다.

그런데 이스라엘 건국 후 귀환법에 따라 해외 거주 유대인들의

'알리야'가 적극적으로 추진되던 중 이들 에티오피아 유대인들을 받아들일 것인가에 대한 격렬한 논쟁이 벌어졌다. 이들은 1970년대 후반에 와서야 비로소 이스라엘 귀환이 허용되는 유대인으로 인정받게 되었다. 이스라엘 정부는 1980년대와 1990년대 수차례에 걸쳐 군과 정보기관을 동원한 비밀 공수작전을 통해 당시 수단과 에티오피아 지역에 거주하던 에티오피아 유대인들을 이스라엘로 대거 이주시키는 데 성공했다. 가장 대표적 공수작전으로 1980년대의 '모세 작전'과 1990년대의 '솔로몬 작전'을 꼽을 수 있다. 모세 작전은 수단에서 8천여 명, 솔로몬 작전은 에티오피아에서 1만 4천여 명을 각각 귀환시키는 성과를 거뒀다. 2019년 넷플릭스에서 제작한 영화 〈레드씨 다이빙 리조트Red Sea Diving Resort〉는 에티오피아 유대인들을 이스라엘로 데려오기 위한 비밀 공수작전을 소재로 다루고 있다. 이같이 공수작전을 통해 아프리카에서 데려온 유대인들과 이후 이스라엘에서 태어난 이들의 자녀 등을 모두 합쳐 현재 이스라엘에 거주하는 검은 피부의 유대인들은 13~14만여 명에 이른다. 이스라엘 전체 유대인의 약 2% 수준이다.

에티오피아 유대인 가운데 일부는 이스라엘 사회에서 성공하여 고위 공무원을 하거나 경제적으로 안정된 생활을 누리는 사례도 있다. 그러나 대다수는 교육이나 소득 수준이 높지 않고, 그만큼 사회적으로도 낮은 계층에서 생활하는 경우가 많다. 이스라엘의 슈퍼마켓에 가면 계산대에서 일하고 있는 에티오피아 유대인 여성들을 만날 수 있다. 이들 에티오피아 유대인들의 소득 수준은 이스라엘 전체 직장인의 월평균 소득보다 20~40% 정도 낮은 것으로 알려져 있다.

남성보다 여성의 급여가 더 낮다. 이들도 똑같은 유대인이지만 아랍계 국민과 비슷한 소득 수준에 머물러 있다. 이에 대해 인권단체 등을 중심으로 피부 색깔에 따른 차별적 대우 때문이라는 비판의 목소리가 크다. 이에 대해 차별이 아니라 능력에 따른 차이일 뿐이라는 반론도 존재한다.

뿌리의 발견, 타글리트 프로그램

해외에 거주하는 유대인들의 정신적 뿌리 찾기를 지원하는 '타글리트'라는 이스라엘 방문 프로그램이 있다. '타글리트Taglit'는 히브리어로 '발견'이라는 뜻이다. 타글리트 프로그램은 이스라엘의 주도하에 재력 있는 미국 유대인들의 지원을 받아 1999년에 처음 시작되었다. 영어로는 '생득권生得權' 즉 태어날 때부터 가진 권리라는 뜻을 가진 단어 'Birthright'를 사용하여 '타글리트 버스라이트Taglit-Birthright'라고 부른다.

타글리트 프로그램은 주로 이스라엘을 방문해 본 경험이 없는 해외 거주 젊은 유대인 청년들을 대상으로 이스라엘의 역사와 문화 등을 소개하고 현장을 체험하게 하여 유대인으로서의 정체성을 찾도록 도와준다. 10대 후반에서 20대에 이르는 유대인 청년을 대상으로 하는데, 참가자의 대다수는 미국 지역 청년들이다. 코로나19 팬데믹 이전에는 연간 약 4~5만 명을 초청하였으며 프로그램이 시작된 지 20년 이상 지난 지금까지 약 70만 명이 이스라엘을 방문한 것으로 알려져 있다. 2018년 한해에만 약 5만 5천여 명의 유대인 청년들이 이 프로그램의 혜택을 받았다.

참가자들에게는 약 3천 달러의 가치에 상당하는 항공, 숙박, 교통 등 모든 혜택이 무료로 제공된다. 경제적 부담이 전혀 없는 그야말로 공짜 해외여행인 셈이다. 이들은 40명 정도가 한 팀이 되어 약 열흘 동안 이스라엘의 주요 지역들을 방문하면서 이스라엘에 대해 보고 듣고 토론한다. 여행을 마친 참가자들은 자신의 나라에 돌아가서도 유대인 공동체의 일원이라는 연대의식을 유지하고 살아가게 된다고 한다. 2019년 초에는 전 세계에서 모인 수천 명의 참가자들이 예루살렘에 모여서 유대인으로서의 일체감과 이스라엘에 대한 연대의식을 다지는 행사를 열었다. 이스라엘을 방문한 해외 유대인 청년들이 이스라엘이야말로 자신의 진정한 조국이라는 믿음을 다지게 되면서 그중 일부는 이스라엘로 이주(알리야)하여 자발적으로 입대해 군 복무를 하기도 한다.

타글리트 프로그램의 취지는 유대인으로서의 정체성을 발견하고 이를 단단히 다지는 데 있다. 그런데 언제부터인가 이 프로그램의 정치적 색깔을 둘러싸고 논쟁이 벌어지고 있다. 이스라엘 역사를 배우는 일정 중에 중동의 정치 정세와 이스라엘 - 팔레스타인 간 분쟁 문제 등이 당연히 포함되는데, 이 부분에서 타글리트 프로그램의 정치화 경향에 대한 비판이 제기되는 것이다. 특히 일부에서는 타글리트 프로그램에 거액을 출연한 일부 미국인 후원자들이 반아랍 성향을 가진 인물들이고, 그에 따라 타글리트 프로그램도 극우성향으로 변질되고 있다고 주장한다. 물론 이에 대해 타글리트 프로그램 측에서는 기금 출연자의 정치적 성향과 프로그램의 내용과는 전혀 무관하다는 입장이다. 이스라엘 – 팔레스타인 간 분쟁 문제에 대해서도 일방적으로 이스라엘의 입장만을 주장하지는 않는다고 강조한다. 또한 방문 일정에는 유대인만이 아니라 아랍계 국민들과 만나는 시간도 포함되어 있다고 설명한다.

이스라엘에는 타글리트 프로그램의 정체성 찾기 교육에 반감을 갖고 이를 반대하는 캠페인을 벌이는 시민단체들도 있다. '지금이 아니면If Not Now', '평화를 위한 유대인의 목소리Jewish Voice for Peace', '침묵을 깨뜨리며Breaking the Silence', '지금 평화를Peace Now', '인권을 위한 랍비들Rabbis for Human Rights' 등이 바로 그들이다. 이들은 타글리트 프로그램이 해외 유대인 청년의 뿌리 찾기를 명분으로 내세우지만, 실상은 공짜 여행으로 유혹하여 극우이념을 심어주는 선동에 불과하다며 프로그램 참여 거부를 촉구한다. 또한 자신들과 뜻을 같이 하는 미국 내 유대인들과 협조하여 미국 출발 전 공항에 모인 타글리트 참가자들을 대상으로 이스라엘의 팔레스타인 점령 실상을 폭로하는 캠페인을 벌이기도 한다.

그간 타글리트 프로그램으로 이스라엘을 방문한 참가자들 중에서 진보적 성향을 가진 일부가 중도에 이탈하는 경우가 몇 차례 있었다. 이는 대부분 즉흥적인 반감에서 비롯된 우발적인 이탈이 아니다. 대부분의 중도 이탈은 이스라엘의 팔레스타인 점령을 반대하는 인권 운동 단체와의 사전 협의에 따라 기획적으로 이루어진 이탈이었다. 타글리트 측에서는 이 같은 일부 참가자들의 중도 이탈이야말로 비정치적인 프로그램을 오히려 정치적으로 만드는 행위라고 비판하고 있다.

이스라엘의 아랍인들

아이러니하게도 아랍 국가들과의 끊임없는 분쟁을 치른 유대인의 나라 이스라엘에는 이스라엘 국적을 가진 아랍인이 많이 있다. 이들은 1948년 이스라엘 건국 당시 이미 이스라엘의 영토로 선언된 지역에서 오랫동안 거주해 온 아랍인들이다. 이들은 이스라엘 건국과 동시에 치러진 독립전쟁 중에도 살던 지역을 떠나지 않고 계속 버텨왔던 아랍인들이다. 이들을 '48 아랍인'이라고 부른다. 이스라엘의 건국 연도인 1948년 당시에 이미 그곳에 살던 아랍인들이라는 뜻이다.

이들 48 아랍인들에게는 1952년 제정된 국적법에 따라 모두 이스라엘 국적이 주어졌다. 이들과 그 자녀들은 오늘날 이스라엘 인구의 약 20%에 해당하는 아랍계 이스라엘 국민의 대다수를 차지한다. 이들은 이스라엘의 국민으로 대우받으며 유대인들과 동등한 권리를 갖는다. 국회의원 선거에도 참여할 수 있고 해외여행시에는 이스라엘 여권을 발급받을 수도 있다. 이들 아랍계 이스라엘인들의 목소리를 대변하는 정당들도 있다. 아랍계 정당 중의 일부는 역사상 최초로 2021년 수립된 반네타냐후 연립정부에도 참여했다.

종교적으로 보면 이들 대부분은 무슬림이다. 물론 일부 크리스천도 있다. 국적으로는 이스라엘 국민이면서 민족으로는 팔레스타인계 아랍 민족이다. 이들의 입장에서 보면 이스라엘과 팔레스타인 간의 분쟁은 자신들의 조국(이스라엘)과 민족(팔레스타인)의 갈등인 셈이다. 그런 까닭에 이들의 정체성은 이중적이다.

이 밖에도 이스라엘에는 또 다른 신분의 아랍인들이 많이 거주한다. 이들은 특히 예루살렘에 집중되어 있다. 약 90여만 명인 예루살렘 인구 가운데 동예루살렘에 거주하는 사람은 절반이 넘는 약 53만 명 정도이다. 1967년 제3차 중동전쟁 이전까지만 해도 요르단에 속한 동예루살렘에 거주하던 사람들 대다수가 아랍인이었다. 그런 까닭에 물론 아직도 아랍인이 동예루살렘 인구의 다수를 차지하고 있다. 하지만 지금은 그 비율은 약 30만 명 정도에 그친다. 동예루살렘에 거주하는 유대인들이 계속 증가하면서 23만 명을 넘어섰기 때문이다.

제3차 중동전쟁에서 승리하면서 이스라엘이 동예루살렘을 장악하였지만, 아랍인 주민의 대부분은 상당 기간 요르단 국적을 유지하고 있었다. 동예루살렘의 아랍인 학교에는 요르단에서 만든 교과서를 사용했다. 요르단으로서도 언젠가 이스라엘로부터 동예루살렘을 되찾을 것으로 기대하고 이들 아랍인 주민들과의 연대를 계속 유지하려고 했기 때문이다. 하지만 이후 상황이 변했다. 1987년 말 이스라엘의 점령에 저항하는 팔레스타인 주민들의 민중봉기인 '인티파다'가 확산되면서 혼란이 지속되자 1988년 요르단은 동예루살렘을 포함한 서안지구에 대한 연고권을 포기하고 법률적·행정적 관계를 단절했다.

동예루살렘을 장악한 이스라엘은 동예루살렘을 떠나지 않은 아랍인 주민들에게 무기한 거주를 허용하는 증명서를 발급했다. 영주권을 준 셈이다. 현재 동예루살렘에 거주하는 아랍인 주민들의 대부분은 이처럼 이스라엘이 발급한 영주권을 가진 사람들이다. 영주권을 가진 사람들은 합법적으로 무기한 거주할 수 있을 뿐 아니라 이스라엘 정부로부터 의료혜택이나 사회복지 서비스를 받을 수 있다. 그뿐만 아니라 지방선거에도 참여할 수 있는 등 일상생활에서는 큰 불편 없이 지낸다.

하지만 이들은 크네세트(의회) 선거에는 참여할 권리는 없다. 왜냐하면 이들은 이스라엘의 거주자일 뿐 국민이 아니기 때문이다. 이들은 동예루살렘뿐 아니라 여타 이스라엘 지역에도 살 수 있다. 그러나 이들과의 접촉을 꺼리는 유대인들의 정서 탓에 실제로 다른 지역에서 주택을 사거나 빌리기가 쉽지 않다. 일상에서 이들이 겪는 가장 큰 불편은 해외여행을 할 때 발생한다. 동예루살렘에 거주하는 아랍인 주민들은 법적으로 이스라엘의 국민이 아니기 때문에 해외를 방문할 때 이스라엘 여권을 받을 수 없다. 이들에게는 여권이 아니라 출국증명서가 발급된다. 외국 입국시에는 요르단 정부가 발급해주는 여행증명서(요르단 국민으로는 인정되지 않음)를 사용한다. 이스라엘과 사증면제 협정을 맺은 국가를 여행하더라도 이들은 이스라엘 국민이 아니기 때문에 별도로 비자를 받아야 한다. 또한 이들이 다른 나라의 국적을 취득하거나 외국에서 7년 이상 장기체류를 하면 동예루살렘에 거주할 의사가 없는 것으로 간주되어 영주권이 취소된다.

동예루살렘에 장기간 거주해 온 아랍인 중에서 이스라엘 국적 취득을 희망하는 사람들에게 국적취득을 위한 신청 절차가 마련되어 있다. 매년 약 1천여 명 수준의 동예루살렘 거주 아랍인 주민들이 이스라엘 국적취득을 신청하고 있다. 이스라엘 당국은 신청자들을 대상으로 전과 유무, 팔레스타인 테러범과의 연계 여부, 히브리어 구사 능력, 동예루살렘이 실제 생활 근거지인지 여부, 이스라엘에 대한 충성심 정도 등을 바탕으로 대단히 엄격한 심사를 한다. 이를 통과한 소수에 한해서만 국적취득을 허용하고 있다. 신청부터 국적 허가를 받기까지는 보통 6년 이상의 기간이 소요된다고 한다.

이처럼 한때 팔레스타인에서 살던 아랍인들은 본인들의 의사와는 관계없이 역사적인 상황에 따라 오늘날 다른 신분으로 살아가고 있다. 이스라엘의 건국 시기부터 이스라엘 국민으로 인정받은 이른바 '48 아랍인', 이스라엘 영주권을 부여받은 동예루살렘 거주 아랍인, 철저하게 봉쇄된 서안지구나 가자지구에서 이스라엘과 적대적 관계 속에 살아가는 팔레스타인의 아랍인, 전쟁을 피해 요르단, 레바논, 시리아 등지로 떠나 난민 지위로 살아가는 아랍인 등으로 나누어지는 것이다. 이들 모두 다 같이 팔레스타인 지역을 출신 배경으로 하는 아랍인이지만 국적과 신분이 서로 다른 것이다. 이스라엘에 대한 감정 역시 대단히 복잡하고 미묘할 것이다.[10]

---

10 팔레스타인 주민으로 살아가는 아랍인들의 다수는 팔레스타인 독립국가 건설이 조속히 이루어지길 원하는 반면, 이스라엘 국민으로 살아가는 아랍인들은 같은 나라에서 유대인과 아랍인이 어울려 살아가는 이른바 '1국가 해법(one-state solution)'에 관심이 더 많다는 여론조사도 있었다.

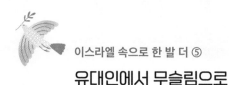

유대인에서 무슬림으로

유대교의 나라, 이스라엘에는 종교의 자유가 보장되어 있을까? 물론이다. 1948년 독립선언은 종교의 자유를 천명하고 있다. 유대인은 다른 종교를 믿는 사람에게 유대교로 개종할 것을 강요하지 않는다. 유대인 중에는 소수이기는 하지만 예수가 구세주임을 믿는 메시아닉 유대인도 있고 종교 자체를 전혀 믿지 않는 무신론자 유대인도 있다. 아랍계 국민 중에서도 다수는 무슬림이지만 기독교를 믿는 아랍인도 있고 종교가 아예 없는 아랍인도 있다. 또한 흔하지는 않지만 자신의 종교를 바꿀 수 있는 자유, 다시 말해서 개종의 자유도 당연히 보장된다.

그런데 유대인 중에서 무슬림으로 개종하는 사람은 과연 얼마나 될까? 또한 이와는 반대로 무슬림 중에서 유대교로 개종하는 사람도 있을까? 정확한 통계자료는 없다. 유대인이든 무슬림이든 상대방의 종교로 개종하는 사례가 그다지 흔하지는 않다.

극우성향을 가진 '레하바lehabah'라는 이름의 유대인 우월주의 단체는 적지 않은 유대인이 이슬람교로 개종하고 있으며, 이들 중 대부분은 여성이라고 주장한 적이 있다. 1년에 약 100명 정도의 유대인들이 이슬람교로 개종을 시도하거나 실제로 개종을 하는 것으로 추정된다는 언론의 보도도 있었다. 물론 유대인들이 무슬림이 되는 경우가 그다지 흔하지는 않다. 유대인 중에서 무슬림이 되는 경우는 주로 귀환법에 따라 외국에서 이스라엘로 이주해 왔으나 유대교 율법상의 유대인으로 인정을 받지 못하는 경우가 다수를 차지할 것으로 추정된다.

어쨌든 유대교에서 이슬람교로 개종하는 사례에 대해 일부 초정통파 강성 유대인들은 이들의 개종이 전혀 자발적인 것이 아니라고 비난한다. 무슬림 단체가 순진한 유대인들을 목표로 교묘한 방법을 동원해 이슬람교로 개종할 것을 선동하고 있다는 것이다. 텔아비브에 인접한 욥바(자파) 등 아랍계 주민이 다수 거주하는 지역에서는 종교간 대화나 문화간 대화 등을 명분으로 하는 모임이 열리는데, 여기에 유대인들을 끌어들인 다음 영어나 히브리어로 번역된 코란이나 이슬람 소개 자료를 무료로 나누어 주면서 이슬람교를 받아들이도록 자연스럽게 유도한다는 것이다. 이 같은 모임에서 무슬림 남성을 만난 유대인 여성이 사랑에 빠져 결혼을 하게 되면서 이슬람교로 개종하는 사례도 생겨난다는 것이다.

물론 이 같은 주장에 대해 무슬림 모임 측에서는 이슬람교에 대한 불신에서 비롯된 오해라고 반박한다. 이들은 다양한 종교가 어울려 살아가는 이스라엘에서 종교 간 평화공존 차원에서 대화의 노력을 기울이는 것일 뿐이라며 모임에 참석하는 유대인들에게 이슬람교로 개종을 유도하는 일은 전혀 없다고 반박한다.

현실적으로도 종교가 서로 다른 남녀 간의 결혼이 흔한 것은 아니다. 유대인이든 무슬림이든 양측 모두 종교법상으로 허용되지 않는 금기사항이기 때문이다. 그런 만큼 종교가 서로 다른 사람과의 결혼은 가정에서뿐 아니라 자신이 속한 공동체 내부에서도 상당한 논란을 야기한다. 특히 당사자가 유명인일 경우 그 같은 논란은 사회적인 이슈가 되기도 한다.

2018년 가을 이스라엘 사회에서 유대인 남성 영화배우와 무슬림 여성 TV 앵커가 결혼 사실을 공개하면서 이스라엘 사회를 한동안 시끄럽게 만든 일이 있었다. 이스라엘 대테러 특수부대의 활약상을 그린 넷플릭스 인기 TV 시리즈 〈파우다〉에서 특수요원 역할을 맡았던 인기 남성배우 자키 할레비와 다양한 방송 프로그램에서 뉴스와 쇼를 진행해 온 여성 방송인 루시 아하라시가 그 주인공들이다. 이들이 수년간의 비밀연애 끝에 마침내 결혼을 선언하자 사회적 논란이 벌어졌다. 두 사람 모두 똑같이 이스라엘 국민이다. 남성은 유대인이고, 여성은 이스라엘에서 태어나고 자란 아랍계 무슬림이다. 여성은 유대인의 입장에서 보면 이방인이다. 통상적으로 이방인 여성이 유대인 남성과 결혼할 때는 유대교로 개종한다. 그런데 루시 아하라시는 무슬림임을 포기하지 않고 유대교로 개종하지도 않았던 것이다. 종교의 벽을 뛰어넘는 이들의 결혼에 대해 SNS 등을 통해 지지와 축하를 전하는 의견들이 쏟아졌다. 하지만 이들에 대해 비난과 질책을 하는 여론 또한 만만치 않았다. 극우 정치인들까지 나서서 무슬림 여성이 유대공동체의 정체성을 훼손하기 위해 유대인 남성을 유혹했다는 인신공격성 비난마저 제기되었다. 이들의 결혼은 사실 유대 종교법상 합법적으로 인정받지 못한다. 하지만 결혼한 지 4년이 지난 지금 이들 부부는 자녀도 낳고 행복하게 잘 살고 있는 것으로 전해지고 있다.

제3의 민족, 드루즈와 베두인

오늘의 이스라엘에는 유대인이나 일반적인 팔레스타인계 아랍인과는 구별되는 사람들도 살고 있다. 비록 그 수는 적지만 이스라엘 국민을 구성하는 제3의 민족인 드루즈Druze와 베두인Bedouin에 대해 살펴보자.

드루즈는 아랍어를 말할 수 있고, 그들의 종교가 이슬람과 유사한 점이 있기 때문에 이슬람의 한 분파로 여겨지기도 한다. 하지만 팔레스타인계 아랍인과는 다른 특유의 종교와 생활방식으로 인해 그들은 통상적으로 별도 민족으로 분류된다.

이스라엘의 드루즈는 약 15만 명 정도로 전체 이스라엘 인구의 2%에도 미치지 못할 만큼 미미한 수준이다. 이들은 비록 아랍어를 구사하고 이슬람에서 파생된 신앙을 갖고 있으나 이슬람과는 다른

베두인(왼쪽)과 드루즈(오른쪽)

독자적 신앙체계를 갖고 있다. 드루즈의 종교는 약 1천여 년 전에 이슬람교의 가르침에 힌두교 및 고대 그리스 철학 등을 합쳐서 새롭게 만들어졌다고 한다. 이들은 타종교를 믿는 이방인에 대해 자신들의 종교를 믿으라고 선교하지 않는다. 오히려 이방인에게는 드루즈로 개종을 허가하지 않을 만큼 폐쇄적이다. 이들은 주로 해안도시 하이파 인근의 카르멜 지역, 갈릴리 북쪽 지역, 헬몬산 지역 등 이스라엘 북부 산악지역에 있는 20여 개 마을들과 골란고원 등지에 거주하고 있다. 이스라엘 북부에서 국경을 맞대고 있는 레바논, 시리아 등지에는 훨씬 많은 드루즈들이 살고 있다.

드루즈가 유대인 중심의 이스라엘 사회에서 관심을 끄는 이유는 유대인이 아닌 드루즈 남성에게 이스라엘 군대에 복무할 의무가 있기 때문이다. 똑같이 이스라엘의 국민으로 살아가지만 아랍계 국민들에게는 병역의무가 없는 점과 비교하면 이스라엘 정부가 드루즈와 아랍인을 다른 시각으로 바라보고 있다는 것을 쉽게 알 수 있다. 오랜 기간 동안 아랍세력으로부터 박해를 경험해 온 드루즈는 영국의 팔레스타인 위임통치 시절 유대인과 아랍인 사이의 갈등에 직접 관여를 하지 않았다. 그러다가 이스라엘 독립전쟁이 시작되자 적지 않은 남성들이 이스라엘의 편에 서서 아랍권을 상대로 싸웠다. 드루즈의 미래를 위해서는 아랍 민족주의보다는 유대 시오니즘에 동조하는 것이 자신들의 이익에 부합한다고 생각했던 것이다.

드루즈 중 상당수는 이스라엘이 독립한 이후에도 이스라엘 군 복무를 희망해 왔다. 이스라엘 정부는 1956년부터 드루즈 남성을 이스라엘 군대의 징집제도에 포함시켰다. 유대인 중에서도 초정통파 하레딤 상당수가 징집을 거부하고 있는 상황에서 이방인인 드루즈의 이스라엘 군 징집률은 전체 유대인들의 징집률보다 오히려 높다. 이들의 군 복무가 시작된 이후 이스라엘 군은 1970년대 말부터 드루즈 병사들을 '헤레브'라고 부르는 별도의 독립부대에 편성하여 운영해 왔다. 수년 전부터는 유대인 병사들과 구분하지 않고 일반 부대에 똑같이 통합 편성하고 있다.

드루즈에 관심이 쏠리는 또 한 가지 이유는 적은 인구에 비해 이스라엘 사회에서 지도층 인사로 성장한 경우가 적지 않기 때문이다. 드루즈 출신 중에는 장성급의 군 지휘관도 있고 크네세트(의회) 의원으로도 활동하고 있는 사람도 있다. 지난 20대 의회에서는 드루즈 의원이 5명이나 배출되었다. 그중 한 사람은 네타냐후가 주도하는 연립정부에서 장관직을 지내기도 했다.

그런데 이 같은 드루즈 사람들이 이스라엘에 대해 갖고 있는 애정이 최근 들어 갈수록 식어가고 있다. 드루즈 마을의 실업률과 빈곤율이 증가하고 경제가 어려워지면서 이스라엘 정부에 대한 드루즈의 불만이 점점 커지고 있기 때문이다. 군 복무를 하는 도중에는 상당한 자부심을 가졌던 드루즈 남성들이 전역 이후에는 경제적 빈곤이라는 현실적 장벽에 부닥치게 되는 것이다.

이런 분위기에 추가적으로 찬물을 끼얹은 일이 발생했다. 바로 2018년 이스라엘 정부가 주도하여 〈유대민족국가 기본법〉이 제정된 것이다. 야당과 상당수 미국 유대인들의 반대에도 불구하고 이스라엘이 유대민족만의 국가라고 천명하는 기본법이 통과되면서 상당수 드루즈 사람들은 유대인 중심의 이스라엘 정부에 대해 일종의 배신감과 좌절감을 표시하고 있다. 자신들은 군 복무를 통해 이스라엘을 지키기 위해 목숨을 바쳐왔는데 정작 이스라엘이 자신들을 2등 국민으로 취급하는 기본법을 제정한 것은 받아들일 수 없다는 것이다.

드루즈가 주로 팔레스타인 지역의 북부에 거주해 온 반면 베두인은 수천 년 전부터 남쪽 시나이 반도와 네게브 사막 지역을 중심으로 유목 생활을 해 오던 아랍 민족이다. 언어도 주로 아랍어를 사용하고 종교도 수니파 이슬람을 믿는 사람들이 대부분이다. 이스라엘 내 베두인의 인구는 약 25만 명 정도로 전체 인구의 약 3%에 육박한다. 드루즈보다는 좀 더 많다.

1970년대부터 이스라엘 정부는 네게브 지역에 흩어져 살고 있던 베두인들을 지정된 마을들로 이주해 살도록 했다. 이 과정에서 강제 이주 문제로 갈등이 빚어지기도 했으나, 베두인의 상당수는 정부가 지정한 마을에 정착해 살아가고 있다. 베두인 마을에 정착한 사람들은 합법적 테두리 안에서 정부가 제공하는 각종 행정서비스를 받으며 생활한다. 이들 중에는 고등교육을 받고 이스라엘 사회에 진출해 취업 후 안정적 생활을 하는 사람도 있다. 정치인, 변호사, 공무원 등으로 활동하는 인물도 있다.

그런데 베두인은 강제징집의 대상은 아니다. 같은 소수민족이지만 드루즈와는 다른 것이다. 하지만 이스라엘 군대 복무를 통해 사회적 계층이동을 하고 싶은 젊은 베두인 중에는 군 복무를 자원하는 경우도 있다. 이스라엘 군에는 이들처럼 자원입대한 베두인만으로 구성된 부대도 운영되고 있다. 하지만 이들의 영향력은 드루즈에 비해 상대적으로 취약한 편이다. 한국인들이 많이 여행하는 요르단의 와디 럼Wadi Rum Protected Area이나 페트라Petra 지역에 가면 관광 가이드로 활동하는 베두인을 만날 수 있는 반면, 기독교 성지순례 위주로 진행되는 이스라엘 방문에서는 베두인을 만나기란 쉽지 않다. 최근에는 이스라엘 남부 네게브 사막 지역 방문을 원하는 일반 여행객을 대상으로 낙타 타기 체험이나 유목민 텐트 숙박 등 관광관련 업종에 종사하는 베두인이 조금씩 증가하고 있다.

베두인의 일부는 아직도 이스라엘 정부의 공식적 행정체계에 포함되지 않는 무허가 마을에서 살고 있다. 일반인들은 캠핑조차 하기 어려운 네게브 광야 지역에 흩어져 있는 그들만의 마을에서 살고 있는 것이다. 이들의 숫자는 거의 10만여 명에 이른다. 그러다 보니 당연히 학교, 의료 등은 물론이고 전기, 식수 등 기본적 인프라조차 되어 있지 않은 어려운 상황에 놓여 있다.

상황이 이렇다 보니 이들은 대부분 경제적으로 빈곤한 편이다. 이스라엘 전체 국민을 사회계층으로 나눌 때 네게브 지역 무허가 주택에 거주하는 베두인이 최하층민이라고 할 수 있다. 이처럼 빈곤율은 최고 수준인 반면에 이들의 출산율은 매우 높다. 베두인 여성은 이스라엘의 평균 출산율의 두 배 수준인 1인당 6명 정도의 아이를 출산한다. 초정통파 하레디 그룹의 출산율에 버금갈 정도이다. 이같은 베두인의 높은 인구 증가 추세에 비해 빈곤한 생활여건은 곧바로 마약밀수나 인신매매 등 범죄로 이어질 수도 있다. 이를 방치할 경우 남부 네게브 광야 지역은 정부의 통제가 어려운 지역이 될 수 있다는 우려를 제기하는 전문가들도 있다. 일부 우파 학자들은 지속되는 빈곤과 불투명한 미래에 좌절한 젊은 베두인이 이슬람 극단주의 세력과 연계할 경우 이스라엘 안보에도 심각한 위협이 될 것이라고 주장하기도 한다.

격차해소와 통합의 길

이스라엘을 떠올리면 내부적으로 별다른 갈등이 없이 일사불란하게 돌아가는 나라라는 선입견이 있다. 그런 선입견은 대개 단일한 유대민족이 세운 나라라는 데서 비롯된다. 하지만 현실은 그렇지 않다. 유대 국가인 이스라엘도 여느 나라나 마찬가지로 국내 여러 집단 간에 다양한 갈등이 일상적으로 펼쳐지고 있다. 그 가운데 국가 발전을 지속하는 데 있어 필수적인 각종 격차의 해소와 사회통합의 문제는 가장 중요한 과제 중의 하나로 대두되어 왔다.

가장 근본적인 이슈는 앞에서 보았듯이 국가의 정체성에 대한 인식 문제이다. 유대인 가운데는 언젠가 팔레스타인 문제가 해결되면 모든 아랍계가 이스라엘 땅을 떠나 다른 곳으로 이주해 가기를 바라는 사람이 적지 않다. 이스라엘을 아랍인이 존재하지 않는 순수한 유대인만의 나라로 만들고 싶은 것이다. 하지만 아랍계 이스라엘 국민 중에는 설령 팔레스타인 분쟁이 평화적으로 해결되더라도 여전히 이스라엘 국민으로 남고자 하는 사람이 많다. 팔레스타인 독립국가의 미래가 불투명한 데다 2등 국민으로 대우받더라도 이스라엘에서의 생활이 나쁘지 않다고 여기기 때문이다. 젊은 아랍계 국민 가운데에는 국가로서의 이스라엘을 자신이 태어나고 자란 조국으로 간주하는 사람들도 많다. 그렇다고 우파그룹이 주도하는 정부의 정책까지 찬성하는 것은 아니다. 이들은 자신의 조국인 이스라엘과 자신의 민족인 팔레스타인이 서로 싸우는 현실 속에서 심리적 갈등을 안고 살아간다. 그만큼 유대 국가로서의 이스라엘과 민주국가로서의 이스라엘을 두고 유대계 국민과 아랍계 국민 간의 인식 차이는 쉽게 좁히기 어려운 과제이다.

같은 유대계 국민 중에서도 정통파 하레딤과 세속파 세큘라 간의 간극 역시 유대계 국민과 아랍계 국민 간의 간극만큼이나 멀다. 생활보조금 지급이나 병역면제 등 하레딤에 대한 각종 특혜에서부터 안식일 준수에 이르기까지 다양한 사회적 이슈들을 둘러싼 양측의 갈등과 반목은 수시로 정치적 충돌을 불러오고, 때로는 정권 교체로까지 이어지면서 갈등을 분출시키는 뇌관으로 작동해 왔다.

70여 년 된 이민 국가 이스라엘은 다양한 국가에서 이주해 온 유대인들이 사는 나라이다. 그중에서도 1990년대부터 러시아나 우크라이나 등 구소련 국가에서 이주해 온 유대인들은 건국 초기부터 만들어진 기존 유대인 사회와 구별되는 언어와 풍습과 문화를 유지하면서 그들 특유의 공동체를 만들어 가고 있다. 현실에 적응하지 못하는 이민자가 출신 국가로 돌아가는 경우도 적지 않다. 또한 에티오피아 등 아프리카 지역에서 이주해 온 유대인 역시 인종적 특성에 따른 그들만의 공동체를 갖고 있다. 모두 다 유대인이지만 출신 지역이나 인종과 경제적·사회적 지위 등에 따라 다양한 계층으로 분화되어 가는 현실은 유대교라는 기준만으로 전체 유대인 사회를 통합하기에는 이미 한계가 있다는 것을 보여준다.

또 다른 현실적인 요인은 빈부격차 문제이다. 이스라엘은 알려진 대로 1인당 국민소득이 5만 달러가 넘는 선진국이다. OECD 가입국가 평균 소득 수준을 훨씬 상회하고 있다. 대한민국은 2018년 말에 와서 비로소 1인당 GDP 3만 달러 시대를 열었지만, 이스라엘은 우리보다 8년이나 앞서 이미 3만 달러 시대를 열었다.

그러나 2018년 말 이스라엘 정부가 발표한 통계에 의하면, 빈곤층 비율은 OECD 가입국가 중 최상위권 수준이다. OECD의 평균 빈곤율 수준인 12% 수준보다 5% 이상이나 높다. 이스라엘 전체 인구의 20%가 넘는 약 180만 명이 빈곤한계선 이하의 생활을 하고 있다. 가구 수를 기준으로 따지면 이스라엘 전체 가구의 18% 이상이 빈곤층으로 분류된다. 그중에서도 아랍계의 경우 빈곤율이 특히 높다. 아랍계 국민들의 가구 중 약 절반인 47% 정도가 빈곤하게 살고 있는 것으로 나타났다.

2019년 통계를 보면 아랍계나 하레디 그룹을 포함하여 이스라엘 전체 직장인들의 평균 소득은 한 달에 약 3천 달러 정도에 불과했다. 직장인들을 소득순으로 세웠을 때 중간에 해당하는 사람의 소득도 4천 달러에 훨씬 못 미쳤다. 아랍계 국민의 소득은 상대적으로 더 낮다. 아랍계 남성의 월평균 소득은 전체 평균의 77% 정도였고, 여성은 그보다 더 낮은 54% 수준에 불과했다. 2021년에는 전체 직장인 평균 소득이 3천300 달러 정도로 다소 증가했다. 유대인이 대부분을 차지하는 하이테크 분야 종사자 평균은 7천800 달러 수준으로 평균의 두 배를 훨씬 뛰어넘는다.

아랍계에 비해 유대인들의 빈곤율은 상대적으로 낮은 편이다.

그렇지만 유대인들 중에서도 출신 지역이나 종교적 성향에 따라 소득격차가 크다. 이스라엘 유대인 사회의 주류라고 할 수 있는 아시케나지 그룹과 세파르디 그룹 간의 소득격차도 적지 않다. 2017년 아드바센터에서 발표한 자료에 따르면, 2세대 아시케나지 그룹의 평균 소득은 전체 평균의 약 200% 높은 수준인 반면 2세대 세파르디 그룹의 평균 소득은 전체 평균보다 30~40% 정도 높은 데 그치는 것으로 나타났다. 이처럼 유대인들 가운데서도 아시케나지와 세파르디 사이에 간격이 크고, 이 같은 격차는 세대를 이어 지속되고 있다.

종교적 관점에서 보면 신앙에 투철한 초정통파 하레디 가정의 경우에는 약 43%가 빈곤층으로 아랍계 국민과 거의 비슷하게 어려운 생활을 하는 것으로 나타났다. 초정통파 가구 중 다수가 토라 공부와 경건한 기도생활에 몰두할 뿐 경제활동에는 관심이 적기 때문이다. 이처럼 유대인들 중에서도 세속적인 세큘라보다 신앙심이 두터운 초정통파 하레디들이, 또한 유럽 출신의 유대인보다는 중동이나 아프리카 출신 유대인들이 상대적으로 소득이 낮다. 전반적으로 풍요한 이스라엘의 경제발전 상황에서도 계층 간, 그룹 간 격차 해소 문제는 오늘도 여전히 풀기 어려운 과제로 남아 있다.

인구 증가인가 인구 폭발인가

이민 국가 이스라엘의 이민 행렬은 건국하기 훨씬 이전인 19세기 말부터 시작되었다. 그리고 그로부터 100년이 훨씬 지난 현재까지도 이어지고 있다. 하지만 건국되기 바로 전 해인 1947년만 해도 팔레스타인 땅에 살던 사람들 가운데 유대인의 비율은 전체의 절반 수준에도 미치지 못하는 65~70만 명에 불과했다. 그러던 것이 건국 직후 시작된 제1차 중동전쟁을 치르면서 전환을 맞는다. 제1차 중동 전쟁 중에 70만 명이 넘는 아랍계 주민들이 팔레스타인 땅에서 쫓겨 났다. 그리고 그 자리를 해외에서 돌아온 유대인들이 계속 채우게 되었던 것이다. 결국 건국 후 3년 만에 유대인 인구가 차지하는 비중은 거의 두 배로 증가했다. 이스라엘은 유대인들이 다수를 차지하는 나라가 된 것이다.

건국 이후 수십 년 동안 이스라엘 인구는 귀환법에 힘입어 꾸준히 증가해 왔다. 인구가 가장 폭발적으로 증가했던 시기는 1990년대 소련의 붕괴 직후이다. 이스라엘의 전체 인구는 당시 450만 명 정도에 불과했다. 그런데 소련이 붕괴한 직후 구소련 지역에 거주하던 40만여 명의 유대인들이 1~2년 사이에 이스라엘로 몰려왔다. 이들의 행렬은 계속 이어져 구소련 지역에서 이주해 온 이주자들은 2021년 현재 거의 120만 명에 이른다. 오늘날 전체 인구의 15% 정도를 차지할 만큼 성장한 것이다.

이스라엘 정부는 각종 정책과 제도를 도입하여 유대인들의 귀환을 적극적으로 장려하고 있다. 이 같은 현상은 종교적 공동체로서 전 세계 모든 유대인들을 포용한다는 의미를 넘어서고 있다. 이스라엘 국민을 형성하고 있는 또 하나의 공동체인 아랍계의 인구 증가에 대한 유대인 사회의 불안과 더불어 주변 아랍 국가를 상대하여 국가의 존립을 유지해야 하는 국가안보상의 필요성도 상당 부분 작용하고 있다. 유대인 인구의 증가가 곧 일종의 전략적 미덕으로 간주되어 온 것이다.

이스라엘의 인구는 현재도 지속 증가하는 추세에 있다. 연간 인구 증가율이 2% 수준에 이른다. OECD 선진국들의 평균인 0.5%에 비하면 대단히 높은 편이다. 국토가 좁고 척박한 사막 지역이 많은 탓에 주거지역을 보면 인구밀도도 대단히 높다. 출산율은 과거보다는 다소 낮아지는 추세를 보이기는 하나 아직도 높은 편이다. 이는 자녀 출산을 하느님의 축복으로 여기는 인식이 여전히 남아 있기 때문이다.

2019년 기준, 이스라엘의 여성 1인당 평균 출산율은 3명 수준으로 OECD 국가 중 단연 최고 수준이다. OECD 국가들의 평균은 1.6명이고, 한국은 그보다 훨씬 낮은 0.9명이다. 물론 유대 종교법을 따르지 않는 세큘라 유대인 가운데는 동거만 하는 경우도 적지 않다. 결혼을 하더라도 출산을 기피하거나 한두 명의 아이만 낳는 경우도 있다. 하지만 이스라엘 가정의 전반적 출산율은 아직도 상당히 높다. 신앙심이 두터운 초정통파 하레디 가정은 평균 7명의 자녀를 갖고 있을 정도이다.

그런데 이 같은 인구 증가 추세가 지속되면 과연 앞으로 어떻게 될까? 현재의 추세가 지속된다면 2~3년 내 1천만 명을 넘어서게 된다. 인구가 계속 늘어난다면 2065년에는 방글라데시에 이어서 세계에서 두 번째로 인구밀도가 높은 나라가 될 것이라는 전망도 나오고 있다.

많은 이스라엘 국민은 이 같은 인구 증가가 결국 상당한 부작용

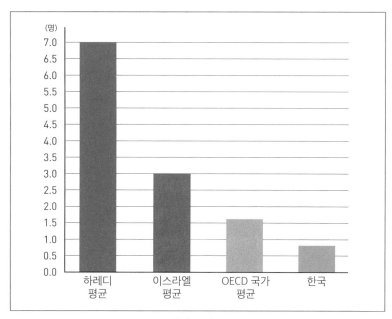

출산율 비교

을 낳을 것이라고 우려하고 있다. 이들은 교통, 주택, 보건의료, 교육 등 사회적 인프라가 이미 부족한 상황인데 인구가 계속 증가할 경우 그 부정적 파장이 심해질 것이라고 경고한다. 이스라엘의 국토와 제반 인프라는 현재 이스라엘 안에서 살고 있는 인구를 겨우 감당할 수준에 불과한데 급격한 인구 증가는 문제를 양산하는 만큼 앞으로는 더 이상 해외에 있는 유대인들을 무조건 받아들이지 말고 규제해야 한다는 것이다. 인구 증가 추세가 지속되면 국민들의 생활수준 지표 변화에 상당한 영향을 미칠 것으로 보인다. 언젠가 이스라엘의 귀환법에 변화가 있을지도 모를 일이다.

이민 가기 어려운 이민 국가

앞에서 보았듯이 이스라엘은 미국처럼 해외에서 '알리야'를 한 '올림'들로 만들어진 이민 국가이다. 1952년에는 국적법을 제정하면서 알리야를 권장하기 위해 그간 살던 나라의 국적을 버리지 않고 그대로 유지할 수 있도록 허용했다. 그로 인해 이스라엘 국적과 다른 나라 국적을 함께 갖고 있는 복수국적자들이 현재 약 100만 명에 이른다. 물론 이들은 이스라엘 국내에서는 외국 국적을 행사할 수 없다. 이스라엘에서 출입국할 때도 이스라엘 여권만 사용해야 한다. 다만, 크네세트(의회) 의원이나 외교관, 군 지휘관 등 안보 관련 분야에 종사하는 사람들은 국가 안보 목적상 외국 국적을 반드시 포기해야 한다.

그런데 이와 같이 해외에서 살다가 귀환법에 의해 이스라엘로 이주한 유대인들과는 달리 단순히 취업 목적으로 이주해 오는 외국인들이 있다. 이스라엘은 갈수록 악화되는 노동력 부족을 예상하고 1990년대에 들어와서는 타지역 외국인 이주 노동자들을 받아들이기 시작했다. 이스라엘 입장에서는 저임금으로 부족한 노동력을 채울 수 있고, 외국인 이주 노동자의 입장에서는 취업 기회를 가질 수 있다는 점에서 상호 간에 이익이다. 물론 이들은 취업 허가를 받고 이스라엘에 일정 기간 체류할 수 있을 뿐 영주권이나 국적을 취득하는 것은 거의 불가능하다.

외국인 이주 노동자들이 이스라엘에서 취업하는 분야는 주로 요양보호, 농업 및 건설 분야 등이다. 그중에서 가장 많은 이주 노동자들을 고용하고 있는 분야는 요양보호 분야이다. 이 분야에 종사하는 노동자들만 5~6만 명에 달한다. 노인이나 장애인이 있는 가정에서 이들을 돌보는 역할을 하는 사람들이다. 요양보호 또는 장애인 도우미들은 몰도바 등 구소련권 저소득 국가에서 온 노동자들도 있지만 필리핀, 인도, 스리랑카, 네팔 등 주로 동남아 지역 저개발 국가에서 온 노동자들이 많다. 어느 정도 영어 구사가 가능한 국가 출신들이 대부분이고 특히 남성보다 여성들이 다수를 차지한다.

이들은 보통 고용된 가정에서 숙식을 같이하면서 간병, 운전, 장보기, 요리, 산책 보조 등 고용주의 일상생활을 돕고 있다. 보통 안식일인 토요일에 하루 정도 외출이 허용된다. 텔아비브 등 대도시의 일부 중심지에 가면 동남아 지역 출신 근로자들이 모여 서로 이야기하며 정보를 나누는 모습을 찾아볼 수 있다. 이스라엘에서는 안식일에 대중교통이 운행되지 않기 때문에 외곽지역에 사는 외국인 노동자들은 시내로 나들이를 가는 것이 쉽지 않으므로 자가용을 가진 이주 노동자들은 시내까지 친구나 동료의 이동을 도와주는 무허가 합승 택시를 운전하며 용돈을 벌기도 한다. 이들이 모이는 장소에는 고향의 음식을 먹으며 향수를 달랠 수 있는 가게들도 있다. 그곳에서 이들이 나누는 이야기는 매우 다양한데, 유대인 고용주와 동남아 출신 요양보호 도우미 사이에 깊은 우정을 나눈 것부터 성추행을 당하거나 억울하게 도둑 누명을 쓴 도우미가 자살했다는 것까지 천태만상이다.

두 번째로 외국인 이주 노동자들이 많이 일하는 분야는 농업 분야이다. 이스라엘은 사막 지역이 많고 물이 부족한 열악한 환경

조건 때문에 농업의 생산성 향상에 많은 관심과 연구개발 및 투자가 이루어지고 있다. 하지만 이 분야의 노동력은 항상 부족한 것이 현실이다. 이 같은 농업 분야 노동력 부족을 메꿔 주고 있는 것이 약 2만 명 수준의 외국 노동자들이다. 동남아 지역 특히 태국 출신의 남성 노동자들이 양국 정부 간 협정을 통해 농업 분야에서 많이 일하고 있다.

건설 분야도 외국 노동자들이 필요한 분야이다. 계속해서 이주해 오는 해외 유대인들과 이스라엘 사회의 높은 출산율 등으로 인구는 계속 늘어나고 있다. 덩달아 주택, 학교, 공장, 병원, 상가 등 각종 건설 분야의 수요도 지속적으로 증가하고 있다. 건설 분야에서 일하는 외국인 이주 노동자들은 1만여 명 수준으로 주로 중국에서 온 남성 노동자들이 다수를 차지하고 있다. 건설 현장에서 일하던 중국 노동자들이 가끔 사고를 당해 죽거나 다치는 사고가 발생하면 노동자 안전과 산업재해 처리 문제를 둘러싼 사건들이 뉴스에 보도되기도 한다.

이스라엘 정부는 외국인 이주 노동자들에 대해 상당히 엄격한 정책을 취하고 있다. 이들은 특별한 사유가 없는 한 해마다 체류 허가를 갱신해야 하며, 최장 5년 이상 이스라엘에 체류하는 것을 허용하지 않는다. 이주 노동자들이 장기간 거주를 통해 영주권이나 국적을 취득하는 것도 원칙적으로 차단해 두고 있다. 또한 이주 노동자는 배우자나 직계가족을 동반할 수 없다. 그래서 기혼자들도 모두 혼자 와서 일하고 있다. 또한 계약상 정해진 취업 허가 기간이 끝나면 이스라엘을 떠나야 한다. 하지만 이런저런 이유로 출국하지 않고 근무지를 이탈해 불법체류하는 경우도 빈번하다. 이미 수만 명에 이르는 불법체류자가 존재한다.

앞서 밝혔듯이 이주 노동자는 배우자나 직계가족 동반이 불가하다. 이때 이스라엘에 일하러 온 이주 노동자들 간에 자녀가 생기는 경우가 문제가 된다. 이스라엘에서 자녀가 출생하더라도 국적을 얻지 못하며, 자녀를 둔 이주 노동자는 자녀를 본국으로 보내지 않으면 매년 해야 하는 체류허가 연장이 불가능하기 때문이다. 자녀를 본국으로 보내면 체류허가는 연장되지만 가족이 해체되는 상황이 발생하다 보니 대부분의 경우에는 자녀 양육을 포기하지 않고 버틴다. 이경우 불가피하게 불법체류자로 내몰릴 수밖에 없다.

불법체류자의 자녀는 성장하면서 히브리어를 구사하고 이스라엘 친구와 사귀고 이스라엘의 문화와 풍습에 익숙해진다. 하지만 단속과정에서 부모의 불법체류가 적발되면 본국으로 강제추방을 당하게 된다. 이스라엘에서 태어난 자녀들이 언어와 문화와 풍습이 낯선 부모의 출신 국가로 추방되는 것이다. 이주 노동자들과 인권단체들의 반대시위와 언론의 관심 등으로 이스라엘 정부는 그간 몇 차례 한시적으로 불법체류 자녀에 대한 구제조치를 취한 적이 있다. 하지만 불법체류와 가족해체 문제는 오늘도 여전히 계속되고 있다.

이스라엘이 이처럼 엄격한 이민정책을 취하는 이유에 대해서는 여러 설이 있다. 안보적 차원에서 이주 노동자들의 세력화와 이로 인한 외부로부터의 위협을 미리 차단하기 위한 것이라는 주장도 있고, 경제적 관점에서 이스라엘의 시장을 보호하려는 것이라는 설명도 있다. 유대 국가여야만 하는 이스라엘에 이방인들이 자꾸 늘어나는 것을 유대인들이 정서적으로 꺼리기 때문이라는 의견도 있다. 그 이유가 어떤 것이든 이민 국가인 이스라엘이 이민 가기 어려운 국가라는 사실은 아이러니가 아닐 수 없다.

두 개의 예수님 세례터

이스라엘을 방문하는 순례객들이 찾는 여러 성지들 가운데 하나는 2천여 년 전 예수가 세례자 요한으로부터 세례를 받은 요르단강(요단강) 세례터이다. 요르단강은 이스라엘 북부지역인 '단'에서 시작한 물이 갈릴리 호수에 모인 다음 굽이 돌아 남부지방의 사해로 흘러드는 남북으로 길게 이어지는 강이다. 요르단강을 사이에 두고 강의 서쪽지역(서안지구)은 이스라엘이, 강의 동쪽지역은 요르단이 각각 관할하고 있다. 요르단강이 이스라엘과 요르단 사이에서 국경선 역할을 하고 있는 것이다.

그런데 직선거리만으로도 200킬로미터가 되는 요단강에서 예수님 세례터의 위치가 어딘지는 사실 명확하지 않다. 고고학자들은 오랜 세월 동안 요르단강 물줄기가 많이 변했기 때문에 예수님 세례터는 현재 강이 아닌 육지로 변했을 것이라고 주장하기도 한다. 《성경》 요한복음에는 "요한이 세례 베풀던 곳 요단강 건너 베다니"라는 표현이 나온다. 서안지구 '여리고'에서 동남쪽 방향으로 10킬로미터 정도 떨어진 곳에는 요르단강의 서쪽 마을인 '카스르 엘 야후드'가 있다. 오래 전부터 이곳이 바로 예수님 세례터인 것으로 알려져 왔다. 여기서 강 건너 맞은 편인 요르단 지역은 '요단강 건너 베다니'로 알려진 지역이다. 아랍어로는 세례라는 뜻을 가진 '알 마그다'를 붙여 '요르단강 건너 베다니 알 마그다'로 부른다. 이스라엘이 점령 중인 요르단강 서쪽의 '카스르 엘 야후드'와 요르단이 장악하고 있는 요르단강 동쪽의 '요르단강 건너 베다니 알 마그다'가 남북으로 흐르는 요르단강을 사이에 두고 양쪽에서 서로 마주 보고 있는 것이다. 요르단강의 동서 양쪽지역에는 로마 가톨릭, 그리스 정교, 러시아 정교 등에서 세운 작은 성당이나 수도원들이 있다.

서안지구에 있는 '카스르 엘 야후드' 지역은 이스라엘 건국 시기에는 요르단이 장악하고 있었다. 1967년 제3차 중동전쟁에서 이스라엘이 서안지구를 모두 점령한 이래 이 지역은 지금까지 이스라엘이 계속해서 관할해

카스르 엘 야후드 세례터

오고 있다. 이스라엘은 그 전쟁 직후부터 거의 40여 년 동안 이 지역에 대한 크리스천 순례자들의 접근을 차단했다. 이 지역은 요르단 등 아랍 국가의 침공으로부터 이스라엘을 방어하기 위해 군사적으로 매우 중요한 일종의 전략거점이기 때문이었다. 이스라엘 군은 침공에 대비해 강 주변에 6~7천 개의 지뢰와 부비트랩 등을 설치해 두었다. 예수님 세례터에 대한 순례가 차단되자 이스라엘에 대한 전 세계 크리스천들의 비난과 압력이 제기되었다.

국제여론의 압박으로 새로운 순례지 지정 필요성을 느낀 이스라엘 정부는 1981년 요르단강 북부의 '야르데니트'라는 곳에 있던 집단농장 키부츠를 정비해 세례터로 지정하고 순례에 필요한 시설까지 설치했다. 이곳은 갈릴리 호수 남쪽 끝에서 요르단강으로 다시 이어지는 지점에 있는데 원래 예수님 세례터로 알려진 카스르 엘 야후드로부터는 북쪽으로 약 100여 킬로미터 정도 떨어진 곳이다. 아무튼 새로운 세례지로 지정된 이후 순례자들을 대상으로 식음료와 기념품을 판매하는 각종 편의시설이 정비되었다. 요르단강 강물 속에 직접 몸을 담그고 싶은 순례자에게는 유료로 흰색 가운을 빌려주기도 했다. 이때부터 거의 40여 년 동안 기독교 순례자들은 이곳 야르데니트 세례터만 방문할 수 있었다.

일부에서는 이스라엘이 외국에서 오는 성지순례객 유치를 위해 예수님 세례터와 아무런 관계 없는 장소를 상업적으로 이용하고 있다는 비판을 제기하기도 했다. 하지만 예수님 세례터가 정확히 요르단강의 어디인지에 대한 과학적 검증이 불가능한데다 신앙에 있어 고고학적, 지리적 정밀성이 그다지 중요하지 않다는 반론도 만만치 않았다. 야르데니트는 예수님이 주로 활동했던 갈릴리 호수와 인접한 데다 요르단강 강물속에서의 개인적 침

아르데니트 세례터

례라는 특별한 경험으로 기독교 순례자들에게는 점점 성스러운 지역으로 변모해 갔다. 거기에다 현실적으로 카스르 엘 야후드 세례터에 대한 접근이 금지되었기 때문에 야르데니트 세례터 이외에는 선택할 대안도 없었다.

그러다가 1994년 이스라엘과 요르단이 국교를 수립하고 양국 간 군사적 긴장 관계가 완화되면서 상황이 조금씩 바뀌게 되었다. 2011년에 와서는 이스라엘이 카스르 엘 야후드 지역 인근에 설치되어 있던 수천 개의 지뢰 중 일부를 제거하고 오래된 시설을 보수 단장한 후 40여 년 만에 세례터 순례지를 재개장했다. 오늘날 이스라엘 성지순례를 하는 사람들은 여행 일정에 따라 두 개의 세례터 중 어디든지 편리하게 방문할 수 있다. 나사렛이나 갈릴리 호수 지역에서는 야르데니트 세례터가 가깝고, 예루살렘이나 예리코 Jericho(여리고), 사해지역 등에서는 카스르 엘 야후드 세례터가 방문하기에 편리하다.

야르데니트 세례터는 규모가 크고 시설이 상대적으로 양호하며 상류에 위치한 탓에 강물의 오염문제도 없는 편이다. 카스르 엘 야후드 세례터는 과거부터 오랜 기간 예수님 세례터로 여겨져 온 역사성에서 우위를 갖고 있으나, 요르단강의 하류에 위치한 탓에 환경단체들이 수시로 강물의 오염 문제를 제기하는 곳이기도 하다. 두 개의 세례터 중 어느 곳이 진정한 예수님 세례터인가에 대해 속칭 원조 논쟁을 벌일 필요는 없을 것 같다.

요르단을 방문하는 순례객들은 카스르 엘 야후드와 마주 보고 있는 '요르단강 건너 베다니 알 마그다' 세례터를 방문한다. 요르단 측은 이곳이 진정한 예수님 세례터라고 주장한다. 오늘날에는 요르단의 세례터보다 맞은 편인 이스라엘(서안지구) 쪽 세례터를 방문하는 순례객들이 서너 배 이상이나 많다. 이스라엘에는 갈릴리, 나사렛, 베들레헴 등 예수님 관련 유적지가 더 많고, 마케팅이나 관광 및 교통 인프라 등에서 이스라엘이 훨씬 우위를 점하고 있기 때문이라는 설명이 설득력 있게 들린다.

가톨릭은 어느 쪽이 진정한 세례터인가에 대해 명확한 입장을 밝히지 않았다. 하지만 전임 교황 요한 바오로 2세(2000년)와 베네딕토 16세(2009년), 현 교황 프란치스코(2014년) 등은 모두 요르단의 '요르단강 건너 베다니 알 마그다' 세례터를 방문했다. 이 세례터는 2015년 유네스코 세계문화유산으로도 공식 등재되었다. 어쨌든 요르단강 예수님 세례터 방문을 희망하는 순례자의 입장에서는 이스라엘에 있는 두 개의 세례터와 요르단쪽 세례터 중에서 선택할 수 있다.

요르단강은 위치에 따라 다소 깊고 폭이 넓은 지점도 있지만 대체로 얕고 좁은 편이다. 이스라엘의 카스르 엘 야후드 세례터를 흐르는 요르단강도 폭이 겨우 6~7여 미터 정도에 불과하다. 강을 사이에 두고 이스라엘 쪽 강둑에 서면 맞은편 요르단 병사의 모습을 볼 수도 있다.

수년 전 카스르 엘 야후드 세례터를 방문한 순례자가 가운을 입고 요르단강 물속에서 침례의식을 갖던 중에 발을 헛디뎌 깊이가 2미터 조금 넘는 물에 빠지는 사고가 발생했다. 일행 중 한 사람이 물속을 허우적대는 순례자를 구해 강둑으로 데리고 올라갔으나, 이들이 올라간 곳은 이스라엘이 아닌 요르단 쪽 강둑이었다. 이스라엘 쪽 강둑에 서 있던 다른 일행들은 발을 동동 구르며 상황을 지켜볼 수밖에 없었다. 이들은 요르단 병사의 도움을 받아 구조된 이후 요르단 병원으로 가서 필요한 구호조치를 받았다. 문제는 비록 이들이 의도한 것은 아니었지만 정상적 방식인 국경 검문소를 거치지 않은 상태에서 요르단에 무단입국한 셈이 된 것이었다. 가운만 입고 강물에 들어간 탓에 이들의 신분을 확인할 방법도 없는 참으로 황당한 일이 벌어진 셈이다. 이들 순례자의 일행으로부터 긴급지원 요청을 받고 이스라엘과 요르단에 각각 주재하는 두 개의 대사관이 협력하여 이들에게 필요한 지원조치를 하게 되었다. 다행스럽게도 이들은 나머지 일행과 무사히 합류할 수 있었다고 한다.

3장

유대 국가와
유대 정체성

유대인은 누구인가

이스라엘은 유대인의 나라다. 전 세계 어디에도 한 나라를 특정 민족의 나라라고 지정하는 경우는 드물다. 하지만 유독 이스라엘은 스스로를 '유대인의 나라'라고 전 세계를 향해 천명하고 있다. 비록 오늘날 전체 국민의 1/4 정도는 유대인이 아니지만, 이스라엘은 유대인들이 만들고 사회의 주류를 차지하고 있는 유대인의 나라임에 틀림없다. 1948년 건국 당시 〈독립선언서〉는 '유대인들'이 자신들의 고향인 '에레츠 이스라엘'로 돌아와 '유대 국가'Jewish State를 세운다고 명확하게 선언하고 있다. 그런 이스라엘에서 오랫동안 반복적으로 제기되고 있는 이슈 중의 하나가 유대인의 정체성에 관한 것이다. 도대체 유대인은 누구인가?

보통 유대 사회라고 하면 종교로서의 유대교, 민족으로서의 유대민족, 언어나 풍습으로서의 유대 문화 등 여러 개념이 섞여 있다. 건국을 위해 시오니즘 운동이 한창이던 시기에는 유대인이라는 정체성에 종교적 개념 못지않게 민족 개념이 강조되었다. 오늘날에도 유대인의 정체성은 여전히 종교법적인 관점이 가장 중요한 의미를 지닌다. 건국 직후에 해외 유대인들의 이스라엘 귀환 이주를 위해 만들어진 귀환법Law of Return의 적용대상도 그 같은 종교법적 인식이 가장 중요하게 작용했다.

팔레스타인 지역에서 살고 있던 유대인 인구는 1948년 이스라엘을 건국하던 시기에는 불과 65~70만 명 정도에 불과했다. 그러던 것이 2022년 말 이미 700만 명을 넘어섰다. 이처럼 이스라엘의 유대인 인구가 70여 년 만에 거의 10배 이상 늘어난 데는 앞 장에서도 언급한 '귀환법'의 영향이 크다. 1950년 7월에 처음 만들어진 귀환법은 전 세계 어디에서든 유대인이라면 이스라엘 땅으로 귀환·이주(알리야) 할 수 있도록 허용했다. 뒤를 이어 1952년 제정된 시민권법(국적법)은 귀환법에 따라 이주한 유대인에게는 곧바로 이스라엘의 국적을 부여했다. 이들을 국민으로 인정한 것이다. 그런데 당시 뜨겁게 달아올랐던 쟁점은 '과연 어떤 사람을 유대인으로 간주할 것인가?'였다.

귀환법이나 시민권법에서는 법률적인 의미에서 누가 유대인인가에 대해 정의하지 않았다. 그런데 유대인이라고 하면 전통적으로 유대 종교법 '할라카'에 따라 어머니 쪽 혈통을 따른다.[11] 즉 유대인 어머니에게서 태어난 사람만을 유대인으로 여기는 것이다.

만약 아버지는 유대인인데 어머니는 유대인이 아니라면? 종교법상으로는 당연히 유대인이 아니다. 귀환법이 만들어진 초기에는 이렇게 종교법에 따라 유대인의 정의를 매우 엄격하게 적용했다. 그러다 보니 귀환법의 적용대상이 제한적일 수밖에 없었다. 당시 이스라엘의 입장은 적대적인 아랍 국가들에 둘러싸인 상황에서 무엇보다 국가안보가 중요했다. 국내에서도 아랍계인 국민이 많았다. 따라서 유대 국가로서의 정체성을 유지하기 위해서는 유대인의 수를 빠르게 늘리는 일이 무엇보다 절실했다.

이에 더하여 형평성 문제도 지속적으로 제기되었다. 아버지만 유대인인 경우 종교법상으로는 유대인이 아니다. 하지만 당시 현실에서는 러시아나 유럽 등지에서 이들 역시 유대인으로 간주되어 박해를 받았다. 종교법상의 유대인이 아니라는 이유로 이들을 귀환법 적용대상에서 제외하는 것은 차별인 만큼 이들에게도 똑같이 이스라엘 귀환·이주의 권리가 주어져야 한다는 주장이 계속 제기된 것이다.

마침내 이스라엘 정부는 20년 만인 1970년에 귀환법을 개정하면서 이스라엘로 이주할 수 있는 유대인의 범위를 대폭 확대했다. 개정된 법에서는 유대인의 손자녀(친가든 외가든 조부모중 한 사람만이라도 유대인인 경우), 유대인의 배우자, 유대인의 자녀의 배우자까지 범

---

11 이스라엘 유대인 중에도 아버지 쪽 혈통을 따르는 그룹이 있기는 하다. '카라이파' 유대인이라는 비주류 그룹이다. 이들은 2~3만여 명 정도에 불과할 정도로 소수이다. 구전 율법은 인정하지 않고 토라 경전만을 율법으로 인정하며 주류 유대인 그룹과는 거리가 멀다.

위를 확대해 이들에게도 이스라엘 이주와 자동적인 국적취득을 허용한 것이다.

물론 이들 중에는 어머니가 유대인이지만 신앙으로서 유대교를 믿지 않는 사람들도 있었지만 유대교를 믿지 않더라도 다른 종교로 개종만 하지 않았다면 귀환법의 적용대상이 되었다. 흥미로운 것은 그와는 반대의 경우였다. 어머니가 유대인이라 하더라도 다른 종교로 개종했다면 이주할 수 있는 자격을 인정하지 않았다. 이를 보면 '유대인의 정체성'이란 모계 혈통이 중요하기는 하지만, 유대교를 포기하지 않았다는 종교적인 요소에 좀 더 강력한 기반을 두고 있었던 것이다.

어쨌든 새롭게 개정된 귀환법에 근거해 전 세계에서 더 많은 유대인이 이스라엘로 이주하게 되었다. 물론 귀환법이 개정된 이후에도 1980년대 말까지는 이스라엘로 이주해 온 유대인의 다수가 종교법상으로 인정받는 모계 혈통의 유대인이었다. 그러나 세월이 갈수록 종교법상 인정받지 못하는 유대인이 점점 더 많이 이스라엘로 이주했다. 2018년도의 경우를 보면, 전 세계에서 약 3만 명의 유대인들이 이스라엘로 이주했는데, 그 가운데 종교법상 유대인으로 인정받는 모계 혈통의 유대인은 1만 3천여 명에 불과했다. 오히려 이들보다 더 많은 1만 7천여 명은 종교법상 인정받는 모계 혈통의 유대인이 아니었다. 이들 종교법상 인정받지 못한 유대인들의 다수는 러시아, 우크라이나 등 구소련 출신들이 차지하고 있다.

물론 이들 모두 이스라엘 시민권을 받은 합법적 이스라엘 국민이다. 스스로도 자신이 유대인이라고 생각한다. 하지만 유대 종교법의 관점에서 보면 이들은 유대인이 아니다. 전통적인 유대 종교법과 세속법인 귀환법 사이에 일종의 간극이 있는 것이다. 이들도 똑같은 국민인 만큼 일상적인 생활에서 큰 불편은 없다. 하지만 결혼, 이혼, 장례 등 유대 종교법상 인정되는 유대인만을 자격조건으로 하는 상황을 만날 때에는 적지 않은 어려움을 겪는다. 종교법상 유대인은 유대인과 결혼할 때만 합법적 결혼으로 인정된다. 따라서 종교법상 유대인으로 인정받지 못하는 이들의 결혼 역시 종교법적으로 인정받지 못한다. 이들은 죽어서 유대인 묘지에 묻히지도 못한다. 이들이 만약 여성이라면 그들의 자녀도 당연히 유대 종교법상 유대인으로 인정받지 못한다.

종교법을 엄격히 지키는 일부 강경 성향의 초정통파 랍비들은 모계 혈통이 아닌 이들 구소련 출신의 이민자들에 대해 이스라엘을 '비非유대 국가'로 만드는 중간 단계 역할을 하는 '고이'라고 부르며 이방인 취급을 하고 있다. 히브리어 '고이'는 종교적으로 '이방인'을 뜻한다.

2021년 봄에는 초정통파 종교정당 소속의 한 의원이 군 복무 중 유대교로 개종해 세례를 받은 여성 병사에게 유대인이 아니라 '식샤'일 뿐이라고 지칭해 논란이 벌어지기도 했다. 이 여성 병사는 모계 혈통의 유대인이 아니었으나 귀환법에 따라 이스라엘로 이주했던 가정 출신이었다. '식샤'는 유대인과 결혼하기 위해 유대교로 개종은 했지만 유대인의 가치를 등한시하는 이방인 여성을 낮춰 부르는 용어이다. 구소련권 출신 이민자 중 모계 혈통이 아닌 유대인에 대한 이 같은 비판적 시각에 대해 다른 한편에서는 이들이 일반적인 이방인과는 다른 '제라 이스라엘'(이스라엘의 씨앗)인 만큼 개종을 통해 이들을 유대인의 울타리 안에 품어야 한다고 주장하는 이들도 많다.

해외에 살던 유대인이 이스라엘로 이주하기 위해서는 자신이 유대인임을 확인하는 랍비청의 검증 절차를 거쳐야 한다. 그런데 모친이 사망하거나 서류 분실 등의 사유로 모계 혈통의 유대인이라는 사실을 입증하기 어려울 경우에는 어떻게 검증할까? 최고랍비청에서 증거 서류 부족 등으로 종교법상 유대인인지 확인이 어려운 경우에는 '미토콘드리아 DNA 테스트' 방식을 사용할 수도 있다는 입장을 보여 논란이 된 적이 있다. 미토콘드리아 DNA는 외할머니에서 어머니로, 또한 어머니에서 딸로 이어지는, 다시 말해 모계로만 유전되는 DNA로 알려져 있기 때문이다. 이 같은 입장에 대해 해외에서 이주하려고 하는 유대인들을 중심으로 비합리적인 차별이라는 거센 반발이 일어났다. 이들은 유대 종교법의 유대인으로 인정받기 위해 DNA 검사까지 받아야 하는 조치는 굴욕적인 차별이라고 랍비청을 비난하고 있다.

귀환법에 따라 구소련권에서 이주한 이민자 중 모계 혈통의 유대인이 아닌 사람들은 이스라엘에 도착한 후에 상당한 좌절을 느낀다고 한다. 왜냐하면 이들은 자신들을 유대인이라 철석같이 믿고 살아왔기 때문이다. 구소련에서는 아버지만 유대인인 사람도 설움과 박해를 받았다. 그런데 정작 자신들이 신앙적 조국이라고 여겨온 이스라엘에서는 어머니가 유대인이 아니라는 이유로 자신들을 종교법상 유대인으로 인정하지 않는 것이다.

이스라엘 최고랍비청은 이들에게 유대교 개종 절차를 밟으면 유대인으로 공식 인정받을 수 있다고 설명한다. 그래서 이들 중에는 현실과 타협하기 위해 개종 절차를 밟는 경우도 상당수 있다. 하지만 이를 거부하는 사람들도 많다. 이미 유대인인 자신들에게 다시 유대인으로 개종 절차를 밟으라는 것은 모욕이라고 생각하는 것이다. 또한 초정통파 랍비가 주관하는 개종 절차가 진행되는 동안 시대 변화에 뒤떨어지고 비합리적으로 여겨지는 전통적 계율을 지키라고 강요받는 데 대해 상당한 거부감을 나타내기도 한다.

이들과는 달리 태생적으로 유대 혈통과 무관하고 종교적으로도 이방인이었지만 후천적으로 유대교로 개종한 사람은 종교법상 유대인으로 간주되고 이스라엘 국적도 취득할 수 있다. 여기서 다시 '어떤 사람을 유대교로 개종한 사람으로 인정할 것인가' 하는 질문이 생겨난다. 유대인이 아닌 사람에 대해 유대교로 개종을 허가하는 것은 전적으로 랍비가 재판관을 맡는 종교법원의 배타적 권한에 속한다. 이 종교법원은 초정통파 '하레디' 그룹의 랍비들이 장악하고 있다. 따라서 초정통파 랍비가 주관하는 방식과 절차에 따라 개종한 이방인만 유대인으로 인정받을 수 있다. 초정통파가 아닌 보수파나 개혁파 소속의 랍비들이 주관한 개종 절차는 종교법상 합법적인 개종으로 인정을 받지 못하는 것이다.

이에 대해 2021년 3월 이스라엘 대법원은 이방인의 유대교 개종과 관련하여 역사적인 판결을 했다. 초정통파 소속이 아닌 개혁파 랍비의 주관으로 개종한 이방인도 귀환법의 적용대상이 된다고 만장일치로 판결한 것이다. 이 같은 대법원 판결에 대해 초정통파 측에서는 강력히 비난하고 나섰다. 그들은 기존 방식대로 초정통파가 규정하는 절차를 거친 개종자에게만 귀환법을 적용하도록 대못을 박아야 한다고 주장하고 있다. 어쨌든 대법원의 획기적 판결에 따라 이들의 이스라엘 이주와 국적취득은 허용되었다. 하지만 그렇다고 해서 이들이 유대 종교법상의 유대인으로 인정받은 것은 아니다. 귀환법에 따라 귀환 이주해 국민의 자격을 얻는 것과 종교법상의 유대인으로 인정받는 것은 전혀 별개의 문제이기 때문이다.

유대인이 아닌 유대인

유대인들은 신앙의 깊이와 무관하게 일정 부분 유대교의 영향을 받으며 살아간다. 유대인들 가운데는 신앙으로서의 유대교를 믿지 않고 유대교 회당인 시나고그에 일절 나가지 않으며 심지어 하느님의 존재 자체를 부인하는 무신론자들도 있다. 물론 이들 중 상당수는 모계 혈통의 종교법상 유대인이 아닌 경우가 많다. 하지만 대부분의 유대인들은 자신이 인정하든 인정하지 않든 유대공동체의 전통과 관습 및 문화의 영향력 아래 놓여 있다. 그런데 유대인 중에서 유대교의 일반적인 교리와는 다르게 예수(히브리어로 '예수아')가 곧 메시아(구세주)이며 그를 통해서만 구원을 얻을 수 있다고 믿는 사람들이 있다. 이들을 '메시아닉 유대인Messianic Jews'이라고 부른다.

흥미로운 점은 대부분의 메시아닉 유대인들은 자신들은 크리스천이 아니라 역시 유대인이라고 생각한다는 점이다. 유대교의 명절을 지키고, '카슈룻(음식 계율)'에 따라 인정되는 음식인지를 따지며, 머리에는 유대교의 상징인 '키파'를 쓰기도 한다. 이들의 교회에는 가톨릭이나 개신교와는 달리 사제나 목사도 없고 십자가 역시 가톨릭이나 개신교의 그것과는 다른 형태로 된 것을 사용한다.

하지만 이들 스스로의 생각과는 달리 초정통파 유대인 그룹은 이들을 유대인으로 여기지 않는다. 이들은 유대교에서 이탈한 이교도인 크리스천일 뿐이라는 것이다. 유대인 사회 내에서도 종교적 관점에서 가장 세력이 강한 초정통파에서부터 보수파나 개혁파에 이르기까지 갈등과 충돌이 있다. 그러나 예수를 곧 메시아라고 인정하는 메시아닉 유대인들은 많은 종교적 유대인들로부터 일종의 왕따를 당하고 있는 형편이다.

앞에서 보았듯이 전 세계 모든 유대인은 모계 혈통이라는 사실이 확인되면 귀환법에 따라 언제든지 이스라엘로 이주할 수 있는 '알리야'의 권리가 있다. 하지만 해외에 거주하는 메시아닉 유대인들에 대해서는 모계 유대인이라 하더라도 자동적으로 알리야의 권리를 주지 않는다. "유대인이었다가 자발적으로 다른 종교로 개종한 사람은 예외로 한다"는 귀환법의 예외 규정에 따르면, 메시아닉 유대인들은 타종교로 개종한 사람(크리스천)일 뿐이다. 이스라엘 대법원도 1989년 "메시아닉 유대인들은 자동적으로 시민권을 받을 자격이 없다"고 판시한 바 있다.

물론 이 같은 법 적용에 비판적 의견도 적지 않다. 유대 전통을 지키지도 않았던 모계 유대인은 다른 종교로 개종한 사실만 없다면 귀환법에 따라 이주할 권리가 보장되는 반면, 스스로를 유대인으로 생각하고 유대인으로서의 풍습과 전통을 지키며 살아온 사람들이 예수를 메시아로 받아들였다는 이유로 유대인으로 인정받지 못하는 것은 잘못이라는 주장이다. 유대인으로서의 전통적 가치를 지켜 온 메시아닉 유대인들이 무늬만 유대인인 모계 유대인에 비해 오히려 차별받고 있다는 것이다.

이스라엘에는 메시아닉 유대인들이 약 2만 명 정도 있다고 한다. 정확한 통계는 없지만 이들은 전 세계적으로는 약 30~40만 명 정도 되는 것으로 알려져 있다. 2018년 여름 어떤 메시아닉 유대인 커플이 랍비청에 결혼 등록을 신청했다가 거절당하자 자신들은 모계 혈통의 유대인이라면서 종교법원에 소송을 제기하였다. 종교법원은 당사자들에게 예수에 대해 어떤 생각을 갖고 있는지를 물었다. 이들이 예수가 구세주이며 자신들은 삼위일체를 믿는다고 진술하자 종교법원은 이들이 배교자라며 결혼 등록을 거부했다. 수년 전에는 이스라엘 남쪽 항구도시인 애쉬도드에 있는 메시아닉 유대인 교회에 초정통파 유대인 여러 명이 불법 난입하여 시설물을 파괴하는 사건이 발생하기도 했다. 건물 벽에는 '메시아닉 교회가 이스라엘의 국가적 위험'이라는 문구를 스프레이 페인트로 낙서해 두기도 했다.

일부 초정통파 랍비들은 메시아닉 유대인이라는 명칭 자체에 대해 거부감을 보이기도 한다. 메시아닉 유대인은 예수가 메시아라고 믿기 때문에 배교자일 뿐 유대인이 아님에도 불구하고 이들에게 유대인이라는 명칭을 붙이는 자체가 잘못이며, 크리스천이라고 부르는 것이 정확하다는 것이다. 물론 이스라엘 사회에서는 다른 의견을 가진 사람도 많다. 메시아닉 유대인이 스스로를 유대인으로 생각하고 있고 또 유대인으로 불리길 원하는 만큼 이들을 그냥 유대인으로 받아들이자는 것이다. 어쨌든 이스라엘에는 '메시아닉 유대인'이라는, 유대인이면서 동시에 유대인이 아닌 사람들이 지금도 존재하고 있다.

초정통파 하레디 종교 정당

이스라엘의 유대인 중에서 유대 종교법을 가장 충실하게 따르는 이들은 하레디 그룹으로, 전체 인구의 약 12~13% 정도에 불과하다. 하지만 유대교가 유대인의 정체성과 국가 건국의 배경인 이스라엘의 특성상 이들 하레디 그룹의 정치적, 사회적 영향력은 상당히 크다.

19세기 말부터 20세기 초중반까지 유럽을 중심으로 시오니즘의 물결이 확산될 당시 상당수 하레딤은 시오니스트 세력들이 주도하는 독립국가 이스라엘의 건국을 반대했다. 왜냐하면 이들은 민족주의 정치운동인 시오니즘이 유대교의 가르침을 도외시한다고 생각했기 때문이다. 이들은 시오니즘을 단순히 세속적인 국가 건설을 목표로 하는 정치운동이라 여겼다. 그래서 언젠가 하느님의 뜻에 따라 메시아가 도래하면 종교국가인 참 이스라엘이 건국된다고 굳게 믿고 있었다. 이 그룹의 일부는 극단적 증오심을 표출하며 시오니스트들은 종교국가 이스라엘을 시험에 들게 하는 악마라고 주장하기도 했다. 그중에는 '설령 이스라엘이 건국되더라도 최고의 성지인 예루살렘만큼은 시오니즘 국가 이스라엘의 영토에 절대로 포함시켜서는 안된다'고 주장을 하는 이들까지 있었다. 그러나 반유대주의가 유럽을 휩쓸면서 안전한 도피처를 찾을 필요성이 커지면서 유대민족의 국가건설에 대한 열망이 정치적 현실로 다가오게 되자 다수의 하레딤은 여러 가지 방식으로 시오니즘과 타협하였다.

오늘날에도 시오니즘 국가로서의 현대 이스라엘을 바라보는 하레딤의 시각은 복잡하다. 하레디 그룹 내부에서도 분파마다 인식과 견해가 서로 다르다. 소수이기는 하지만 하레딤 중에는 수많은 유대인을 학살한 홀로코스트가 하느님께서 유대인에게 내린 벌이라고 믿는 이들도 있다. 유대인들이 디아스포라의 어려움을 핑계로 거주하던 국가의 문화나 풍습에 동화되면서 스스로 유대교의 가르침을 저버린 데 따른 일종의 인과응보라고 믿는 것이다. 또한 시오니즘에 의해 건국된 오늘의 이스라엘은 하느님의 뜻에 의해 만들어진 나라가 아니라는 믿음을 버리지 않는 하레딤도 있다. 이들은 메시아가 오지 않고 하느님의 뜻이 개입되지 않은 상태에서 유대 국가를 마음대로 건설한 것은 하느님에 대한 모독이나 배반이며, 그런 점에서 오늘의 이스라엘은 진정한 의미에서 유대 국가가 아니라고 생각한다.

이 같이 시오니즘에 비판적인 하레딤은 비록 소수이지만 이스라엘 내에도 여전히 존재한다. 하지만 오늘날 이스라엘 하레딤의 다수는 시오니즘 자체에 대해 비판적 의견을 갖고 있으면서도 이스라엘이라는 국가체제는 부인하지 않는다. 이들은 국가로서의 이스라엘을 전면 부인하지는 않지만, 유대 종교법의 관점에서는 갈수록 취약한 세속적 국가가 되어가고 있다고 비판하고 있다. 따라서 토라를 열심히 공부하고 안식일을 철저히 지키며 유대 종교법상 요구되는 각종 계율과 전통을 지키는 등 종교적인 노력을 부단히 기울여야 언젠가 메시아가 도래할 때 구원을 받을 수 있다고 생각한다. 궁극적으로는 정치와 종교가 일치되는 신정神政국가의 모습을 염원한다고 볼 수 있다.

이들 하레딤은 종교정당을 결성해서 총선에도 참여하고 연립정부에서 각료직을 맡는 등 현실정치에도 깊숙이 개입하고 있다. 정치와 국정 운영에 있어서 이들의 영향력이 매우 중요한 변수로 작동하고 있는 것이다. 우파정권이 집권하는 시기에는 하레딤 세력이 정권 존립의 주요 변수로서 일종의 킹메이커 역할을 해 왔다. 이를 두고 진보언론이나 세속적인 세큘라 그룹에서는 민주국가를 표방하는 이스라엘에 정작 정치와 종교가 분리되지 않았다고 지적하기도 한다. 이스라엘이 사우디나 이란과 다를 바 없는 종교국가가 되어 간다는 비판이다.

이스라엘 의회인 크네세트에서 하레딤이 장악한 의석은 2022년말 현재 18석에 이른다. 하레딤을 배경으로 하는 이스라엘의 종교정당들은 크게 11석을 가진 '샤스SHAS당'과 7석을 갖고 있는 UTJ 즉, '토라 유대교 연합'United Torah Judaism이라는 정당으로 크게 대별된다. '샤스'는 '유대인의 수호자'라는 뜻의 히브리어 머리글자를 조합한 것이다. 샤스당은 앞에서 보았듯이 아시케나지 그룹의 독주와 차별대우에 불만을 가진 세파르디 그룹이 미즈라히 유대인들과 연대하여 만든 정당이다. UTJ의 뿌리는 '아구닷 이스라엘'(이스라엘 연합)이다. 아구닷 이스라엘은 이스라엘이 건국되기 이전인 20세기 초부터 초정통파 유대공동체의 중심에서 활동해 온 가장 오래된 역사와 규모가 큰 정치세력이다. 아구닷 이스라엘은 이스라엘이 건국된 이후 하시디 계열의 종교지도자들이 점차적으로 장악하게 된다. 이에 반감을 가진 리투아니아계 중심의 비非하시디 계열은 당의 정책노선을 둘러싸고 하시디 계열과 갈등을 빚어오다가 마침내 1980년대 후반에 이르러 별도로 떨어져 나와 '데겔 하토라'(토라의 기치)라는 정당을 만든다. '아구닷 이스라엘'과 '데겔 하토라'는 뿌리가 같은 정당이라는 점에서 1992년부터 의회 총선에서 UTJ라는 정당연합을 만들어 선거에 함께 참여하고 있다.

이들 초정통파 종교인들로 구성된 종교정당들은 의회총선에서 매번 15석 안팎의 의석을 확보한다. 정부 구성을 위해서는 정당간 연합이 불가피한 이스라엘 정치체제의 특성상 이들 종교정당들은 지난 수십 년간 우파 연립내각에 빈번하게 참여해 왔다. 그리고 그때마다 각료직을 배분받아 상당한 정치적 영향력을 행사할 수 있었다. 정부의 역할에 대해 이들은 일상생활에서 율법을 실천하고 유대인으로서의 진정한 가치를 지킬 수 있도록 하는 것이라고 믿는다. 정부의 기능 중에서 가장 중요한 것이 유대민족의 유대성을 보존하는 것이라고 생각하는 것이다.

이들 종교정당들은 좌파블록이 집권한 2021년 총선에서는 야당으로 밀려났으나 2022년 가을 총선을 통해 집권 우파블록의 일원으로 다시 복귀했다. '최고랍비공의회'로 대표되는 하레디 그룹은 유대 종교법에 의해 규율되는 여러 분야의 일상적 사회생활에서 여전히 중요한 영향력을 행사하고 있다. 그에 따라 여타 집단들과의 갈등과 충돌은 오늘도 계속 이어지고 있다.

종교로서의 유대교와 현실정치적 이데올로기로서의 시오니즘을 결합한 것이 종교적 시오니즘이다. 종교적 시오니스트들은 유대인들이 에레츠 이스라엘로 돌아와 유대인의 나라를 건국하려는 시오니즘을 적극 지지하면서도 동시에 유대교의 정체성을 지키며 토라의 가르침을 따라야 한다고 믿는다. 그들은 토라의 가르침을 따르지 않는 세속적 시오니즘에 대해서는 반대한다. 또한 시오니즘에 반대하는 유대교의 근본주의적 태도에 대해서도 비판적이다. 어떻게 보면 시오니즘과 유대교의 가치를 절충한 입장이라고도 볼 수 있다.

이들은 팔레스타인 문제에 대해서는 상당히 강경하다. 예루살렘의 유대교 성지聖地는 반드시 사수해야 한다고 주장하는 등 정치적으로 극우의 입장에 서 있다. 극우성향을 가진 종교적 시오니스트 그룹은 2022년 가을 총선에서 14석이나 차지할 정도로 약진했다. 하레디 종교정당과 종교적 시오니스트 그룹의 의원들을 합치면 32석이나 된다. 2022년을 기준으로 이스라엘의 연합 정부는 역사상 가장 강경한 우파 정권으로 간주되고 있다.

유대인 우월주의와 정치

유대인의 나라 이스라엘 안에서도 정치적 스펙트럼은 매우 넓고 다양하다. 유대인과 아랍인들이 함께 살아가는 것도 이유 중의 하나일 것이다. 하지만 같은 유대인들 사이에서도 정치적·사회적 이슈에 대한 입장이 서로 다르다. 이스라엘에는 활동 중인 정당이 상당히 많다. 매번 선거가 있을 때만 되면 정당이 새롭게 생겨나기도 하고 없어지기도 한다. 건국 이후 단 한 번도 단일정당이 과반수 이상의 의석 획득에 성공하여 집권한 사례가 없다. 내각을 구성하기 위해서는 정당 간의 연립이 불가피하다. 때로는 선거에서 이겨 제1당이 되더라도 연립에 실패하여 다른 당에 정권을 넘겨야 하는 경우도 생긴다.

이스라엘의 여러 정당 중에서 가장 극우 노선에 있는 정당이 '오츠마 예후딧Otzma Yehudit'이다. '유대인의 힘'이라는 뜻을 가진 이 정당은 1970년대에 결성되어 약 20여 년간 활동하다가 없어진 '카흐'라는 극우정당의 이념을 계승하고 있다. 카흐는 반反아랍 극우성향을 가진 초정통파 유대교 랍비인 메이르 카하네라는 인물이 창설한 정당이다. 그의 정치적 이념을 따르는 사람들을 '카하니스트'라고 부른다. 카흐는 유대인 우월주의 시각을 바탕으로 아랍인들이 완전히 사라진 유대인만의 이스라엘을 만들자고 주창했다. 이들은 유대 율법이 통치하는 이스라엘을 만들기를 원해 유대인과 비유대인 간의 교제 금지를 주장하는가 하면 아랍인과 결혼하는 유대인 여성에 대해서는 유대 정신을 더럽히는 매춘부라고 공격했다. 또한 아랍인에 대한 철저한 반감 때문에 아랍계 국민들을 모두 이스라엘의 적으로 간주하면서 팔레스타인과의 평화협상 반대, 서안지구와 가자지구의 강제병합, 이들 지역 내 대규모의 유대인 정착촌 건설, 이스라엘 땅에서의 아랍인 완전 축출 등 극단적 주장을 해왔다. 카하네

가 의원이던 시절 이스라엘 의회에서 주장했던 내용은 유대인 우월
주의의 이념을 거리낌 없이 드러내고 있다.

> 그들(아랍계 이스라엘 국민)은 22개나 되는 그들의 나라(아랍연맹
> 회원국가를 지칭)에 가서 그들의 형제들과 사랑과 우정을 나누면
> 서 살면 된다. 여기(이스라엘)는 우리(유대인)들의 땅이다. 유대인
> 이 아닌 다른 사람들의 땅이 아니다.

카흐는 1984년 총선에서 1석을 획득하여 당 대표인 카하네가 4
년간 이스라엘 의회(크네세트)에서 정치활동을 하기도 했다. 그러나
새로 만들어진 선거법에 따라 인종차별적 선동행위 등을 이유로 선
거 참여를 금지당하게 된다. 그 이후 1994년에는 카하네를 추종하는
한 극단주의자 유대인이 헤브론 지역에서 테러를 감행해 29명의 팔
레스타인 주민들을 살해하는 참사가 발생하면서 마침내 카흐는 불
법 테러조직으로 전락했다.

이 같은 불법화된 정당 카흐의 이념을 추종하고 있는 것이 '오
츠마 예후딧'이다. 이 정당은 그간 몇 차례에 걸쳐 의회 진출을 시도
했다. 하지만 최소 득표율을 충족하지 못해 번번이 실패했다. 그러
다 2021년 24대 의회 선거에서 정당 간 연립을 통해 1석을 확보하
는 데 성공했다. 물론 이스라엘에서 오츠마 예후딧을 지지하는 유대
인들은 소수이다. 이스라엘 진보언론이나 미국 유대인 단체들도 대
부분 이스라엘의 근본적 가치를 부인하는 인종차별적인 극단주의
세력에 대해서는 비판적인 입장을 견지하고 있다. 지나친 유대인 우

월주의나 극단주의로 가는 것은 바람직하지 않다고 생각하는 유대인들이 다수인 것이다. 하지만 오츠마 예후딧은 또다른 극우 민족주의 시오니스트 정당과 연합해 참가한 2022년 가을 총선에서 6석이나 차지하는 이변의 역사를 만들었다. 이같은 극우세력의 정치적 약진에 대해 미국마저 우려를 표하고 있을 정도이다.

유대인의 지도자, 랍비

유대인의 정체성을 이루는 뿌리는 유대교이다. 그런 유대교에서 중요한 존재중의 하나가 바로 '랍비'이다. 랍비는 승려나 신부나 목사처럼 성직자가 아니다. 랍비는 유대교의 가르침을 연구하고 전달하는 선생이자 지도자이다. 신앙적 차원에서 유대공동체를 보존하고 토라에 대해 권위 있게 해설하는 역할을 수행한다. 동시에 공동체가 직면하는 각종 문제에 대해 조언하고 방향을 찾아주며 갈등이 있는 사안에 대해 판결하는 가이드 역할도 한다.

랍비는 일반인과 똑같이 결혼도 하고 자녀도 낳고 가족과 함께 생활한다. 전통적인 유대 사회에서는 결혼하지 않은 사람을 아직 완성되지 않은 불완전한 존재로 간주하는 경향이 있다. 필자가 만난 사람 중에 종교정당의 고위급 지도자가 있었다. 랍비인 그는 크네세트 의원인 동시에 연립내각의 장관 직책과 박사학위까지 갖춘 사람이었다. 그에게 '의원, 장관, 랍비, 박사 중에 어떤 직함으로 불리기를 원하느냐'고 물었더니 그는 '랍비라고 불러달라'고 답했다. 그만큼 랍비는 유대공동체에서 대단히 명예롭고 자랑스러운 신분이라고 할 수 있다.

하지만 랍비라고 해서 모두 똑같은 랍비가 아니다. 분파에 따라, 다시 말해서 초정통파인지 아니면 보수파나 개혁파인지에 따라 랍비 양성이나 인정 방식들이 상이하다. 그러나 국가에서 공식적으로 인정하고 유대 종교법상의 권한을 부여하는 랍비는 오직 초정통파 랍비뿐이다. 보수파와 개혁파의 랍비들은 종교법적 차원에서는 아직 국가로부터 공식적인 지위를 인정받지 못하고 있다. 따라서 국가로부터 받는 대우도 당연히 다르다. 초정통파 랍비들은 랍비청을 담당하는 정부 부처인 종교부로부터 일정 수준의 급여를 지급받고 있다. 중앙 단위뿐 아니라 지방의 각급 시·군 단위의 랍비들도 모두 국가로부터 급여를 받는다. 이들은 종교 분야에서의 국가행정과 사법판결을 담당하는 국가공무원으로 간주되기 때문이다. 하지만 보수파나 개혁파 랍비들은 초정통파 랍비들과 처지가 전혀 다르다.

수년 전 차별대우에 불만을 가진 보수파나 개혁파 그룹에서 대법원에 소송을 제기했다. 오랜 논쟁 끝에 대법원이 마침내 이들의 손을 들어주면서 2014년부터는 규모가 큰 광역 단위에서는 국가로부터 급여를 지급받게 되었다. 그런데 흥미로운 점은 이들에 대한 급여 지급은 종교 사안의 주무 부처인 종무부가 아닌 문화체육부에서 담당한다는 점이다. 종교 분야의 국가공무원이라고 볼 수 있는 초정통파 랍비처럼 국가적 차원에서 지급하는 보수가 아니라 단순히 유대공동체의 지도자에 대한 수당 정도로만 인정하겠다는 의미라고 생각된다. 계속된 소송제기에 따라 2019년부터는 시·군 단위에서도 보수파나 개혁파 랍비들에 대한 급여지급이 점차적으로 늘어나고 있다. 하지만 급여를 받기 위해서는 이들이 담당하는 유대인 가구 수나 종교집회의 빈도수 등 일정 기준을 통과해야 하고 까다로운 심사과정을 거쳐야 한다. 이들은 자신들에 지급되는 수당은 초정통파 랍비에 지급되는 급여의 1/3 정도 수준에 불과하다고 불만을 나타내고 있다.

이렇게 수많은 랍비들 가운데 이스라엘의 최고위직 랍비는 '최고랍비공의회Chief Rabbinate Council'를 구성하고 있는 2명의 최고 랍비Chief Rabbi들이다. 이들은 유대교 초정통파의 양대 세력이라고 할 수 있는 아시케나지와 세파르디를 각각 대표하는 랍비들이다. 이들 최고 랍비는 국가의 주요행사에 대통령, 총리, 대법원장 등과 같은 반열에서 참석하는 VIP이다. 최고 랍비의 임기는 10년이며, 공의회 의장 직책은 양측에서 교대로 수행한다.

최고랍비공의회는 혼인(결혼, 이혼), 이민(알리야), 종교(세례, 개종), 장례(매장), 음식(코셔), 종교학교(예시바), 종교법원 등 유대인 사회의 여러 일상적 문제들에 대한 해석과 판단 및 감독 권한을 갖고 있다. 유대교 및 유대인의 정체성과 관련된 제반 이슈들을 종교법적으로 또한 행정적으로 관장하는 최고기구인 셈이다. 최고랍비공의회의 지도하에 최고랍비청Chief Rabbinate 및 각 지역별 랍비청 Rabbinate이 있다. 그만큼 최고 랍비들은 그 위상이 높고 권한도 강력하다.

그러나 유대교의 최고 지도자들이 재판받고 처벌받는 안타까운 사건도 있었다. 그것도 세파르디와 아시케나지에서 번갈아 말이다. 지난 1993년부터 10년간 세파르디를 대표했던 최고 랍비 엘리야후

박시 도론과 2003년부터 10년간 아시케나지 대표 최고 랍비로 활동했던 요나 메츠거가 그 주인공들이다.

엘리야후 박시 도론은 이스라엘 북부도시 하이파의 최고 지역 랍비를 거쳐 1993년 비교적 젊은 나이인 52세에 세파르디를 대표하는 최고 랍비 직위에 올랐다. 그는 폭력을 거부하고 종교 간 대화 문제에 관심이 많은 유대교 지도자로 활동했다. 2000년에는 이스라엘을 방문한 교황 요한 바오로 2세와 만나기도 했다. 하지만 임기를 마치고 한참 지난 후 재판을 통해 자신의 재임 중 비위 사실이 드러난 것이다. 그는 경찰관 등 공무원을 대상으로 종교수당 지급에 필요한 교육 인증 서류를 허위 발급한 사건에 연루되어 1년간 보호관찰 처분을 받았다. 그는 2020년 봄 코로나19 바이러스에 감염되어 79세에 사망했다.

요나 메츠거 사건은 좀 더 심각하다. 요나 메츠거는 50세에 역사상 최연소로 아시케나지 대표 최고 랍비가 되어 10년간 재임했다. 재임 기간 동안에도 이런저런 불미한 문제로 인해 구설수에 오르다가 퇴임 이후 뇌물수수와 자금세탁, 탈세 등 부패범죄 혐의로 본격적인 당국의 수사를 받게 되었다. 수사 결과 유대교로 개종하려는 외국인들로부터 거액의 뇌물을 받은 혐의가 사실로 드러났다. 결국 검찰과의 협상을 통해 2017년 봄 징역 3년6개월에 추징금 500만 세켈(약 130만 달러)을 선고받았다. 이스라엘의 최고위 종교지도자에서 일개 범죄자로 추락한 것이다. 이 사건은 최고 랍비 개인의 일탈이나 불명예일 뿐만 아니라 최고랍비공의회에 대한 불신을 불러일으켰다. 그는 2년이 채 안 되는 기간만 복역한 후 2019년 봄 가석방되었다.

이 두 최고 랍비의 사법 처리는 이스라엘 사회에서 랍비에 대한 신뢰를 무너뜨리기도 했지만, 생활 속에서 랍비의 영향력은 지금도 여전하다.

도전받는 하레딤

지난 수십 년간 이스라엘 사회에서 상당한 정치적·종교적 영향력을 발휘해 오던 초정통파 하레딤의 위치가 조금씩 흔들린 적이 있다. 장기간 총리를 맡아온 베냐민 네타냐후의 재집권에 반대하는 정당들은 2021년 총선에서 '무지개 연정'이라는 이름하에 정파와 관계없이 모여 연립내각을 구성하는 데 성공했다. 이스라엘 역사상 처음으로 아랍계 정당까지도 내각에 참여했다. 하레디 종교정당들이 연립정부에서 배제된 것이다.

새롭게 정부가 구성되자 지난 수십 년간 우파 연립정부에 참여해 각종 영향력을 행사해 온 초정통파가 본격적으로 견제받기 시작했다. 유대교를 건국의 뿌리로 삼는 이스라엘에서 오랜 기간 영향력을 독점해 온 초정통파 랍비들이 오히려 유대교의 근본정신을 훼손하고 일반 국민들로 하여금 유대교에서 등을 돌리도록 만들었다는 비판이 지속적으로 제기되어 왔기 때문이었다. 세큘라 그룹이나 진보언론 등을 중심으로 그 어떤 세력도 유대교의 가치를 독점할 수 없다는 인식이 계속 확산되어 온 것이다. 새로운 정부와 초정통파 하레디 그룹 간 첫 번째 대결 무대는 유대 율법상 적합하다는 뜻을 가진 '코셔' 허가증을 둘러싼 랍비청의 독점적 권한에 관한 것이었다.

초정통파 하레디 랍비들에 대항하는 수백 명의 시오니스트 랍비들은 '쪼하르'라는 이름의 협회를 구성해 이미 지난 2018년부터 코셔 허가 발급 분야에 도전장을 내고 나섰다. 그동안 카페, 식당, 식품점, 식음료 생산업체 등이 음식 계율인 카슈룻을 지키고 있는지 심사하고 이를 통과한 업소에 코셔 허가증을 발급해 주는 권한은 하레디 랍비청이 독점해 왔다. 코셔 허가증 발급 권한은 수백만 달러의 수수료를 징수하는 일종의 이권사업이기도 했다. 그런데 쪼하르가 이 분야에 뛰어들자 그간 지나치게 까다롭고 비효율적이었던 랍비청의 관리 감독에 염증을 느꼈던 수백 개의 식음료 업장들이 국가가 인정하지 않는 비공인 허가임에도 불구하고 랍비청 대신 쪼하르에게서 코셔 허가를 받겠다고 돌아선 것이다.

초정통파 랍비들은 당연히 반발하고 나섰다. 쪼하르가 여성 감독관을 배치하자 일부 강경 랍비들은 불경스러운 조치라고 비난하기도 했다. 이 문제에 대해 새 정부는 쪼하르의 손을 들어주었다. 코셔 허가 분야에도 경쟁 개념을 도입하여 2023년부터 쪼하르도 직접 허가증을 발급할 수 있도록 권한을 부여한 것이다. 이에 따라 식당이나 카페 등 업소가 코셔 허가를 받은 감독 기관을 선택할 수 있게 되었다. 이 조치로 인해 그간 랍비청만이 코셔 허가를 발급하던 독점권이 무너지게 되었다.

심각하게 논란이 된 또 다른 이슈는 하레딤이 사용하는 '코셔 휴대폰'에 관한 것이었다. 초정통파는 휴대폰을 오로지 통화 목적으로만 사용할 수 있도록 규제하고 있다. 이들은 스마트폰에 탑재된 첨단 기능의 해악이 크다고 생각해 통화를 제외한 기능, 예컨대 인터넷이나 문자, SNS, 카메라 기능 등은 모두 차단하고 있다. 이같이 취지에 합당하게 사용이 허가된 휴대폰을 '코셔 휴대폰'이라고 한다. 계율을 지키는 음식에 코셔 음식 허가를 내주는 것처럼 휴대폰에도 코셔 허가를 주는 식이다. 코셔 휴대폰은 통신 서비스 회사들로부터 별도로 할당받은 전용 코드번호를 사용한다. 일반 휴대폰 중 유대교의 가치에 맞지 않는 번호는 이른바 블랙리스트 번호로 등재해 두고 이들과는 아예 통화를 할 수 없도록 제한도 두고 있다.

하지만 각종 첨단 기능을 사용할 수 없는 코셔 휴대폰의 불편한 점 때문에 하레딤 중에는 일반 스마트폰을 구입해 사용하는 사람도 있다. 어떤 사람은 코셔 휴대폰과 일반 휴대폰을 각각 사용하기도 한다. 그 때문에 초정통파 랍비들은 코셔 휴대폰을 사용하지 않는 하레딤은 공동체를 떠나야 한다고 주장한다. 또한 하레디 학부모들에게는 코셔 휴대폰 사용을 자녀의 예시바 학교 입학허가 조건으로 내걸어 휴대폰 일탈(?)을 방지하고 있다. 코드번호가 다른 일반 휴대폰으로는 학교당국과 통화도 할 수 없도록 차단하고 있다. 초정통파가 많이 거주하는 지역의 휴대폰 가게가 일반 스마트폰을 판매할 경우에는 시위를 벌이기도 한다. 이 같은 상황에서 정부는 코셔 휴대폰 사용자도 일반 사용자처럼 임의로 통신망 사업자를 변경할 수 있도록 하겠다고 나선 것이었다. 이렇게 되면 별도로 일반 휴대폰을 구매하지 않고서도 코셔 휴대폰 번호는 그대로 둔 채 첨단 기능이 탑재된 일반 스마트폰을 사용할 수 있게 되는 것이다.

이 같은 개혁 추진을 두고 하레디 정당들을 중심으로 초정통파 측은 맹렬히 저항했다. 정부의 조치는 유대 국가라는 건국의 기본정 신을 명백히 훼손하는 것으로 유대교의 근본적 가치에 대한 심각한 도전이라고 주장했다. 전 세계를 무대로 오랜 세월 이어져 온 유대 인 박해에도 굴하지 않고 유대인의 가치를 지켜 온 것이 바로 하레 디 그룹인데 그런 자신들을 새 정부가 배척하려 한다는 것이다. 일 부 강경파 하레딤은 새 정부가 이란보다 더 위험하다고 비난했다. 특히 무분별한 일반 휴대폰 허용은 홀로코스트보다 더 나쁜 결과를 초래할 것이라고 주장하기도 했다. 개혁을 주도하는 종무부 장관에 게 최고랍비청에 대한 위해를 중단하지 않는다면 이츠하크 라빈 전 총리의 운명을 따르게 될 것이라고 위협한 50대 유대인이 체포되기 도 했다. 이츠하크 라빈 전 총리는 지난 1995년 팔레스타인과의 평 화협상을 추진하다가 이에 불만을 품은 유대인 극단주의자에 의해 암살된 바 있다. 신변의 위협을 받은 종무부 장관에게는 한동안 24 시간 밀착경호 조치가 취해지기도 했다.

하지만 이 같은 개혁조치들은 모두 물거품이 될 전망이다. 2022 년 가을 총선에서 우파연합이 승리하면서 하레디 종교정당들이 다 시 연립내각에 복귀한 것이다. 수십 년간 유지되어 온 하레디 그룹 의 영향력은 현재로서는 아직 쇠퇴할 가능성이 거의 없어 보인다. 출신 지역도 문화도 인종도 다른 이스라엘에서 유대인들을 통합하 는 거의 유일한 도구가 종교라는 사실에서 하레디 그룹의 역할을 도 외시할 수 없는데다 이들이 연립정부의 한 축을 구성하고 있기 때문 이다.

하레디 공동체를 떠나는 요침

초정통파 하레디 그룹은 이스라엘 전체 인구의 약 12~13%에 달한다. 하레디 가정의 높은 출산율로 그 수가 2017년에 이미 100만 명을 넘어서 빠르게 계속 증가하고 있다. 이 같은 추세가 지속될 경우 앞으로 2037년에 200만을, 2065년에는 하레딤이 전체 인구의 40% 정도까지 이를 것이라는 전망도 나온다. 이들은 공동체를 이루며 이스라엘에서 유대교의 가르침을 가장 철저히 따르며 살아가는 그룹이기에 이스라엘 내에서 차지하는 영향력이 음으로 양으로 막강하다.

그런데 이들 하레딤 가운데 적지 않은 사람들은 자신들이 태어나고 자란 하레디 공동체를 떠나 독자적인 생활을 하고 있다. 이들의 숫자는 점점 늘어나고 있다. 이렇게 공동체를 떠난 이들을 '요침'이라 부른다. 히브리어로 '떠난 사람들'이라는 뜻이다. 과거에는 하레디 그룹의 일원이었지만 현재는 하레디 공동체를 떠났다는 뜻이다.

그렇다면 하레딤이 자신이 나고 자란 공동체를 떠나는 이유는 무엇일까? 정확한 분석은 이루어지지 않았으나 그 이유는 다음과 같이 추정해 볼 수 있을 것이다. 먼저 유대교의 가르침에 대한 근본적인 의문에서 비롯되었을 수 있다. 또한 계율을 강조하는 하레디 사회에 남아 있는 남녀차별이나 경제적 빈곤, 본능적 욕구 억압 등의 현실로부터 탈출하기 위해 공동체를 떠날 수도 있다. 하레디 그룹 바깥세상에 대한 동경이나 공동체에서 가르치지 않는 다양한 주제들에 대한 호기심 때문일 수도 있다. 아니면 더 많은 사회적 경험이나 신분 상승을 바라는 욕구 등 다양한 이유가 있을 수도 있다. 이유야 어쨌든 하레디 공동체를 떠난 하레딤은 시나고그(유대교 회당)를 찾지도 않고 종교 생활을 등한시하는 경우가 많다. 나아가 아예 유대교에 대한 믿음 자체를 부인하고 세속적 유대인으로 살아가는 경우도 많다.

요침의 연령층을 보면 주로 10대 후반부터 20대에 이르기까지 젊은 층이 다수를 차지한다. 어쩌면 이들은 대단한 용기를 가진 사람들이라고 볼 수 있다. 왜냐하면 요침의 상당수는 자신이 살던 집이나 공동체와 거리를 두고, 가족이나 친구로부터 배척을 당하면서 관계의 상실로 이어지는 경우가 많기 때문이다. 때로는 배신자나 배교자로 낙인이 찍히기도 한다. 미혼인 경우는 상대적으로 비난이 덜하겠지만 결혼한 남성이 공동체를 벗어나면 그야말로 가족을 저버린 '나쁜 가장'으로 최악의 비난을 받게 된다. 자녀를 둔 여성이라면 자녀와 만날 수 없는 제약도 감수해야 한다. 현실적으로 가족과 공동체를 떠난 생활은 곳곳에서 어려움에 처할 수밖에 없다. 특히 경제적 측면에서 하레디 공동체에서 생활할 때보다 궁핍해질 가능성이 크다. 가족이나 공동체의 지원을 받기 어렵기 때문이다. 더군다나 그간 하레디 공동체에서 태어나 자라면서 받아온 교육이나 경험만으로는 바깥세상에서 어느 정도 소득이 보장되는 괜찮은 직장을 찾기는 어렵다.

이스라엘 정부는 하레디 공동체의 사회참여를 촉진하기 위해 하레디 구성원들에 대한 일반교육의 확대와 취업 지원 등 노력을 기울이고 있다. 하지만 지원의 대상이나 방식이 주로 하레디 공동체

내 기존 조직을 통해 결정되기 때문에 하레디 공동체를 이미 떠나
간 요침에 대한 정부 지원은 제대로 이루어지기 어렵다. 이들을 돕
기 위해 소수의 시민단체가 활동하고 있지만 모든 요침을 지원하기
에는 역부족이다. 하레디 공동체를 떠난 요침 중에는 새로운 생활
에 적응하지도 못하고 정신적, 물질적 곤경을 극복하지도 못해 자살
에까지 이르는 비극적 사건도 종종 생긴다. 이같이 하레디 공동체를
떠나는 것이 모험에 가까울 정도로 쉽지 않음에도 불구하고 이들 요
침의 규모는 계속 증가하고 있다. 20~30대 청년인구가 폭발적으로
성장하고 있는 이스라엘에서 이들 요침의 증가는 이스라엘 사회의
변화가 하레디 공동체에도 일정 부분 영향을 미치고 있는 현실의 한

하레디 종교학교 예시바

단면을 보여주고 있다.

요침의 증가와 관련하여 주목할 만한 또 하나의 사회적 이슈는 하레디 종교학교인 예시바나 콜렐에서 중도 탈락하는 학생들이 계속 증가한다는 점이다. 2019년 이스라엘 의회 연구정보센터의 조사에 따르면, 매년 2~3천여 명의 학생들이 학업을 중단하는 것으로 나타났다. 하레디 학생들의 중도 탈락 비율은 통계상 4~5% 정도인데 이는 이스라엘의 일반 유대인 학생들의 탈락률에 비해 높은 수준이다. 문제는 이 같은 탈락자의 증가가 야기하는 문제가 만만치 않다는 점이다. 종교학교에서 중도 탈락한 학생들은 하레디 공동체 내부에서 제대로 된 역할을 하기 어렵다. 그뿐만 아니라 일반직장에서 요구하는 지식이나 기술을 배우지 않았기 때문에 직업을 갖는 일도 쉽지 않다. 공동체를 완전히 떠나 새로운 세상으로 나가지도 못하는 다소 어정쩡한 상황에 처하다 보니 결국 범죄의 유혹을 당하거나 사회에 대한 불만 세력이 될 가능성마저 제기되고 있어 우려를 더하고 있다.

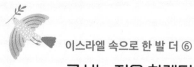

근시는 젊은 하레딤을 좋아한다

예루살렘의 거리에서는 계절과 관계없이 하얀색 셔츠에 아래위로 검은색 옷을 차려입고 검은 모자를 쓰고 걸어가는 사람들을 자주 만난다. 이들 중 상당수는 수염을 기르고 있다. 외모만 보더라도 이들이 초정통파 하레딤이라는 것을 쉽게 알아차릴 수 있다. 날씨가 푹푹 찌는 무더운 한여름날에도 검은색 정장을 차려입고 다니면서 계율과 전통을 지키고자 하는 이들의 모습을 보면 개인적으로는 경건하다는 느낌과 더불어 때때로 안쓰러운 느낌도 든다.

아직 수염이 나지 않은 앳된 얼굴의 청소년 하레딤도 많이 만날 수 있다. 그런데 이들 중에는 안경을 착용하고 있는 경우가 많다. 물론 안경을 착용하는 것이 하레딤 청소년만의 경우는 아니겠으나, 다른 청소년들에 비해 상대적으로 하레딤 청소년들 중에 근시가 많다는 공식 연구 결과가 공개되어 세간의 관심을 끈 적이 있다.

2018년 여름 히브리대학교 공공보건의료대학은 이스라엘 군 의무단과 합동으로 젊은 병사들의 눈 건강에 대한 연구조사 결과를 발표한 적이 있다. 이스라엘에서는 보통 고등학교를 졸업하고 바로 군에 입대하는데, 갓

입대한 18세 내외의 젊은 병사 약 2만 3천 명을 대상으로 눈 건강 상태를 조사한 것이다. 그 결과에 따르면, 이들이 재학했던 고등학교의 유형에 따라 근시의 정도가 많이 다른 것으로 나타났다.

이스라엘의 학교는 종교적인 관점에서 크게 세 가지로 대별할 수 있다. 초정통파 그룹에서 운영하는 하레디 종교학교, 상대적으로 개혁·진보적인 종교학교, 종교와 무관하게 유대교의 가르침을 강조하지 않는 세속적 일반 학교가 그것이다. 이들 가운데 하레디 학교는 대부분의 교과목이 유대교의 가르침을 가르치는 데 초점을 맞추고 있다. 당연히 초보적 수준의 기초 교육을 제외하면 대부분의 시간은 토라와 탈무드를 배우고 토론하는 데 배정되어 있다.

그런데 연구조사 결과에 따르면, 젊은 병사들의 근시 비율은 일반 학교 출신에서는 29.7%인 반면, 개혁·진보적 종교학교 출신은 50.3%로 비교적 높은 수준이었다. 그런데 하레디 종교학교 출신 그룹은 이들보다 훨씬 더 높은 82%가 근시인 것으로 나타났다. 하레디 학교 출신 병사의 근시 비율이 다른 집단에 비해 압도적으로 높게 나타난 이유에 대해서는 두 가지 가능성이 추정되었다.

우선 하레디 학교에서 사용하는 교재의 글자체(폰트)의 크기가 일반적인 학교 교재들의 글자체보다 작아 근시를 유발한다는 주장이다. 너무 작은 글자체로 만들어진 자료를 계속 읽다 보면 근시가 될 수 있다는 것이다. 또 다른 가설은 '슈클링'이라고 부르는 공부 방식 때문이다. 우리나라에서도 옛날 조상들이 좌우로 몸을 흔들면서 천자문 등을 읽던 모습과 비슷하게 초정통파 유대인들은 토라를 읽을 때 보통 상반신이나 고개를 앞뒤로(아래위로) 흔들며 읽는다. 이때 눈과 토라 책의 거리에 따라 글자에 맞춰지는 눈의 초점이 자꾸 바뀐다는 것이다. 예루살렘 통곡의 벽 앞에 가보면 많은 유대인이 고개나 상반신을 앞뒤로 흔들면서 토라를 읽는 모습을 쉽게 발견할 수 있다. 이런 방식은 토라 공부를 할 때 정신적으로 좀 더 집중하기 위해서라고 알려져 있다. 아마도 지루함을 덜고 쏟아지는 잠을 쫓는 등 나름의 실용적 이유도 있을 것으로 감히 추정해 본다.

아무튼 이 두 가지 가설에 대해서는 더 많은 연구조사가 필요할 것이다. TV나 컴퓨터 등에 익숙한 일반 학교 출신보다 첨단 기기들을 외면하고 살아가는 하레딤 청소년들의 근시 비율이 오히려 훨씬 높게 나타난 것은 매우 특이한 현상이다. 아마 외부에 잘 알려지지 않은 그들만의 독특한 생활 방식 때문은 아닐까 상상해 본다.

유대 국가와 민주국가

이스라엘에는 나라를 떠받치고 있는 두 개의 큰 기둥이 존재한다. 하나는 '유대 국가'라는 기둥이며, 다른 하나는 '민주국가 Democracy'라는 기둥이다. 이 두 기둥은 이스라엘이 추구하는 가장 핵심적인 가치라고도 할 수 있다. 이스라엘 건국 선언문은 이스라엘 땅에서 유대 국가를 건설할 것임을 분명히 천명하고 있다. 또한 건국이후 분야별로 기본법을 만들면서 이스라엘은 유대 국가인 동시에 인간의 존엄과 자유를 보장하는 민주국가라고 규정했다.

이스라엘은 유대인들이 세운 국가이고, 국민의 다수를 차지하는 유대인 중심의 나라라는 점에서 유대 국가임에 틀림없다고 할 것이다. 이스라엘은 또한 민주국가라는 기초에 바탕을 두고 있다. 언제라도 정권교체가 가능한 정치체제를 갖고 있고 다양한 언론이 존재하고 있으며 일상적으로 벌어지는 시위를 보면 표현의 자유 또한 보장되고 있다고 볼 수 있다. 미국이나 유럽 등 여타 선진 민주국가와 비교해도 결코 손색이 없다. 이스라엘 스스로도 중동 지역에서 유일한 민주국가라고 자랑할 정도이다. 여기서 왕정 독재체제의 경험으로 가득 차 있는 중동 지역 아랍 국가와 다르다는 그들의 자부심을 느낄 수 있다.

그런데 유대 국가로서의 이스라엘이 민주국가로서의 이스라엘과 일치하는지, 또한 두 핵심 가치 중 과연 어느 것이 우선인지를 둘러싼 논쟁은 지금도 계속 진행중이다. 인구의 약 1/4을 차지하는 아랍계 국민은 이스라엘은 유대인만을 위한 국가가 아니라 유대인과 아랍인 모두의 국가여야 한다고 주장한다. 자신들은 유대인이 아니라는 이유만으로 차별을 받는 2등 국민이라고 하면서, 오늘의 이스라엘은 유대인에게나 민주국가일 뿐 아랍인에게는 비민주적 국가라고 비판하고 있다. 이스라엘이 유대인과 아랍인 모두의 국가가 될 때 비로소 민주국가가 될 수 있다는 것이다. 이에 대해 유대인의 다수는 이스라엘은 과거부터 현재까지 유대민족의 국가이고 앞으로도 반드시 유대민족의 국가여야 한다고 주장한다. 또한 아랍계에 대한 차별은 사실이 아니라면서 이스라엘은 아랍인들의 권리도 보장하는 민주국가라고 자처한다.

이 같은 긴장과 갈등은 주로 유대계 국민과 아랍계 국민 사이에서 나타나고 있지만 같은 유대인 중에서도 종교적, 정치적 관점이 다른 그룹들 사이에서도 분명하게 드러나고 있다. 몇 년 전 이스라엘민주주의연구소라는 한 싱크탱크는 이스라엘 국민이 민주주의에 대해 갖고 있는 서로 다른 관점에 대해 연구한 결과를 발표하였다. 연구결과에서는 이스라엘 사회는 크게 두 개의 그룹으로 나뉘는데, 이들 각각의 그룹은 민주주의에 대해 상반되는 시각을 갖고 있다고 진단했다. 두 그룹 중 하나는 정치적으로 우익 성향을 가진 유대인과 종교적 성향이 강한 유대인을 모두 아우르는 통칭 우파그룹이며, 다른 하나는 종교적이지 않은 세속적 유대인과 정치적으로 중도와 좌파를 포함하는 통칭 좌파그룹이다.

연구에 따르면, 이스라엘의 민주주의 수준이 상당하다는 평가에 대해 우파그룹의 65%가 동의한 반면 좌파그룹에서는 20%만 동의하고 있다. 또한 이스라엘의 민주주의가 위기 상황이라는 진단에 대해서는 우파그룹의 23%만 동의한 데 반해 좌파그룹에서는 75%나 동의했다.

이 같은 인식의 차이에도 불구하고 유대 국가를 염원하는 우파 유대인들의 희망은 마침내 새로운 기본법을 만들기에 이르렀다. 당시 네타냐후 총리가 이끌었던 우파연합 정부는 여러 차례의 시도 끝에 마침내 건국 70주년이 되는 해인 2018년에 '유대민족국가기본법'이라는 14번째 기본법을 새롭게 만드는 데 성공한 것이다. 이 기본법은 이스라엘이 유대민족의 국가라는 점을 다시 한번 명확하게 천명하고 있다. 또한 이스라엘의 민족자결권한은 유대인만 행사할 수 있다고 규정했다. 그동안 히브리어와 더불어 국가 공용어로서 인정받고 있었던 아랍어는 공용어 지위를 박탈하고 '특별한 언어'로서의 지위만 인정하였다. 또한 유대 국가의 상징으로 이스라엘의 국기는 '다윗의 별' 문양의 깃발이며, 국가는 '하티그바'라고 다시 한번 명확하게 규정했다. 유대민족국가기본법 제정 당시 네타냐후 당시 총리의 발언은 우파그룹 유대인들의 생각을 고스란히 드러내고 있다.

"이스라엘은 모든 국민의 국가가 아니다. 이스라엘은 유대민족만의 국가이다. 아랍계 국민은 아무런 문제가 없다. 그들은 우리 모두와 같은 권리를 갖고 있다."

네타냐후의 발언에 따르면, 아랍계 국민도 다 같은 이스라엘의 국민으로서 차별이나 불이익을 받지는 않을 것이지만 이스라엘은 아랍인의 나라가 아닌 유대인만의 나라라는 점을 명확히 한 것이다. 이 같은 기본법의 제정을 둘러싸고 아랍계는 물론이고 이스라엘 내 좌파그룹 유대인들과 진보성향의 미국 내 유대인 공동체까지 나서서 반대 운동을 펼쳤다. 유대민족국가기본법이 이스라엘의 건국정신과 민주국가로서의 기본적 가치를 훼손하는 반민주적 기본법이라는 비판이 쏟아졌다. 일부에서는 과거 남아공처럼 아랍계에 대한 극단적 인종차별을 용인하는 '이스라엘판 아파르트헤이트'Apartheid'라고 주장하고 나섰다. 연일 곳곳에서 가두시위가 벌어지기도 했다. 네타냐후 정부나 우파그룹 유대인들은 이스라엘이 '유대 국가이면서 민주국가Jewish and Democratic State'라고 주장하고 있는 반면, 아랍계 국민이나 좌파그룹 유대인들은 '유대 국가일뿐 비민주국가Jewish and Undemocratic State'라고 비판하고 나선 것이다. 엄청난 갈등과 논쟁에도 불구하고 유대민족국가기본법은 의회에서 찬성 62, 반대 55, 기권 2로 이스라엘의 14번째 기본법으로 채택되었다.

그러자 유대민족국가기본법이 무효임을 청원하는 헌법소원이 제기되어 논쟁이 수년 동안 지속되었다. 좌파그룹 측에서는 새로운 기본법이 민주국가라는 건국 선언의 정신을 위배하고 있다고 주장한 반면, 우파 측에서는 준헌법인 기본법에 대한 심사는 의회의 전권에 속하는 사안이므로 대법원이 이를 심사할 권한이 없다고 반박했다. 2021년에 와서 마침내 이스라엘 최고재판소인 대법원은 유대민족국가기본법이 민주주의와 모순되지 않으며 유대인이 아닌 국민에 대해 차별적이지도 않다고 판시했다. '유대민족국가'와 '민주주의'라는 두 이념적 기둥은 이스라엘을 강력하게 떠받치고 있다. 그러나 동시에 여전히 이스라엘의 현재와 미래를 뒤흔들고 있는 미완의 과제로 남아 있다.

국가를 부르지 않는 사람들

이스라엘은 국가의 주요 행사 때마다 '희망'이 울려퍼진다. 이스라엘의 국가 〈하티그바〉가 곧 '희망'이라는 뜻이기 때문이다. 이스라엘과는 아무런 인연이 없는 이방인 중에서도 〈하티그바〉를 듣는 순간 히브리어로 된 노랫말은 전혀 알아들을 수 없지만 어디에선가 들어본 것처럼 낯설지 않은 느낌을 받았다고 이야기하는 경우가 많다.

〈하티그바〉의 노랫말은 대단히 짧다. 단 두 개의 소절을 가진 하나의 문장으로 이루어져 있다. 원래 상당히 긴 시에서 일부만 따온 것이다. 〈하티그바〉 노랫말의 원작자는 이스라엘이 건국되기 이전인 19세기 후반 당시 팔레스타인 지역으로 이주했던 우크라이나 출신의 젊은 시인 나프탈리 임베르이다. 그는 20대에 '하티그바 테이누(우리의 희망)'라는 제목으로 아홉 개의 구절로 만든 긴 시를 발표했다. 그 시의 1절 부분을 몇몇 유대인들이 조금씩 다듬으면서 오늘날에 불리는 〈하티그바〉의 노랫말로 완성되었다고 한다.

이 노랫말은 "유대인들의 영혼이 시온을 갈망하며 지켜보고 있는 한 2천 년 동안 예루살렘 땅에서 자유로운 민족이 되고자 한 유대인들의 희망은 사라지지 않는다"는 요지로 되어 있다.

마음속에서

유대의 영혼이 갈망하는 한

그리고 동쪽 끝을 향하여

하나의 눈이 시온 쪽을 지켜 보는 한

우리는 아직 희망을 잃지 않았네

2천 년의 희망

우리 자신의 땅에서 자유로운 민족이 되는 것

시온과 예루살렘의 땅

우리 자신의 땅에서 자유로운 민족이 되는 것

시온과 예루살렘의 땅

　단조의 멜로디 특유의 힘 때문에 노랫말을 전혀 모르는 상태에서도 〈하티그바〉를 들으면 애잔하면서도 비장한 느낌이 든다. 전 세계 국가 중에서 단조로 이루어진 국가는 겨우 10여 개에 불과하다고 한다.

　〈하티그바〉의 멜로디를 들으면 체코슬로바키아 출신의 국민 작곡가 스메타나가 오스트리아 통치 시절이던 19세기 후반에 만든 연작 교향시 〈나의 조국〉 제2악장에는 '블타바'(독일어로는 몰다우)가 떠오른다. 실제로 스메타나의 블타바는 〈하티그바〉에 비해서 다소 밝고 아름다운 느낌이지만 상당히 비슷하게 들린다. 이에 대해 이스라엘 음악사를 연구하는 학계에서는 〈하티그바〉가 약 15세기부터 유럽지역 거주 유대인들이 입으로 읊조리던 멜로디에서 유래했다고 주장한다. 이탈리아에서 이 구전 멜로디를 들은 어린 모차르트가 자신의 일부 작품에 그 멜로디를 녹여냈으며, 그것이 비엔나를 거쳐 체코로 넘어가 스메타나에게까지 흘러간 것이라고 한다. 유대인들의 구전 멜로디는 유럽의 집시들 사이에서도 민속적 음악으로 계속 남아 있었다. 아무튼 영국이 점령 중이던 시절 팔레스타인 지역에서 유대인들 사이에서 〈하티그바〉가 많이 불리자 당시 팔레스타인을 통치하던 영국 정부는 이를 금지곡으로 지정하기도 했다. 이에 유대인들은 하티그바 대신에 스메타나의 블타바를 많이 들었다고 한다.

〈하티그바〉가 이스라엘의 국가로 공식 지정된 것은 이스라엘이 독립한 지 56년이 지난 2004년이다. 거의 100여 년 이상이나 사실상 유대민족의 노래로 불려왔음에도 불구하고 2004년에 와서 국기, 국가문장, 국가 등에 대한 법률이 제정되면서 비로소 이스라엘의 정식 국가로 자리매김할 수 있었다.

하지만 오늘날 이스라엘의 일부 국민은 〈하티그바〉에 대해 불편한 감정 또는 반감을 가지고 있다. 국가 주요 행사에서 이를 따라 부르지 않는 경우도 적지 않다. 실제로 아랍계 대법관이나 아랍계 군인 등이 공식행사에서 〈하티그바〉를 따라 부르지 않고 입을 다물고 있는 사례가 발견되기도 했다. 일부 강경 성향의 아랍계 의원들은 크네세트(의회)에서 〈하티그바〉가 울려 퍼지는 동안에는 회의장을 떠나 있기도 한다. 그 가사에서 '유대인'의 영혼과 '시온'을 노래하고 있기 때문이다. 아랍계 국민들은 〈하티그바〉가 유대인들만의 희망을 노래할 뿐 아랍계를 포함한 전체 이스라엘 국민의 희망을 담고 있지 않다고 주장한다. 유대인만의 국가가 아니라 아랍계를 포함한 모든 국민들을 위한 진짜 이스라엘 국가를 만들어야 한다는 것이다. 2022년 초에는 아랍계인 한 여성 정치인이 중국 주재 총영사로 내정된 사실을 두고 정치적 논란이 벌어졌다. 아랍계 여성으로서는 처음으로 재외공관장에 임명된 그녀가 과거 자신은 〈하티그바〉에서 전혀 일체감을 느끼지 못한다고 발언하여 비판을 받았던 인물이기 때문이었다. 당시 야당연합의 대표를 맡고 있던 네타냐후는 이스라엘이 유대 국가이며 〈하티그바〉가 국가라는 사실을 인정하지 않는 사람이 어떻게 나라를 대표할 수 있느냐고 강력 비난하기도 했다.

재미있는 것은 아랍계 이외에 초정통파 일부 하레딤 중에서도 〈하티그바〉를 곱게 바라보지 않는 시각이 남아 있다는 점이다. "유대인의 희망은 자유로운 민족이 되는 것"이라는 가사 때문이다. 유대인은 야훼 하느님 속에서 살아야 하는데 '유대민족이 자유로워진다'는 그 가사는 하느님의 뜻을 거스른다는 주장이다. 일반인들에게는 지나치게 근본주의적 주장으로 들린다. 이처럼 〈하티그바〉를 둘러싼 논란은 계속 이어지고 있다. 하지만 이스라엘의 모든 국민을 아우를 수 있는 국가가 만들어질 가능성은 현재로서는 없다. 앞에서 보았듯이 이스라엘은 2018년 유대민족국가기본법이라는 기본법을 새로 만들면서 〈하티그바〉가 이스라엘의 국가라고 다시 한 번 명확하게 규정했기 때문이다.

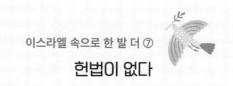

이스라엘 크네세트

이스라엘은 의원내각제 국가이다. 대통령은 국가원수로서 존재하지만 실질적인 권력은 총리가 행사한다. 대통령은 임기 7년으로 다른 내각제 국가와 비슷하게 국가를 대표하는 여러 가지 상징적, 의례적 권한을 행사한다. 지난 2019년 여름 한국을 방문했던 루벤 리블린 대통령이 2021년 7월 물러나면서 이츠하크 헤르초그가 제11대 대통령으로 취임했다.

이스라엘 의회는 상·하원의 구분이 없는 단원제이다. 히브리어로 '크네세트Knesset'라고 부른다. 고대 이스라엘 시절 예루살렘에 모였던 유대인 대표기구 '크네세트 하 게돌라Knesset ha gedolah'에서 이름을 따왔다고 한다. 현재 의석수 120석도 당시 대표자들의 숫자와 동일하다. 크네세트 선거는 좁은 국토와 적은 인구를 고려하여 지역구가 없이 전국이 하나의 단일선거구로 되어 있다. 따라서 국민은 의원 개인이 아닌 정당에 투표한다.

각 정당은 득표율에 따라 의석을 배분받는다. 의회선거에는 30~40여 개의 정당이 참여하는데 지나친 의석 분할을 방지하기 위해 최소 득표율(3.25%) 이상을 득표한 정당에만 의석이 배분된다. 보통의 경우 10여 개의 정당이 의회에 진출한다. 이들 중 득표를 제일 많이 한 제1당이 여타 정당들과 정치적으로 합종연횡을 통해 과반수인 61석 이상을 확보해야 정부를 구성할 수 있다. 1948년 건국 이래 현재 37대 내각에 이르기까지 70여 년간 하나의 정당이 과반수 의석을 차지해서 독자적으로 집권한 사례는 단한 번도 없다.

여러 정당이 연합해 각료 배분을 통해 정부를 구성한다. 따라서 연립정부에 참여하는 각 정당의 대표 등 비중 있는 의원의 경우 여러 부처의 장관직을 바꿔가며 맡는 상황이 벌어진다. 때로는 총리가 부처의 장관을 겸임하기도 하고, 의회의 의장직을 맡았다가 다음번에는 장관을 맡는 경우도 있다. 내각제 의원의 임기는 4년이다.

우리에게도 이름이 많이 알려진 베냐민 네타냐후 총리는 1993년부터 3년간 총리직을 맡은 이후 10여 년간의 공백기를 거쳐 2009년 3월 다시 총리를 맡은 이래 2021년 6월까지 재임했다. 그는 1년반 정도 야당으로 밀려났다가 2022년 가을 총선에서 우파연합이 승리하면서 다시 총리직으로 복귀했다. 합산하면 16간 총리직을 맡은 것이다. 그는 과거 13년간 총리로 재임했던 다비드 벤 구리온 초대 총리의 기록을 깨고 역대 최장수 총리라는 역사를 새롭게 만들었다.

이스라엘 정치제도에서 한 가지 특이한 것은 단일 성문헌법이 없다는 점이다. 의회부터 정부, 법원, 영토, 기본권, 선거 등 국가체제와 국정 운영의 근간에 대해 규정하는 각 분야별 기본법Basic Law이 헌법과 같은 기능을 수행하고 있다. 1958년 크네세트 기본법이 처음으로 만들어진 이래 가장 최근인 2018년에는 유대민족국가기본법이 제정됨으로써 이스라엘의 기본법은 모두 14개에 이르고 있다.

죽음을 다루는 유대인의 방식

유대교에서는 화장을 금한다. 사람의 몸은 하느님의 피조물인 만큼 이를 훼손해서는 안 된다는 유대 종교법에 따른 전통이다. 그런 까닭에 비좁은 국토에도 불구하고 이스라엘에서는 사람이 죽으면 대부분 매장을 한다. 여기서 죽음을 창조주 하느님의 품으로 돌아갔다고 여기는 유대인의 장례식을 간단히 살펴보자.

유대인들은 특별한 사정이 없는 한 죽은 지 하루를 넘기지 않고 바로 매장한다. 신속하게 매장하는 것은 전통적인 관습이지만 시신의 부패가 본격적으로 진행되기 이전에 빨리 매장을 마치려는 보건 위생적 이유도 있는 것으로 이해된다.

매장에 앞서 치러지는 장례의식도 비교적 조촐하다. 장례식은 장례식장이나 유대교 회당인 시나고그에서 치르는 경우도 있으나, 요즘에는 공동묘지에서 치르는 경우가 많다. 유족이나 추모객들이 모인 가운데 공동묘지의 장례식 구역에서 랍비의 주재하에 간단한 의식을 치른다. 이때 시신은 군인이나 VIP 등인 경우 관에 넣는 경우도 있지만 보통의 경우에는 소박한 천을 머리부터 발끝까지 둘러싸서 수레 모양의 바퀴달린 들것 위에 그냥 얹어두는 경우가 많다. 이 경우에는 시신의 윤곽이 어렴풋하게 드러나게 되는데 이러한 모습이 한국인에게는 매우 낯설게 느껴진다.

간단한 의식이 끝나면 미리 땅을 파 둔 묫자리로 이동해 시신을 매장한다. 시신은 천으로 둘러싼 상태 그대로 땅속에 묻는 경우가 흔하다. 매장하는 현장을 보면 시신을 가마니에 싸서 바로 땅에 파묻는

옛날 사극영화의 장면이 떠오를 정도다. 오늘날의 관점에서 보면 망자에 대한 예의가 아닌 듯 보인다. 유가족이나 가까운 친지들은 땅속에 눕힌 시신 바로 위에 흙을 뿌리거나 조그마한 돌을 던지며 망자와의 마지막 작별을 고한다. 우리의 경우 조문객들이 검정색 옷이나 비교적 단정한 옷을 입지만 이스라엘에서는 유가족 이외에는 티셔츠 등 일상적으로 입는 옷차림이 많다. 유대인들이 워낙 실용적인데다 더운 날씨 탓도 있을 것 같다.

이처럼 굉장히 빠르게 시신을 매장하기 때문에 연락을 늦게 받았거나 지리적으로 먼 곳에 거주하는 친지들은 묘지 장례식에 참석하기 어렵다. 이때는 '쉬바'라고 부르는 가정 내 추모행사에 참여한

이스라엘 공동묘지

다. 쉬바는 히브리어로 '7일'을 뜻하는데, 이 기간에 망자의 가족들은 집에서 조문객들을 맞는다. 집안에는 조문객을 위해 간단한 간식거리나 음료수 등을 차려둔다. 망자를 추모하며 유가족을 위로하는 것은 우리나라와 비슷하다. 하지만 망자의 영정 앞에서 절하는 광경은 보기 어렵다. 일부 초정통파 하레딤은 남녀 좌석을 구분하고 음식도 코셔 계율을 지켜 준비한다. 하지만 세큘라 가정에서는 남녀가 섞여 간단한 다과를 나누며 담소를 나눈다. 죽음이 하느님 품으로의 회귀라는 유대교의 가르침 때문인지 조문의 분위기도 별로 슬프지 않다는 느낌을 받는다.

대체적으로 매장을 하지만, 그렇다고 화장이 전혀 없는 것은 아니다. 특히 화장을 금지하는 세속법도 아직은 없다. 한때 종교법이 아닌 세속법으로도 화장을 금지하자는 법안이 의회에서 발의되기도 했으나 실제로 통과되지는 못했다. 그렇기 때문에 이스라엘에도 화장터가 있다.

이스라엘에는 현재 민간 장례회사가 사설 화장터를 운영하고 있다. 화장터의 수준은 대체로 열악한 편이다. 그렇다면 유대 율법상 화장이 금지된 이스라엘에서 누가 화장터를 이용할까? 소수이기는 하지만 유대 종교법을 따르지 않는 사람들로 인해 화장에 대한 현실적 수요가 있다. 특히 외국인이 사망할 경우에는 시신을 본국으로 이송하기 위한 절차가 복잡하고 비용부담도 크므로 이 때문에 화장을 원하는 경우가 적지 않다. 이처럼 화장에 대한 수요가 늘면서 지난 2005년 최초로 영업을 시작한 한 장례회사는 십수 년간 화장업을 독점적으로 운영해 왔다. 이 회사는 회사의 위치를 공개하지 않고 비밀에 부치고 있는데, 회사가 화장 사업을 시작한 후 화재사건이 일어났기 때문이다. 화장은 유대교의 가르침을 위반한다고 믿는 한 초정통파 인물이 화장터에 불을 질러 시설이 모두 타버린 것이다.

한편 2018년에 또 다른 화장터 회사가 설립되었다. 오랜 기간 한 회사가 독점해 온 시장에 도전장을 낸 셈이다. 물론 아직은 기존 회사가 시장을 장악하고 있다. 화장터 이용가격은 최소한 3천 달러 이상이라고 한다. 대략 10만 원대인 우리나라와 비교하면 상당히 비싼 편이다. 물론 화장을 한 유골은 율법에 어긋나기 때문에 유대인 묘지에는 안치하지 못한다. 대체로 비공인 사설 묘역에 안치하지만 더러 지중해나 사막 지역에 뿌리기도 한다.

해외 거주 유대인 중에는 화장을 선택하는 사람도 적지 않지만, 이스라엘에서 화장을 선택하는 비율은 해외 유대인에 비하면 극히 낮다. 화장에 대한 유대인의 거부감은 유대 종교법의 계율 때문이지만 일부에서는 나치 수용소에서 희생당한 홀로코스트의 악몽 탓이라는 설도 있다. 협소한 이스라엘의 국토에서 죽음을 다루는 유대인의 방식은 어떤 해법을 찾았을지 이어서 알아보자.

부활을 위한 망자의 집,
지하묘지 프로젝트

예루살렘을 방문하는 사람들은 대부분 키드론 계곡과 성전산을 포함해 올드시티를 동쪽 방향에서 조망할 수 있는 감람산(올리브산)에 오른다. 이때 감람산 아래쪽 경사진 언덕에 빽빽히 들어차 있는 묘지들을 보고 놀라기 일쑤다. 감람산 주변에는 최소 약 7만 기 이상의 묘지가 있다고 한다. 유대인 묘역 아래에는 크리스천이나 무슬림의 묘역도 있다.

유대인들은 예루살렘 성에서 가까운 그 언덕 지역을 3천 년 전부터 묘역으로 사용해왔다. 그러나 고대 이스라엘이 멸망한 뒤 예루살렘 지역을 점령했던 세력들이 수차례 교체되면서 유대인 묘역은 오랫동안 방치되어 거의 멸실되었다고 한다. 이스라엘은 1967년 제3차 중동전쟁에서 동예루살렘을 군사적으로 점령한 이후부터 이곳을 관할해왔다. 묘지의 모습은 가지각색이지만 전반적으로 돌로 만들어진 석관 형태가 대부분이다. 전 세계의 유대인 묘역 중에서 가장 넓은 규모인 감람산의 유대인 묘역은 유대인들에게 가장 성스러운 묘역으로 알려져 있다. 그만큼 가장 인기 있는 묘역이기도 하다.

적지 않은 유대인들은 먼 훗날 언젠가 메시아가 도래하면 예루살렘 성전으로 들어가는 황금문이 다시 열리고 죽은 자들 역시 부활할 것이라는 믿음을 갖고 있다. 그때 이스라엘이 아닌 다른 나라에서 죽은 유대인들은 땅속을 이동해 이스라엘 땅으로 옮겨지는데, 이미 이스라엘에 묻힌 유대인들은 그같이 불필요한 땅속 이동 없이 곧바로 부활할 수 있다고 믿는다. 이스라엘의 여러 묘역 중에서도 감람산 묘역은 예루살렘 성전에 가장 가까운 지역이라서 메시아가 도래할 때 죽은 자들의 부활이 제일 처음 시작되는 곳으로 여겨지고 있다. 유대인의 입장에서는 죽어서 감람산 묘역에 묻히고 싶은 것이 어쩌면 지극히 당연한 소망이라고도 할 수 있다.

물론 미국 등 외국에서 거주하는 유대인들도 죽어서 이스라엘 땅에 묻히기를 희망하는 경우가 있다. 하지만 장례비용 등 여러 가지 현실적 제약 때문에 이를 실천하기는 어렵다. 따라서 예루살렘에서 가져온 흙을 관 위에 뿌리는 방식으로 예루살렘에 대한 그리움을 달래기도 한다. 그런데 언제부터인가 미국 내 유대인의 경우에는 죽어서 이스라엘 땅에 묻히는 것이 다소 쉬워졌다고 한다. 이스라엘의 몇몇 장례회사들이 미국에서 오는 유대인들을 전문적으로 받아주는 묘역을 조성해 영업 중인 덕분이다. 미국 내 유대인 공동체와 협업하여 미국에서 사망한 유대인을 대상으로 입관에서부터 항공기를 이용한 시신 운송 및 이스라엘 묘지 매장에 이르기까지 장례의 모든 과정을 일괄 서비스해주고 있다. 당연히 비용이 많이 들지만 경제적으로 여유가 있는 미국 유대인들은 죽어서 이스라엘 땅에 묻히고 싶은 소망을 이들 장례회사들을 통해 실현시킬 수 있는 것이다.

　그런데 국토가 좁은 탓에 이스라엘에 거주하는 유대인들에게도 묘역은 거의 포화상태에 이르고 있다. 묘역 부족은 국토가 좁은 이스라엘에 커다란 골칫거리인 셈이다. 기존에 있는 묘역도 위치에 따라 가격이 천차만별이다. 예루살렘 성전을 직접 바라볼 수 있는 감람산 지역의 묘지는 가격이 수만 달러 수준에 이를 정도로 높은 것으로 알려져 있다. 다른 지역의 묘지도 올드시티 성전산에서 얼마나 떨어져 있는가에 따라 가격에 상당한 차이가 난다. 묘지의 형태도 비용이 비싼 곳은 땅 위에 석관을 두는 모습이지만, 고대 카타콤(지하묘지) 형태처럼 벽에 몇 개 층의 공간을 만들어 각층마다 석관을 넣는 방식도 많다.

예루살렘에서는 묘역이 부족한 현실을 고려한 기발한 발상이 꿈이 아닌 현실에서 추진 중이다. 세계 최초로 지하공간에 묘역을 만드는 거대한 프로젝트가 진행되고 있는 것이다. 이 같은 구상은 고대 이스라엘 시대에도 있었던 카타콤의 풍습을 따랐다고 한다. 이스라엘의 한 장묘회사가 수년간의 준비를 거쳐 지난 2015년 말 예루살렘 북서쪽 공동묘지 지역에서 카타콤 건설 프로젝트에 착수했다. 그간 약 8천 500만 달러 정도의 예산이 투입되어 진행된 공사는 2019년 가을 1차 공정이 마무리되었다.

이 지하묘역 공사에는 터널 굴착을 전문으로 하는 회사가 동원되었다. 먼저 지하 약 50미터 정도의 지점에 폭 약 1.5킬로미터, 높이 약 15미터 정도의 터널을 뚫어 거대한 지하공간을 만든 다음 공간의 벽면에는 아파트와 같은 모습으로 4~6개 층으로 관을 비치하기에 적당한 크기의 공간을 만들었다. 지하공간의 중앙 광장 부분은 장례식 행사를 위한 공간과 함께 지상의 묘지처럼 사용할 수도 있는 공간을 같이 배치하였다. 이 묘지에는 추모객들이 접근 이용하는 데 필요한 첨단기술과 편의시설이 갖추어질 예정이라고 한다. 앞으로 2023년경 모든 공정이 마무리되고 나면 약 2만 4천여 기를 수용할 수 있다고 한다. 이는 동일 면적의 지상 묘지와 비교할 때 거의 16배 정도나 되는 규모라고 한다. 묘지당 가격이 얼마나 될 것인지는 아직 미정이다. 지하 공동묘역은 창의력과 기술수준이 뛰어난 유대인들이 창조하는 또 하나의 장례문화가 될 수 있을 것 같다.

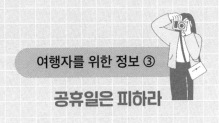

온 세상이 멈춘 것 같은 '욤 키푸르'에는 육상 교통뿐만 아니라 모든 항공기의 운항조차 정지되고 공항도 폐쇄된다.

이스라엘을 방문하는 외국인이 겪는 가장 일반적인 어려움 중 하나는 이스라엘의 공휴일이다. 낯선 공휴일 운영 시스템 때문에 현지에서 일정을 조정해야 하는 상황이 수시로 생기기 때문이다. 물론 사전에 여행사나 지인 등을 통해 현지 사정을 알아보고 미리 맞춰서 올 경우에는 별다른 문제가 없지만 안 그러면 낭패를 겪을 수도 있다.

여느 국가와 달리 이스라엘은 금요일에 대부분의 직장이 문을 닫는다. 공공기관이나 회사들은 일요일에 시작해 목요일까지만 일을 한다. 따라서 비즈니스 출장일 경우 당연히 금요일에는 현지 관계자와 면담이 거의 불가능하다. 그 전날인 목요일부터 안식일 분위기가 시작된다. 따라서 목요일 오후에는 외부인과의 면담을 잡지 않는 경우가 많다. 안식일이 시작되기 직전인 금요일 오후에는 적지 않은 식당이나 업소들이 일찍 문을 닫고 대중교통도 운행을 중단한다. 그런 까닭에 방문객이 식사를 하거나 이동하기가 쉽지 않은 상황이 생길 수도 있다. 실제로 목요일 오후에 도착해 금요일에 업무를 보고 토요일에 다른 나라로 이동하는 일정으로 이스라엘을 방문했던 업무 출장자들이 일정을 조정하느라 혼란을 겪는 경우도 보았다.

안식일뿐 아니라 다른 공휴일들도 업무 출장에는 장애가 될 수 있다. 이집트에서의 탈출을 기념하는 '페사흐(유월절)', 하느님에게서 율법을 받은 날로 수확의 축제인 '샤부오트(칠칠절)', 40년 동안 광야에서의 험난했던 생활을 기리는 '수코트(초막절)' 등을 비롯하여 유대교의 오랜 역사적 배경을 지닌 적지 않은 날들이 공휴일로 지정되어 있다. 그 외에도 욤 하지카론(현충일), 욤 하츠마우트(독립기념일), 로쉬 하샤나(신년), 하누카 등의 공휴일이 있다. 이 공휴일은 유대력으로 날짜가 정해지기 때문에 양력으로는 매년 날짜가 바뀐다는 점에 유의해야 한다. 우리의 설이나 추석 등 음력 절기가 양력에서는 날짜가 매년 바뀌는 것과 같다. 이를 따져보지 않고 일정을 잡았다가는 현지에서 차질을 빚을 수 있다.

특히 자신의 죄를 회개하는 속죄일인 '욤 키푸르'에는 육상 교통뿐만 아니라 항공기의 운항조차 정지되고 공항도 폐쇄된다. 나라 전체가 멈춰 버리는 셈이다. 비즈니스 출장자뿐만 아니라 배낭여행자들이 공휴일 문제로 난처함을 겪었다는 이야기를 자주 한다. 물론 예상치 못한 어려움을 경험하고 이를 추억으로 삼는 사람이라면 예외일 테지만 말이다. '욤 키푸르'에 모든 것이 정지된 도심의 텅 빈 대로를 걸어보는 것도 이스라엘 방문의 좋은 추억이 될 수 있겠다. (공휴일에 대한 자세한 정보는 380쪽 참조)

4장

작은 나라 강한 군대의
비밀

전쟁국가 이스라엘

현대 이스라엘의 다른 이름은 '전쟁국가'이다. 앞서 보았듯 건
국 직후부터 최근까지 전쟁이 이어지고 있는 전쟁국가 이스라엘에
서 국방력을 담당하는 군을 히브리어로 '짜할Zahal'이라고 부른다.
영문 약칭으로는 IDF 즉 '이스라엘 방위군Israel Defense Force'이다.
'짜할'은 이스라엘이 독립선언을 한 직후 정식으로 창설되었지만 그
뿌리는 건국 이전으로 거슬러 올라간다. 짜할은 영국이 팔레스타인 지
역을 위임통치하던 시절 아랍인으로부터 유대인을 보호하기 위해 활
동했던 최대 규모의 유대인 무장조직 '하가나'를 모체로 하고, 다른 유
대인 시오니스트 무장단체인 '이르군' 등을 흡수하여 만들어졌다.

그렇다면 전설적인 강군인 짜할은 어떻게 편성되어 있을까?

짜할은 통합군 체제로 편성되어 있다. 군에서 최고위 직책은 합참의장이다. 이 직책은 3성급의 장군이 맡아 통합사령관 역할을 수행한다. 합참의장의 휘하에는 지상군·공군·해군 사령부와 북부·중부·남부 사령부의 3개 지역 사령부 및 민방위 사령부 총 7개 사령부 체제가 편제되어 있다. 사령관은 모두 2성급 장군이 맡고 있다. 또한 합참의장 밑에는 지상군·공군·해군의 군사정보 업무를 총괄하는 군 정보본부가 별도로 편성되어 있다. '암만'이라 불리는 군 정보본부 역시 2성급 장군이 지휘한다.

이스라엘 군의 병력 규모는 17~18만 명 수준으로 알려져 있다. 1천만 명이 못 되는 전체 인구 규모와 비교할 때 적지 않다고 할 수 있다. 현역으로 복무 중인 병력 못지않게 중요한 병력이 약 46~47만 명 정도에 달하는 예비군이다. 예비군은 40세(장교는 45세)가 될 때까지 연간 약 한 달 정도 훈련에 소집된다. 여성의 경우에는 출산이나 자녀 양육 등 합당한 사유가 있으면 훈련소집이 면제된다. 전쟁이 일어나면 당연히 부대별로 예비군 동원령이 내려진다. 그간 이스라엘이 치렀던 수차례의 전쟁에서 예비군은 상당한 역할을 수행한 것으로 알려져 있다.

짜할이 펼치는 군사작전의 손꼽히는 특징은 신속성이다. 적은 인구에다 좁은 국토와 아랍국들로 둘러싸인 안보 환경을 고려할 때 장기전은 아무래도 불리하다. 또한 전쟁에서의 패배는 또다시 2천년 전 유랑의 시절로 돌아가는 길이라는 인식이 크다. 따라서 아무리 작은 전투라도 반드시 이겨야 한다고 생각한다. 이를 위해서는 빠른 결단과 속전속결이 결정적이라고 여긴다. 그래서 상대적으로 병력 손실이 적은 공군력을 이용해 상대방 영토에서 벌이는 전투가 선호된다. 시리아나 레바논 헤즈볼라에 제공되는 이란의 첨단무기 지원을 차단하기 위해 공군력을 동원한 일종의 치고 빠지는 공격이 수시로 벌어지기도 한다.

물론 신속성을 확보하기 위해서는 정확한 상황판단과 그에 필요한 정보수집이 전제되어 있다. 필요할 경우에는 적국에 대한 선제적인 원거리 기습공격도 불사한다. 1980년대 초 이라크까지 2천 킬로미터를 날아가 당시 건설 중이던 오시라크 원자로를 공습 파괴한 '오페라 작전'은 '필요하다면 무엇이든 한다'는 이스라엘의 공격 의지를 보여주었다.

또한 과학기술 분야에서의 뛰어난 역량을 바탕으로 다양한 형태의 전자전이나 사이버전을 통해 상대방을 교란·타격하는 데에서도 성과를 거두고 있다. 이뿐만 아니라 인터넷이 고도로 발달한 최근에는 전 세계를 실시간으로 이어주는 사회 관계망 서비스SNS를 활용하여 고도의 심리전을 펼치는 이른바 인지전認知戰, Cognitive Warfare 분야에서도 뛰어난 역량을 보여주고 있다. SNS를 활용해 상대방의 전투의지를 꺾고 자국민들에게는 승리의 의지를 북돋우는 동시에 국제무대에서 정당성의 우위를 차지하는 전술을 구사하는 것이다.

이스라엘의 미사일 방어시스템도 세계적으로 유명세를 인정받고 있다. 단거리 로켓 요격용으로 잘 알려진 '아이언돔'에서부터 크루즈 미사일 등 중거리 미사일 요격에 적합한 '데이비드 슬링(다윗의 돌팔매)'이나 고고도 탄도탄 요격용인 '애로우' 등 다층으로 된 미사일 방어 체계를 구축해 두고 있다. 최근에는 미사일이나 로켓뿐 아니라 드론과 같은 무인항공기 등을 저비용 고효율의 레이저를 이용해 요격 차단할 수 있는 '레이저 장벽laser wall' 기술을 개발 중인 것으로 알려져 있다.

이스라엘 강군의 비결

이스라엘의 강력한 국방역량 배경 중에서도 첫 손에 꼽히는 것이 독특한 군 간부양성 프로그램이다. 그중에서도 '탈피오트Talpiot 프로그램'은 이스라엘이 자랑하는 엘리트 양성 방식이다. 탈피오트는 구약성서에 나오는 표현으로 '난공불락의 망대(파수대)'라는 뜻이다. 이 혁신적인 군 엘리트 양성 프로그램은 피의 대가를 치르고 얻어낸 값진 성과 중 하나이다.

1973년 유대교 명절 중의 하나인 대속죄일(욤키푸르)에 이스라엘은 이집트의 기습공격으로 전쟁 초기 엄청나게 고전했다. 이스라엘이 백척간두에 섰던 제4차 중동전쟁(욤키푸르 전쟁)이다. 미국의 전격적인 지원하에 반격에 성공하면서 결과적으로는 간신히 승리했지만, 이스라엘의 피해도 만만치 않았다. 가까스로 이룬 승전이었으나, 전후 대대적인 군 지휘부의 개편과 전략전술의 전면적 재평가 작업을 해야 했다. 동시에 개전 초기 겪었던 각종 실패의 교훈을 찾기 위해 수년간 연구를 진행했다. 전문가들 사이에 여러 주장과 논란 끝에 마련된 다양한 개선책의 하나로 군 엘리트 양성을 위한 새로운 프로젝트가 시행되었다. 최고 수준의 젊은 과학영재를 여러 단계의 심사과정을 거쳐 선발한 후 이들을 대학교 위탁 전공교육과 체계적인 군사훈련 등을 통해 장교로 양성하여 특수기관이나 부대에 배치하는 프로젝트였다. 이들을 통해 이스라엘의 첨단 국방 분야를 이끌어 나가게 한 것이다.

탈피오트 프로그램에는 매년 전국 고교에서 상위 1~2%에 드는 수천 명의 우수한 이공계 과학영재들이 지원한다. 까다로운 절차를 거쳐 최종적으로 겨우 50여 명 정도만 선발될 정도로 경쟁률이 매우 높은 편이다. 우리나라 고교생들은 좋은 대학에 진학하기 위해 치열한 경쟁을 하지만 이스라엘에서는 대체로 고교 졸업 후 군 복무를 마친 뒤 취업하거나 대학에 진학한다. 그러다 보니 탈피오트와 같은 특별한 군대 프로그램에 선발되기 위해 치열하게 경쟁한다. 징집을 앞둔 고등학교 3학년 엘리트 학생들의 주요 화제는 '누가 지원 자격을 얻을 것인가' 하는 데 집중되어 있다고 한다.

물론 프로그램에 선발되었다고 끝이 아니다. 선발된 인원 중에서도 3년 동안 진행되는 대학의 복수전공 교육과 방학 기간 중 이어지는 특수 군사훈련 과정에서 중도 탈락하는 경우도 있다. 히브리대학교에서 맡은 전공 분야 위탁교육에서는 주로 물리학, 수학, 컴퓨터공학 등을 공부하게 된다. 또한 군사훈련에서는 전쟁에서 전략적, 전술적 사고를 위한 훈련을 집중적으로 받는다. 그런 까닭에 "싸우는 방법을 배운다는 것은 곧 생각하는 방법을 배우는 것이다"라는 비유가 있을 정도이다. 이 모든 과정을 수료하게 되면 마침내 학사학위 취득과 동시에 명예로운 '탈피온'이 된다.

이들 탈피온은 중위로 임관해 주로 첨단장비 연구개발 부대, 컴퓨터 통신부대, 사이버 부대, 정보기관 등에 배속되어 6년간 복무하면서 다양한 임무를 수행한다. 이스라엘이 자랑할 만한 최고 수준의 첨단무기를 새롭게 개발하거나 작전에 배치되어 활용 중인 기존 무기의 성능을 개선하는 작업도 이들의 몫이다. 군 복무를 마치고 전역하게 되면 이들은 이스라엘 사회에서 최고 엘리트로 대접받는다. 이들이 군 복무 기간 중 습득한 지식이나 경험 그리고 선후배 간에 맺은 인연은 복무를 마치고 사회에 진출한 이후에도 자연스럽게 취업으로 연결된다. 탈피오트 프로그램은 군과 학교 및 기업을 연결하는 중요한 통로로서의 역할도 하고 있는 것이다.

탈피오트 프로그램의 성공에 착안하여 군과 대학이 연계하여 만든 프로그램이 '하바찰롯Havatzalot'이다. 백합을 뜻하는 하바찰롯은 2005년부터 이스라엘 북부 해안도시에 있는 하이파대학교와 군이 합작하여 만든 정보요원 전문 양성 프로그램이다. 상당한 경쟁을 거쳐 최종 선발된 학생은 3년간 하이파 대학에서 복수전공을 이수하게 된다. 이들은 중동 지역 정세 등 국제관계 분야의 제1 전공과 여타 과목의 제2 전공을 공부한다. 더불어 군사훈련과 리더십훈련 등도 병행한다. 프로그램을 무사히 마친 학생은 군 정보 분야에서 최소한 6년 이상 군 복무를 하게 된다. 2019년부터는 예루살렘의 히브리대학교에서 프로그램을 운영하고 있다.

이렇듯 첨단기술 개발의 중심에 군이 존재한다고 볼 수 있다. 국가안보를 위한 군 복무가 곧바로 미래 국가 기술의 혁신 과업으로 연결되면서 서로 윈-윈하는 선순환 구조가 정착되어 있다. 탈피오트 프로그램이나 하바찰롯 프로그램은 군의 혁신뿐만 아니라 이스라엘의 미래를 책임질 핵심 역량을 길러내는 근간인 셈이다.

이 같은 이스라엘 특유의 군 엘리트 간부 양성 프로그램에 더해 다양한 형태의 전문 특수부대들도 이스라엘의 국방안보에 크게 기여하고 있다. 먼저 탈피오트 프로그램보다 훨씬 앞서 통신 분야의 우수한 인재를 활용해 온 특수부대 '쉬모네 마타임'이 있다. '쉬모네'는 히브리어로 숫자 '8'을 뜻하고 '마타임'은 숫자 '200'을 뜻한다. 그래서 '8200(8-200)' 부대로도 알려져 있다.

8200부대는 독립전쟁이 끝난 직후에 통신정보수집과 비밀암호 해독 등을 위해 공식 창설된 특수부대이다. 오늘날에는 인터넷이나 사이버 분야의 정보수집과 그에 대한 대응 활동도 같이 수행하고 있다. 미국의 국가안보국NSA이나 영국의 정보통신본부GCHQ등과 비슷한 기능을 담당한다고 볼 수 있다.

8200부대는 임무의 특성상 컴퓨터에 특화된 인재가 많이 필요하다. 또한 그곳에서 복무하면서 쌓은 지식과 경험은 소중한 자산이 될 수밖에 없다. 이스라엘이 자랑하는 여러 성공적인 기업들에 8200부대 출신이 많은 것은 결코 우연히 아니다. 특히 사이버 보안이나 IT 관련 분야에서 8200부대 출신들이 세계적인 명성을 날리는 스타트업을 성공적으로 운영해 오고 있는 것은 8200부대의 기술적 역량을 그대로 증명하고 있다. 그래서 관련 분야의 스타트업들은 신규직원 채용 과정에서 8200부대 경력을 선호한다. 8200부대 출신들은 전역 이후에도 그들만의 모임을 만들어 창업이나 취업을 하는 과정에서 서로 끌어주고 밀어주는 역할을 한다. 이처럼 8200부대는 IT

분야의 엘리트 양성조직이면서 전역 이후에도 사회적인 인정과 적절한 보상이 거의 보장되기 때문에 군 복무를 앞둔 고교생들 간에 엄청난 선발 경쟁이 벌어지고 있다.

8200부대와 더불어 유명한 군 정보부대 중의 하나로 9900부대가 있다. 9900부대는 위성이나 드론 등을 이용하여 수집한 영상을 판독·분석하여 지리정보를 제작해 정책결정권자나 지상 작전을 수행하는 부대에 배포하는 역할을 담당하는 특수부대이다. 미국 국가지형정보국NGA의 기능과 유사하다고 볼 수 있다. 2013년부터는 이 부대가 군 복무를 면제받는 자폐 스펙트럼 장애를 가진 청년들을 특별 채용하는 사실이 알려지면서 세계적 유명세를 타기도 했다. 이 부대는 특정 사물을 집중적으로 탐색하거나 시각적인 관찰을 반복적으로 즐기는 자폐 스펙트럼 장애인의 독특한 능력을 영상정보 분석이라는 업무에 활용한다. 부대원의 절반이 여성인 9900부대는 최근 들어 공군이나 육군이 작전에 투입되기 이전에 3D 기술과 인공지능AI을 활용하여 정확한 현지 상황 파악과 공격목표 설정에 필요한 다양한 지리정보를 생산해서 제공하고 있다.

그 외에도 팔레스타인 주민과 유대인 정착촌이 공존하는 동부의 서안지역, 무장정파 하마스가 장악하고 있는 남부의 가자지역, 구릉과 산악이 많은 북부의 레바논 인접 지역 등에는 각 지역별로 특화된 부대들이 있다. 또한 지리적 특성에 따라 전문적인 역할을 수행하는 다양한 형태의 특수전 부대도 함께 운영되고 있다. 베두인 특수부대는 야영이나 이동 등 사막 생활에 익숙한 베두인족의 습성을 활용해 남부 네게브 등지에서 사막순찰 활동과 같은 특수한 임무를 수행하고 있다. 이처럼 특화된 특수부대의 운영은 작지만 강력한 국방력을 유지하는 원천이 되고 있다.

이스라엘의 통과의례 군 복무

잘 알려진 대로 이스라엘은 모든 국민이 일정한 연령이 되면 일정 기간 군에 복무해야 하는 징병제 국가다. 앞에서도 잠시 언급했듯이, 이스라엘에서는 고등학교를 졸업하고 18세가 되는 해부터 징집 대상이 된다. 일부 학생은 고등학교를 졸업하자마자 곧바로 대학에 진학하기도 하지만 이런 예는 드물다. 대체로 고교를 졸업하고 먼저 군 복무를 마치려 한다. 그러고 나서 군 복무 중 저축한 급여를 종잣돈 삼아 6개월에서 1년 정도의 해외 배낭여행을 통해 견문을 익힌다. 해마다 수만 명의 갓 제대한 젊은이들이 해외로 떠나기 때문에 이들만을 전문적으로 상대하는 여행사가 있을 정도이다. 이스라엘이 주로 유럽지역 국가들과 문화적 환경이 유사하다는 점에서 이들은 상대적으로 새로운 지역을 많이 찾는다. 네팔, 태국, 인도 등비교적 물가가 싼 동남아 지역 국가들이나 평소에 방문하기가 쉽지 않은 중남미 국가들이 선호된다. 그렇게 장기간의 배낭여행을 마친다음 돌아와 대학 진학이나 취업 등 자신의 진로를 택한다. 물론 해외로 떠나지 않고 제대 후 곧바로 진학 또는 취업을 하거나 가족 사업을 돕는 경우도 있다.

군 복무 기간은 성별과 출신 배경에 따라 다양하다. 남성의 경우 26세 이하라면 30개월간 복무한다. 과거에는 36개월간 군 복무를 했으나 2015년 병역법 개정으로 32개월로 줄어들었다가 2020년에 또다시 30개월로 단축되었다. 27세 이상이거나 또는 해외에서 알리야(이주)한 경우에는 복무 기간이 6~12개월 정도 짧아진다. 여성도 군 복무를 한다. 이스라엘은 독립전쟁 직후인 1949년 세계 최초로 남녀를 구분하지 않고 의무징병제를 도입했다. 여성의 경우 26세 이하라면 기본적으로 24개월만 복무하면 된다. 남성의 경우처럼 특별한 사유가 있을 경우 복무 기간이 단축된다. 특히 임신을 하거나 자녀가 있을 경우 또는 특정한 종교적 배경을 가진 가정(초정통파 하레디 가정을 지칭)출신인 경우에는 병역이 아예 면제된다. 군대 내에

예루살렘의 거리 식당에서 식사를 하고 있는 여군 병사

서 여성이 차지하는 비율은 전체 병력의 약 1/3 정도 수준으로 알려져 있다.

과거에는 군대 내에서 남성과 여성의 역할이 엄격히 구분되어 있었다. 하지만 시대의 변화와 더불어 그 장벽은 점점 낮아지고 있다. 1990년대에 들어와서 남성의 전유물이었던 비행기 조종학교의 문호가 여성에게도 개방되는 등 육·해·공군 여러 분야에서 여성의 역할이 지속적으로 늘었다. 전투병과에서도 유사한 상황이 나타나고 있다. 물론 아직도 남성들이 다수를 차지하고 있지만 여성 전투병의 규모는 계속 증가하는 추세이다. 2012년에 여성 전투병이 500여 명 수준에 불과하던 것이 2014년에 1,300여 명을 거쳐 2017년에는 2,700여 명으로 증가했다. 2018년 한해에만 1천여 명이 새로 전투병과에 편성된 것으로 나타났다.

이스라엘의 여성 전투병과 관련해 세계 언론에 빈번히 등장하는 것이 남부 사막지대에서 이집트 시나이반도 국경을 지키는 남녀 혼성 전투부대 '33보병대대'이다. 33보병대대는 야행성 동물 스라소니를 뜻하는 '카라칼'이라는 별칭으로 더 잘 알려져 있다. 2004년에 혼성부대로는 최초로 창설된 카라칼대대는 여성의 비율이 남성보다 많은 2/3 정도를 차지하고 있다. 이들은 국경 감시나 테러범 침투와 무기 밀반입 대응 활동 등의 임무를 수행하고 있다. 또한 남부 사령부 소속으로 에일라트 여단 산하 부대인 '227보병대대'(일명 '바르델라스' 대대)도 이스라엘에서 세 번째로 2015년에 창설된 남녀 혼성 전투부대이다. 이들은 사해 지역 등 요르단과 맞닿은 동남부 이스라엘을 지키고 있다. 중부 사령부 산하에 편성되어 있는 '41보

병대대' 및 '47보병대대'도 남녀 혼성으로 편성된 전투부대이다. 이
들은 이스라엘 동부 국경지대인 요르단 밸리의 남북 지역을 각각 수
비하고 있다.

남녀 혼성의 부대편성에 대해 보수성향의 정치인들이나 초정통
파 랍비들은 비판적인 견해를 보이는 경우가 많다. 부대를 남녀 혼
성으로 편성하면 성性 군기 위반 등 문제 발생 소지가 크다는 것이
다. 일부 랍비들은 여성들이 군에 입대할 때는 유대인으로서의 가치
관을 지니고 있다가도 제대할 때는 이를 상실해 버린다고 주장한다.
하지만 이스라엘 군 당국에서는 전반적으로 군대 내에서 여성의 역
할이 확대되면서 전투력이 강화되는 등 성공적이라고 평가하고 있
다. 2017년 말에는 최초로 기갑부대에도 여성 전차(탱크) 조종수가
배치되었다. 또한 소령급 여성 공군 장교가 정찰비행 중대의 지휘관
에 최초로 임명되기도 했다.

병역특혜 논란

이스라엘 국적을 가진 국민들 중에는 병역의무와 관련해 특별
한 지위를 가진 두 집단이 있다. 하나는 아랍계 국민이고, 또 하나는
초정통파 그룹인 하레딤이다. 아랍계 국민은 병역의무를 지지 않는
다. 아랍 국가에 둘러싸인 이스라엘의 지정학적 안보 현실을 고려할
때 아랍계 국민에 대한 병역면제는 큰 문제 없이 받아들여지고 있는
것이 현실이다. 팔레스타인과 적대적인 관계에 놓인 상황에서 이들

과 같은 민족인 아랍계 국민을 강제로 징집하지 않는 것이야말로 오히려 그들에 대한 인도적 배려라고 주장하는 목소리도 있다.

아랍계 국민과는 달리 하레딤의 병역의무 이행과 관련된 문제는 이스라엘 사회에서 수십 년 동안 엄청난 사회갈등의 원인이 되고 있다. 이는 현재까지도 여전히 진행되고 있는 가장 논쟁적인 정치적 · 사회적 이슈 중의 하나이다.

이스라엘이 건국된 직후 1949년에 병역제도가 만들어지면서 하레딤은 특별한 지위를 인정받았다. 당시 유럽에서는 홀로코스트의 영향으로 종교학교 예시바가 거의 황폐해진 상황이었다. 이를 우려한 초정통파 측은 예시바에서 공부하는 하레딤 학생들이 군에 강제징집될 경우 예시바의 보존과 양성에 큰 지장을 초래할 것이라고 주장하였다. 또한 당시 다수의 하레딤은 시오니스트들이 주도한 이스라엘 건국 자체가 하느님의 뜻에 반한다면서 비판적인 태도를 갖고 있었다. 시오니스트 정치 지도자들의 입장에서는 출신 국가나 언어와 문화가 너무나 다른 다양한 유대인을 하나의 국민으로 결속하기 위해서는 종교적 차원의 구심점이 필요했다. 이 같은 현실적인 이유가 작용한 결과 시오니스트들과 하레딤 간에 정치적 타협이 이루어졌다. 신생국가 이스라엘의 초대 총리 겸 국방장관이던 다비드 벤 구리온은 직업 없이 토라 공부만 하는 예시바 학생들에 대해 병역특혜를 허용했다. 당시 예시바에서 공부하는 하레딤 학생들은 겨우 400여 명에 불과했기 때문에 그 같은 병역특혜는 일반 유대인들에게는 큰 이슈가 되지 않았다.

그러나 이스라엘의 인구 규모가 지속적으로 증가하고, 덩달아 병역특혜를 받는 하레딤의 숫자 역시 점점 더 늘어갔다. 1990년대 말에는 병역특혜를 받는 하레딤이 3만 명 수준에까지 이르게 되었다. 병역특혜를 부여함으로써 예시바를 보존하고 양성한다는 건국 초기의 논리도 예시바가 번창하고 있는 현실에서 그 근거가 점점 사라지게 되었다. 이 문제는 '하레딤에게는 특혜이지만 일반 국민에게는 불공정한 차별'이라는 사회적 논란으로 번져갔으며 동시에 정치적 갈등으로 비화하였다.

현실에서도 갖가지 문제가 발생했다. 예시바에 다니기는 하지만 토라 공부를 싫어하는 하레디 청년들이 강제징집이 싫은 나머지 일자리를 찾지 않고 정부 보조금에 의존하는 생활을 계속한다든지, 징집을 피하려고 예시바에 등록만 해두는 경우도 적지 않다. 말하자면 짝퉁 예시바 학생들이 늘어난 것이다. 이같이 무늬만 예시바 학생인 젊은 하레디 남성을 가리켜 '샤바브닉'이라고 부른다. 샤바브닉은 하레디 공동체를 떠나지 않은 채 토라 공부를 게을리하고 율법도 자주 어기면서 랍비나 부모들과 자주 충돌을 일으키곤 한다. 토라 공부에 성실한 예시바 학생들은 첨단 스마트폰이나 SNS 등을 회피하지만 이들 샤바브닉들은 일반인처럼 인터넷이나 SNS 등을 즐기는 경우도 많다.

1998년 이스라엘은 명확한 법률적 근거가 미비했던 예시바 학생들의 병역특혜 문제를 논의하기 위해 위원회를 만들었다. 위원장인 즈비 탈 전 대법관의 이름을 따서 만들어진 탈 위원회는 예시바 학생들에게 4년간 병역유예를 허용하되 그 이후에는 18개월 군 복무 또는 12개월 무보수 공익근무 중에서 선택하게 하는 법률권고안

Tal Law을 제출했다. 이 권고안은 2002년 7월 의회에서 5년간 유효한 한시적 법률로 통과되었다. 그러나 실제 군 복무를 선택한 예시바 학생들은 겨우 수십 명에 불과했다. 당연히 법률의 실효성에 대해 의문이 제기되었으며 병역특혜에 대한 반대여론도 계속 높아졌다. 하지만 그 법률은 2007년에 또다시 5년간 연장되었다.

지속되는 반대청원에 대한 심사 끝에 이스라엘 대법원은 2012년초 병역특례법이 위헌이라고 결정하고 추가 연장을 금지했다. 기존 법률로는 하레딤에 대한 합법적인 병역특례가 불가능해진 것이다. 그러자 의회는 2014년 봄 예시바 학생들에 대한 일정 비율의 징집 할당제도를 신설하는 새로운 법률을 만들었다. 그러나 새로 만들어진 법률은 집행에 앞서 유예 기간이 설정되었다. 결과적으로 실질적인 병역특례 상황은 여전히 지속되었다. 2017년 이스라엘 대법원은 또다시 새로운 개정법률 역시 위헌이라고 판시했다. 정부는 그때부터 계속 연장조치를 취해오고 있다.

병역특혜 문제가 논란이 될 때마다 길거리에서 시위를 벌이는 하레딤과 시위대를 해산하려는 경찰 간의 몸싸움을 쉽게 볼 수 있다. 이는 여전히 미해결 상태에 놓여 있다. 오늘날 많은 사람들이 하레딤 병역특혜에 대해 비판적이다. 이들은 14만 명이나 되는 예시바 학생들이 군 복무와 근로를 하지 않고 국가의 경제 상황을 도외시하고 있다고 비난한다. 또한 기초 산수 이외에 영어, 수학, 컴퓨터 등 필수 과목을 가르치지 않고 있는 예시바에 재정지원을 해주는 세계에서 유일한 국가가 이스라엘이라는 것이다. 또한 정부의 지원은 받으면서 병역의무를 거부하는 것은 이중적 태도라면서 하레딤도 국민으로서 동등한 의무를 져야 한다고 주장한다.

특히 세속적인 세큘라 그룹들이 하레딤 병역특혜에 대해 가장 비판적이다. 이들 중에는 이스라엘이 과거 호메이니가 통치하던 시절의 이란처럼 되어간다고 비판하는 사람도 있다. 이들은 '징집된 일반 병사의 어머니는 자식 걱정으로 매일 노심초사하면서 살아가는 데 반해 하레딤 가정의 어머니는 군에 가지 않는 아들과 매일 식사를 즐기고 있다'고 감성적인 공격을 퍼붓기도 한다. 병역특혜 문제를 둘러싼 세큘라 그룹과 하레딤 그룹 사이의 갈등은 양측의 감정적 골이 너무나도 깊은 나머지 이스라엘과 팔레스타인 간 갈등에 비견될 정도이다. 하레딤 측에서는 만약 예시바 학생들을 강제징집할 경우 유대공동체 내 전쟁도 불사한다는 강경한 입장을 취하는 사람들도 많다.

일부 정치인들은 차제에 하레딤뿐만 아니라 아랍계 국민에 대한 병역특혜 문제도 함께 논의해야 한다는 주장을 펼치기도 한다. 모든 국민에게 병역의무를 부과하자는 것이다. 하지만 하레딤이 차지하고 있는 영향력을 고려할 때 병역특혜 문제가 단시일 내 해결되기는 쉽지 않을 것으로 보인다.

하레딤 부대와 헤스더 예시바

하레딤 중에서도 군에 입대하는 사람들이 있다. 예시바 교육과정에서 탈락하거나 토라 공부를 포기한 경우, 해외에서 이주해 온 개방적 성향의 하레딤, 이런저런 이유로 군대 생활을 해보고 싶은 하레딤 등 다양한 이유로 군 복무를 선택한다. 물론 하레디 공동체에서는 이들을 그다지 고운 시선으로 바라보지는 않는다.

군 복무를 하면서 토라 공부도 중단없이 계속하기를 희망하는 하레딤도 있다. 이들을 위한 특별 프로그램이 '헤스더 예시바'이다. 이 프로그램은 전문적인 토라 공부와 병역의무 수행이라는 두 마리 토끼를 모두 잡을 수 있는 절충형 병역제도이다. 이는 예시바 학생들의 고민을 동시에 해결할 수 있는 묘안인 셈이다. 이는 초정통파 하레딤의 다양한 분파들 중에서도 국가로서의 이스라엘과 시오니즘을 인정하고 받아들이는 그룹에 속한 종교학교 예시바들이 이스라엘 군과 일종의 협약을 맺어 운영하는 프로그램이다. 통상 5년 정도 소요되는 헤스더 예시바 운영 기간 동안 이 프로그램 소속 병사들은 주로 전투부대에서 16개월 정도 복무한다. 나머지 기간 동안에는 토라 공부에 매달릴 수 있다. 일반병사들의 32개월에 비하면 복무 기간이 절반 수준에 불과하다. 복무 기간이 짧은 대신에 이들은 주로 전투병과에 배속된다.

하지만 이 프로그램에 대해서도 비판이 적지 않다. 일반인들은 자신들에 비해 복무 기간이 짧다는 점에서 하레딤에 대한 여전한 특혜라고 주장한다. 초정통파 그룹 중에서도 극우성향의 하레딤은 군 복무보다 토라 공부에 매진하는 것이 진정한 하레딤의 의무라며 비판하기도 한다. 또한 일반 징집대상자들은 1/3 정도만 전투부대에 배치되는데 헤스더 예시바 프로그램 병사들은 거의 대부분 전투부대에 배치되는 것은 하레딤에 대한 차별이라는 주장도 있다.

아무튼 이처럼 군 복무를 선택하는 하레딤 중에는 주로 미혼자
보다는 기혼자가 많다. 특히 군 복무를 마친 후 취업할 계획을 가진
사람들이 다수다. 이스라엘 사회에서 군 복무를 하지 않고서는 번듯
한 직업인으로 살아가기가 쉽지 않은 현실 때문이다. 이들은 기초
군사훈련을 마치면 하레딤만으로 구성된 독립부대에서 근무하는 것
이 가능하다. 하레딤이 군 복무 중 그들의 신앙적 정체성을 유지할
수 있도록 국가가 배려해 줌으로써 결과적으로 이들을 이스라엘 사
회에 통합시키기 위해 이들만의 독립부대 근무제도가 마련된 것이
다. 중부 사령부 크피르 여단 산하의 네짜 예후다 대대, 남부 사령부
기바티 여단 산하의 로템대대, 중부 사령부 공수여단 산하의 헤츠중
대 등이 하레딤을 위해 별도 편성된 부대들이다.

가장 대표적이라고 할 수 있는 네짜 예후다 보병대대는 1999년
말 창설된 최초의 하레딤 부대이다. 이 부대는 나사렛 남쪽에 위치
한 서안지구 도시인 제닌 지역에 주둔하면서 서안지구 내 군사작전
에 참여하고 있다. 이들은 하레딤으로서의 기도, 엄격한 음식계율을
지키는 코셔, 안식일 등을 모두 준수한다. 군복을 입은 채 머리에는
키파를 쓴다. 수염을 기르는 병사들도 많다. 이들에게는 현역 장교
인 랍비가 담당하는 토라 강의 시간도 배정되어 있다. 하지만 가족
이외에는 여성의 부대 출입이 금지된다.

하레딤의 종교적 태도 특히 남녀구분과 관련된 인식 때문에 복
무 과정에서 가끔 문제가 발생하기도 한다. 수년 전 여름 새로 입대
한 하레딤 병사들을 대상으로 기초군사 훈련을 교육하는 과정에서
사회적인 파장을 일으킨 사건이 발생했다. 낙하산 기초군사훈련 교

육 시간에 신병 교육생 상당수가 교관을 바라보지 않고 고개를 돌리는 사건이 발생한 것이다. 사연인즉 교관이 여성이라는 이유 때문이었다. 유대교의 전통적 계율은 가족이 아닌 이성의 눈은 직접 쳐다봐서는 안 된다고 가르치고 있다.

이 사건이 알려지면서 당국이 진상 조사에 나서게 되었다. 조사를 통해 교육생 중 상당수가 고개를 옆으로 돌렸다는 사실이 확인되었다. 군 당국은 성별, 종교, 인종 등 그 어떤 이유로도 군의 일체성을 해치는 행위는 잘못이라는 원론적 입장을 밝혔다. 세속파 정치인들은 고개 돌린 하레딤 신병들의 행위는 군기 위반이라고 비난하면서 이들을 징계해야 한다고 주장했다. 반면에 하레딤 랍비들은 신병 교육생의 잘못이 아니라 남성 교관을 배치하지 않은 군 당국의 잘못이며, 하레딤을 적대시하는 언론의 선동이 문제라는 불만을 드러내기도 했다. 하레딤만의 부대편성에 대해 여러 비판에도 불구하고 이스라엘 군은 그들의 특수성을 인정해 줌으로써 병력 운용과 작전의 효율성이 증대되었다고 평가하고 있다.

아랍계 군인도 있다

아랍계 국민은 하레딤과 더불어 징집 대상에서 제외된다. 앞서 밝힌 대로 아랍 국가들로 둘러싸인 이스라엘의 안보 현실 때문이다. 그럼에도 불구하고 이스라엘 군에서 복무하는 아랍계 국민도 있다. 아랍계 국민 본인이 자원하면 입대할 길을 열어두었기 때문이다. 아직은 군 복무 중인 아랍계 국민의 규모가 겨우 수백 명 수준에 불과하다. 아랍계 국민이 전체 인구의 거의 20%를 차지하는 상황임을 감안하면, 군 복무 중인 아랍계 국민의 규모는 대단히 미미한 수준이라고 할 수 있다.

아랍계 국민이 이스라엘 군대에 자원입대하는 데는 이념이나 종교적 이유보다는 경제적인 측면이 가장 크게 작용한다고 볼 수 있다. 현실적으로 유대인이 주도하는 이스라엘 사회에서 일자리가 부족하고 소득 수준도 낮은 아랍계 청년으로서는 수년간 군에서 복무하는 것이 어느 정도 인맥을 쌓고 기반을 잡을 수 있는 방법이다. 그렇기 때문에 이스라엘 군 입대는 경제적으로도 도움이 되는 길이다. 그러나 이들이 이스라엘 군의 핵심 부서에서 근무하기는 쉽지 않다. 주로 아랍계 병사들로만 구성된 독립부대에 편성되어 서안지구 등 아랍계 주민들을 직접 상대해야 하는 지역에 배치되어 임무를 수행한다.

일반 아랍계 국민이 이들 아랍계 군인을 바라보는 시각은 복잡하다. 같은 아랍계 민족인 팔레스타인 주민의 대다수는 이들을 일종의 반역자 또는 배신자로 간주한다. 팔레스타인의 영토를 불법 점령하고 있는 이스라엘 군에 이들이 부역하고 있다고 생각하는 것이다. 반면에 이스라엘 군에서는 아랍계 국민을 군 복무에 참여시키는 것이 이스라엘의 전체 사회통합에도 긍정적인 역할을 기대할 수 있다는 입장이다.

하지만 정치권에서는 서로 다른 의견들이 부딪히고 있다. 한쪽에서는 병역특혜를 받고 있는 하레딤 그룹이든 징병 대상이 아닌 아랍계 국민이든 모두 병역의무에 참여시켜야 한다며 제도개혁을 요구한다. 반면에 다른 쪽에서는 아랍계를 이스라엘 군대에 받아들이는 것은 안보적 관점에서 불안을 야기한다고 비판적으로 보고 있다.

자원입대로 외로운 병사들

유대인 중에는 전 세계 어디에 살든 관계없이 이스라엘의 안보 문제에 대해 상당한 관심을 가진 사람들이 많다. 또다시 이스라엘이라는 나라가 없어져 예전처럼 유대인이 정처없이 세계를 떠돌게 되지 않을까 걱정하는 사람들도 있다. 이들 가운데 일부는 자신의 자녀에게 이스라엘 군 입대를 권유하는 경우도 있다. 또한 유대인의 뿌리를 찾아 이스라엘을 방문하는 프로그램에 참여했다가 이스라엘의 안보를 위해 스스로 군 입대를 자원하는 청년들도 있다.

이스라엘의 병사들은 국경을 지키기 위해 영내 생활이 필수적인 전투 관련 병과가 아니라면 복무 기간 중 자신의 집에서 가까운 부대로 출퇴근하며 근무하는 경우가 많다. 따라서 주말에는 군에 입대하기 전에 생활했던 것처럼 가족이나 친구들과 어울린다거나 개인적 취미생활을 하는 여유를 즐길 수도 있다. 문제는 자신을 돌봐줄 부모나 친척이 없거나, 결손가정 출신이거나, 어려운 경제 사정으로 집에서 출퇴근하기 어려운 경우다. 또한 초정통파 그룹인 하레딤 가정에서 자랐으나 부모의 만류를 어기고 군 복무를 자원하는 경우에는 부모와 가정에서 배척당하거나 하레디 공동체에서 배신자

취급을 당하기도 한다.

　한편 해외 유대인으로 이스라엘에서 군 복무를 자원했으나 이스라엘에 아무런 연고가 없어 집에서 출퇴근하기가 불가능한 경우들도 있다. 특히 해외에서 자원입대한 군인들은 자신이 태어나서 자란 국가와 이스라엘의 문화나 풍토가 다른 데서 오는 정신적인 고립감으로 고생하는 경우도 있다. 드물기는 하지만 해외에서 자원입대한 사람 중에서 이런저런 이유로 자살을 시도하는 경우도 가끔씩 발생한다. 2019년 봄에는 미국에서 태어나 이스라엘 군에 자원입대한 19세 여성이 자살하기도 했다.

　이같이 다양한 이유로 어려운 상황에 처한 채 복무 중인 군인들을 '외로운 병사Lone Soldier'라고 부르고 있다. 원래 의미는 가족에서 떨어져 홀로 살아가는 '독거병사'라는 뜻이지만, 가족과 떨어져 혼자 살기 때문에 외로운 병사라고 부르는 것이 오히려 이해하기 쉬울 듯하다. 어쨌거나 이들 모두 가족과의 관계가 단절된 상태에서 외롭게 살아가는 경우이다. 2021년 현재 약 6천 300여 명의 외로운 병사들이 군에서 복무 중인 것으로 알려져 있다. 이들의 절반 정도는 해외에 거주하다가 정신적 조국인 이스라엘의 안보를 위해 찾아온 젊은 이들이다. 나머지 절반 정도는 초정통파 하레디 가정의 자녀들이거나 고아이거나 저소득층 출신으로 현실적으로 부모로부터의 지원을 받기 어려운 사람들이다. 특히 하레디 가정 출신의 상당수는 가족들로부터 외면당한 채 혼자 생활 중인 경우가 많다.

　외로운 병사들 중 대부분은 일반 병사들보다 복무 기간이 상대적으로 짧기 때문에 전투병과에 많이 배치된다. 전투병과에 배속된 병사들은 비전투병과의 병사들보다 약 1.5~2배 정도 높은 월급을 받는다. 전투병과 중에서도 국경에 인접한 부대는 월급이 더 많다. 하지만 병사의 봉급 수준이 최저임금 수준보다 낮기 때문에 봉급만으로는 부대 밖에서 생활하기가 어렵다. 집을 빌리고 각종 공과금을 내고 식료품까지 조달하기엔 턱없이 부족한 것이다. 그래서 정부는 이들에게 매월 일정 금액의 주택수당을 추가로 지급한다. 2018년 여름에는 하레디 가정 출신의 외로운 병사들을 위한 아파트가 처음으로 만들어져 입주식을 갖기도 했다.

금전 문제 이외에 외로운 병사들을 더 힘들게 하는 것은 고향과 가족들에 대한 향수이다. 이들을 위해 이스라엘 정부는 각 지역별로 지원센터를 만들어 가족 없는 병사들이 고립감에 빠지지 않도록 각종 행사나 위로 프로그램을 만들어 이들의 외로움을 달래주고 있다. 또한 민간 분야에서 '유대영혼연합', '이스라엘 군의 친구들' 등 비영리 기관들이 이들 외로운 병사들을 돕기 위한 각종 지원활동을 하고 있다. '이스라엘 군의 친구들'은 홀로코스트에서 살아남은 유대인들이 1980년대 초 이스라엘을 지키기 위해 이스라엘 군을 돕자는 취지로 미국에서 결성한 비영리 민간조직으로 10만 명이 넘는 회원을 갖고 있다. 이들은 때때로 이스라엘 독립기념일에 대통령 관저에서 열리는 경축 리셉션에도 초대받아 미국 각지에서 참가하기도 한다. 이들이 외로운 병사들의 재정적 후원자 역할을 하고 있다.

네버 어게인 정서

매년 1월 27일이 되면 유엔이 지정한 '국제 홀로코스트 희생자 추모의 날' 행사가 전 세계에서 열린다. 이스라엘에서도 홀로코스트 추모 시설인 야드바셈에서 주요 정치·종교 지도자들과 홀로코스트 생존자 대표 등이 참석하는 연례 추모행사가 개최된다. 현재 이스라엘에 살고 있는 홀로코스트 생존자는 약 16만 명에 이른다. 이스라엘에서는 홀로코스트를 말살이라는 뜻을 가진 '쇼아Shoah'라고 부른다.

2021년 1월 이 행사에 참석한 베냐민 네타냐후 당시 총리는 '쇼아'를 추모하는 연설에서 '네버 어게인Never Again'에 대해 언급했다.

'네버 어게인'은 단순한 슬로건이 아닙니다. 이는 우리의 정책이며, 우리의 임무입니다. 우리는 항상 이를 실천해 나갈 것입니다.

'네버 어게인'은 비극적 사건이나 사고가 있을 때마다 많은 나라에서 여러 사람이 사용하는 일상적 표현이다. 또한 인간에 대한 학살 사건, 특히 과거 유대인에게 자행되었던 홀로코스트와 관련되어서도 많이 사용되어 왔다. 이스라엘에서 사용되는 '네버 어게인'은 그 유래가 명확하지 않다. 19세기 말 러시아에서 태어나 당시 영국이 통치하던 팔레스타인으로 이주한 이츠하크 람단이라는 유대인 시인이 1927년에 쓴 〈마사다〉라는 시에서 유래되었다는 설이 대표적이다.

마사다는 이스라엘 남동부 지역의 사해死海 인근에 위치한 솟아오른 요새 형태의 고원이다. 온통 낮은 광야로 둘러싸인 채 불쑥 솟은 마사다를 올려보면 그 위용이 압도적임을 느끼게 된다.

2천여 년 전 로마의 압제에 시달리던 유대인들이 반란을 일으켰다. 로마의 진압 공격으로 예루살렘 성이 무너지면서 결국 반란에 실패하였다. 이때 일부 유대인들은 수십 킬로미터 떨어진 마사다 요새로 옮겨가 저항을 계속했다. 거의 1천 명이나 되는 유대인들이 빗물을 받아 식수로 사용하며 로마군의 공격을 3년이나 막아냈다. 그러다 마침내 요새가 공략당해 패하게 되자 이들은 항복해 노예로 사느니 차라리 자유의 몸으로 죽기를 결심했다. 먼저 남자들이 자신의 가족들을 모두 죽였다. 그런 다음 남자들 중 10명을 뽑아서 이들이 나머지 남자들을 죽였다. 그리고 남은 10명 중 1명이 나머지 9명을 죽인 후에 마지막에 자결하고 말았다. 당시에 극적으로 살아남은 여자와 아이 등 몇몇을 제외하고는 거의 1천 명의 유대인들이 모두 죽음으로써 로마에 저항한 것이다. 죽을지언정 결코 항복은 하지 않는다는 유대민족의 굳은 항전의지를 보여준 사건이었다.

이 같은 유대인 저항의 상징인 마사다를 칭송하며 그 시인이 쓴 시에는 "마사다가 또다시 함락되지는 않을 것이다Masada shall never again fall"라는 구절이 들어 있다. 그 표현은 이후 나치에 의한 홀로코스트 등 반유대주의가 확산되면서 오랜 기간 저항의 슬로건으로 유대인 공동체에 확산되어 왔다. 오늘날에는 보다 많은 곳에서 보다 많은 경우에 때로는 정치적인 구호로 때로는 문학적인 표현으로 여전히 자주 사용되고 있다.

어느 나라든 군인이라면 자신의 조국에 대한 애정과 충성심을 갖고 있을 테지만 이스라엘 군인들은 2천 년 유랑의 세월을 거쳐 건국한 나라의 군인답게 조국에 대한 충성심이 남다르다고 한다. 물론 어린 시절부터 배워온 고난의 유대역사에 관한 교육 때문일 수도 있겠지만 군인으로 입대한 후 저항의 역사를 담고 있는 장소에 대한 현장 교육을 통해 느끼는 감동의 영향도 적지 않다. 군인들은 항쟁의 역사가 남아 있는 마사다를 방문해 마사다가 또다시 함락되지 않을 것이라고 조국 수호를 맹세한다. 마사다에서 패배하고 2천 년 동안 유랑과 박해와 홀로코스트의 비극을 견뎌내면서 천신만고 끝에 나라를 세웠는데 이제 또다시 나라를 잃어버릴 수는 없다는 처절한 각오를 다짐하는 것이다. 이스라엘 군대가 작지만 강한 이유에는 유대인들의 이 같은 '네버 어게인' 정서가 차지하는 비중이 결코 적지 않을 것으로 생각된다.

어떤 외국인들은 '네버 어게인'이 유대인들에게 일종의 정신적 트라우마가 되었다고 이야기한다. 그러면서 이제는 이스라엘이 강력한 나라가 되었기 때문에 '네버 어게인' 트라우마에서 벗어나서 심리적인 여유도 찾고 국제사회의 규범을 더욱 중요시할 때가 되었다고 주장하기도 한다. 하지만 네버 어게인은 군인뿐만 아니라 다수의 이스라엘 유대인에게 아직도 남아 있는 공통된 정서라고 할 수 있다.

이스라엘 군인들은 마사다 이외에도 예루살렘 성안의 통곡의 벽과 더불어 홀로코스트 학살 유대인 추모관 '야드바셈'을 찾기도 한다. 이곳에서는 가끔씩 일단의 젊은 이스라엘 군인들이 모여 역사

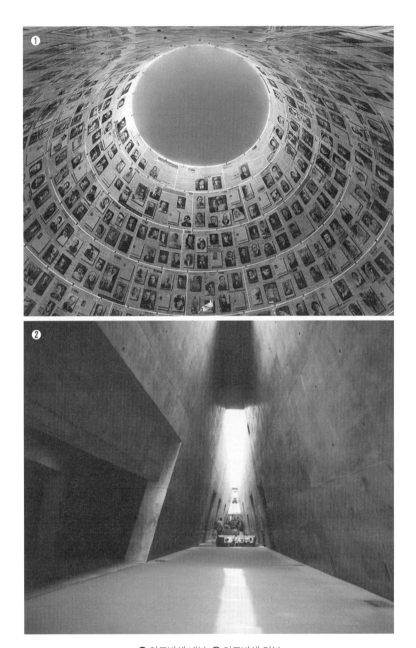

❶ 야드바셈 내부 ❷ 야드바셈 외부

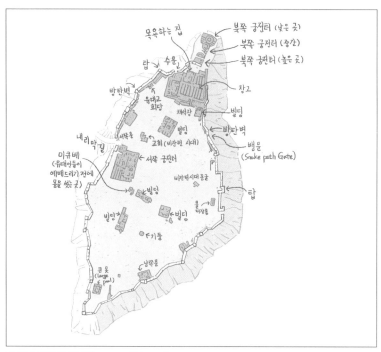

유대인의 저항정신을 보여주는 마사다 요새와 지도.

교육을 받는 장면을 쉽게 만날 수 있다. 이스라엘을 처음 찾는 분들에게 일정이 허락한다면 오늘의 이스라엘을 이해하기 위해서 이 세 장소를 방문해 보라고 권하고 싶다.

용서도 없고 잊지도 않는다

이스라엘에는 국가 차원에서 크게 세 종류의 정보·보안기관이 있다. 해외에서의 정보수집과 비밀공작을 담당하는 '모사드Mossad', 국내에서의 보안방첩 업무를 담당하는 '신베트Shinbeit(일명 샤박)', 국방부 산하에서 군사정보를 취급하는 '아만Arman'이 그들이다. 그 중에서도 모사드는 미국 CIA나 영국 MI6와 더불어 세계적 수준의

모사드 로고

정보기관으로 명성을 떨치고 있다.

　　모사드는 단어 자체로는 '기관', '연구소', '협회' 등을 가리키는 말이다. 영어 공식 명칭은 '이스라엘 비밀정보부Israel Secret Intelligence Service'이며, 약칭으로 'ISIS'라고 부른다. 모사드는 이스라엘이 건국하기 전부터 있었던 '하가나Haganah' 산하의 비밀조직들을 그 모태로 한다. 이스라엘 군대 '짜할'의 모태가 된 하가나는 영국이 팔레스타인을 위임통치하던 시절 아랍인으로부터 유대인들을 보호하고 유대공동체의 독립국가 건설을 위해 활동했던 일종의 준군사조직이다. 하가나의 비밀조직들로는 '셔루트 예디오트(일명 샤이)'와 모사드 알리야 B 등이 활동하고 있었다. 셔루트 예디오트는 정보수집과 방첩활동을 담당했으며, 모사드 알리야 B는 유럽 전역에서 박해를 받던 유대인들의 팔레스타인 지역 귀환이주(알리야)를 비밀리에 담당해 왔다.

　　1948년 이스라엘이 건국한 이후 모사드는 일시 외교부 소속을 거쳤다가 총리 직속으로 되면서 공식적인 국가정보기관이 되었다. 모사드는 1949년 12월 공식출범 이후 지난 70여 년 동안 홀로코스트 전쟁범죄자인 아이히만 납치공작에서부터 이란 핵 관련 비밀자료 입수 공작 등에 이르기까지 수많은 전설적 공작을 성공적으로 수행해 오면서 세계인들에게 정보기관의 전형으로서의 이미지를 구축해 오고 있다.

　　모사드의 모토는 《성경》 구절로 "지략이 없으면 백성이 망하여도, 모사가 많으면 평안을 누리느니라Where no wise direction is, the people fall, but in the multitude of counselors there is safety, 잠언 11:14"가 그

것이다. 모토에서 보듯이 모사드는 국민의 안전과 국가의 안보는 정보에서 비롯된다는 점을 강조하고 있다.

창설 이후 현재까지 모사드를 거친 역대 부장은 초대 루벤 실로아에서부터 요시 코헨에 이르기까지 12명이다. 현재 부장인 데이비드 바르네아는 13번째 부장이다. 창설 70여년이 지나는 동안 모사드의 책임자로 재임했던 부장이 겨우 13명에 불과한 것이다. 부장의 평균 재임기간은 약 6년 정도로 민주국가의 정보기관 수장치고는 상당히 길다고 볼 수 있다. 모사드와 비슷한 시기인 1947년에 창설된 미국 CIA의 책임자는 현재 26대이다. 이들보다 훨씬 뒤늦게 1961년에 창설된 대한민국 국가정보원의 원장은 36대이다. 이스라엘과 확연히 비교가 된다.

모사드 부장의 장수비결은 무엇일까? 모사드의 수장은 정치에 일절 관여하지 않고 오로지 국가안보 업무에만 전념하기 때문이다. 상식과도 같은 이야기지만 모사드 역시 오로지 국익을 위해서만 일한다는 가치관을 가지고 있다. 정보기관이 담당하는 영역과 일반 행정부가 담당하는 영역을 분리하여 정보기관의 정치화가 발생할 가능성이 적다고 한다.

모사드의 12대 부장으로 재직한 요시 코헨은 스파이 영화의 주인공처럼 인물이 훤칠한 데다 옷을 잘 차려입기로 소문이 날 정도로 이스라엘의 일부 언론은 그에게 '모델'이라는 별명을 붙여주기도 했다. 그는 네타냐후 총리의 측근 중의 한 사람으로 상당히 공격적인 방식으로 모사드를 운영했다. 실제로 그는 재임하는 동안 이란 핵기술 사항이나 시리아 등과 관련하여 굵직굵직한 공작들을 성공시킨 것으로 알려져 있다. 최근 수년 동안에는 이스라엘이 아랍에미리트 등 걸프만 아랍 국가들과의 외교관계를 개설하는 데도 그의 역할이 컸던 것으로 알려져 있다.

대부분의 정보기관이 비슷하겠지만 매사에 실용적인 유대인의 특성상 모사드 역시 과정보다는 결과를 중시한다. 그래서 해외에서 정보활동을 수행하는 과정에서 "필요하다면 무엇이든 한다"는 인식이 퍼져 있다. 가끔씩 알 카에다 테러범, 하마스 지도자, 이란 핵과학자 등의 피살 사건이 언론에 보도될 때마다 그 배후로 항상 모사드의 암살조직 '키돈Kidon'이 거론되고 있는 것도 이 같은 인식 때문이다. 특히 '사야님'이라고 불리는 해외 거주 유대인 협조자들은 모사드가 해외 정보활동을 성공적으로 수행하는 데 있어 상당한 자산이 되고 있다. 물론 비밀 정보활동의 결과가 성공이든 실패든 모사드는 이를 공개하지 않는다. 비밀활동에 대해 '시인도 부인도 하지 않는' 이른바 'NCND Neither Confirm Nor Deny' 태도를 항상 견지하는 것이다.

모사드는 또한 그 집요함으로도 명성이 자자하다. 모사드는 독일의 나치 친위대 장교로 활동하다가 제2차 세계대전 패전 이후 신분을 세탁해 잠적했던 유대인 학살 전쟁범죄자 아돌프 아이히만을 십수 년 동안이나 추적했다. 마침내 아르헨티나 부에노스아이레스까지 따라가 그를 납치·압송하는 데 성공함으로써 결국 이스라엘 법정에 세워 처단할 수 있었다. 1972년 뮌헨 하계 올림픽에 참가한 11명의 이스라엘 선수들을 학살한 팔레스타인 '검은 9월단' 소속 테러범들을 역시 십수 년 동안이나 추적해 암살에 성공했던 '하느님의 분노Wrath of God' 공작 등은 모사드의 집요함을 그대로 보여주는 사례이다. 이 같은 모사드의 집요함은 "용서도 없고 잊지도 않는다"는 그들의 정서를 잘 보여주고 있다.

우스갯소리지만 하느님이 모사드를 위해 활동한다는 이야기도 있다. 영화 〈콘스탄트 가드너Constant Gardener〉는 아프리카를 배경으로 거대 제약회사가 관련된 국제적인 음모사건을 파헤치는 미스테리 스릴러다. 여자 주인공이 영국 정보기관 소속의 남자 요원과 나눈 대화에 이 같은 내용이 나온다.

여자: 나는 당신 같은 스파이들은 모든 것을 안다고 생각했어요.
남자: 오직 하느님만이 모든 것을 아시지요. 그런데 하느님은 모
　　　사드를 위해 일하신답니다.

이 영화는 스파이 소설의 대가로서 세계적으로 저명한 영국작가 존 르 카레John Le Carre의 작품을 영화로 만든 것이다. 그는 이스라엘과 모사드를 소재로 하는 작품도 많이 썼다. 이스라엘이 하느님께서 선택한 유대인의 나라를 내세운다는 점에서 정보기관 모사드의 정체성에 대한 작가의 생각이 유머러스하게 표현된 것이다. 아마도 적지에서 목숨을 건 공작활동을 벌이고 있는 모사드 요원들은 자신들의 활동에는 언제나 하느님이 함께한다고 믿고 있을지도 모를 일이다.

모사드의 예산 규모는 정확하게 알려지지 않았다. 그러나 이스라엘 국내 정보기관인 신베트와 합친 전체 정보기관의 예산 규모는

매년 증가하는 추세다. 모사드와 신베트를 합친 전체 정보기관 예산은 지난 2008년도에 13억 7천만 달러 수준이었으나 5년 후인 2013년에는 18억 2천만 달러로 증가하였으며, 또다시 5년 후인 2018년도에는 23억 8천만 달러로 늘어났다. 2019년도에는 27억 5천만 달러 수준에서 책정된 것으로 알려졌다. 세계 주요 국가들의 정보예산 추세와 마찬가지로 이스라엘의 정보기관도 예산의 상당 부분은 시대의 변화에 걸맞게 사이버 위기 대응 분야나 첨단 하이테크 기술을 활용하는 정보활동에 소요된다고 한다.

2021년 6월 취임한 현 부장 데이비드 바르네아는 정찰부대에서 군 복무를 마친 후 1996년에 모사드에 들어와 주로 공작분야에 종사한 정보맨이다. 그는 이란이나 레바논 헤즈볼라 등을 목표로 하는 공작활동에서 주요 공작망들을 채용·관리하는 부서인 쪼메트의 책임자를 역임했다. 그는 모사드의 2인자인 차장을 거친 후 25년 만에 마침내 모사드의 최고 책임자가 되었다. 이스라엘 언론들은 전임 요시 코헨 부장이 대외활동이나 언론 노출을 통해 끊임없는 대중의 관심을 받았던 것과는 달리 신임 부장은 비밀정보기관 본연의 모습에 걸맞게 드러내지 않는 방식으로 모사드를 운영해 나갈 것으로 평가하고 있다.

눈부신 과학기술의 발전은 정보활동의 환경도 대폭 바꾸어 놓고 있다. 영화나 소설에 등장하던 전통적 스파이 기법들이 이미 더 이상 통용되지 않게 된 것이다. 이로 인해 지난 수십 년 동안 수많은 성공 사례에도 불구하고 모사드도 공작에 실패하는 경우가 종종 있다. 그들이 가장 뼈 아프게 생각하는 실패 사례 중의 하나가 지난

2010년 아랍에미리트 두바이에서 있었던 무장정파 하마스 고위 간부 암살작전이다. 대상자를 암살하는 데는 성공했지만, 그것이 모사드의 소행이라는 사실이 만천하에 노출되어 버린 것이다. 암살작전에 동원된 모사드 공작요원 20여 명의 신상과 움직임이 곳곳에 설치된 감시장비와 전산기록 추적 등을 통해 모두 노출되었다. 이뿐만아니라 그동안 모사드가 사용하던 사무실이나 통신수단 등 공작에필요한 각종 자산들도 모두 공개되었다. 이후 모사드는 지난 10여년 동안 과학기술 분야에 대한 재정을 확대하고 인력을 보강하였으며 관련된 부서의 편제를 개편하는 등 역량 강화를 위한 개혁작업을꾸준히 진행해 오고 있다. 인공지능, 사이버 공격과 방어, 로봇, 드론 등 첨단기법을 활용하는 방식이 급속히 발전하고 있다. 이는 모사드뿐만 아니라 전 세계 모든 정보기관들이 공통적으로 직면하고있는 과제일 것이다.

미국에 등 돌린 유대인 스파이

이스라엘에는 건국 이후부터 70여 년간 국가의 존립과 안보를위해 활동한 전설적인 스파이가 다수 존재한다. 이들의 활동상은 여러 영화나 책의 주요 소재로 많이 활용되어 왔다. 그 대표적인 인물이 엘리 코헨이다. 엘리 코헨은 이집트에서 태어난 유대인으로 이스라엘 건국 이후 해외정보기관 모사드의 전설적인 영웅 중 한 명으로꼽힌다. 그는 아랍인으로 신분을 세탁해 시리아의 핵심 권부에까지

엘리 코헨

침투하는 데 성공함으로써 제3차 중동전쟁을 이스라엘의 승리로 이끌었다. 그러나 정체가 노출되어 결국 시리아 다마스커스 광장에서 교수형을 당하는 비극적 최후를 맞이한 것으로 더 유명하다.

엘리 코헨과 같은 전설적인 이스라엘 스파이들이 과거의 인물이라면 오늘날에도 이스라엘 사람들의 관심을 받는 인물이 있다. '조나단 폴라드'가 바로 그 사람이다.

조나단 폴라드는 미국에서 태어난 유대인이다. 당연히 미국 국적인 그는 1980년대에 미 해군 정보국에서 민간인 신분으로 분석업무를 하던 중 이스라엘 정보기관에 포섭되어 돈을 받으면서 미국의 각종 군사기밀 문건들을 이스라엘에 제공한 혐의가 드러나 체포되었다. 미국 정부는 우방국가인 이스라엘에 대한 배신감을 감추지 않았다. 그는 미국 법정에서 결국 종신형을 선고받았다. 이 사건을 통해 최고 우방으로 알려진 이스라엘마저 미국을 상대로 정보활동을 한다는 사실이 드러났다.

그 뒤로 이스라엘의 군 장교가 미국을 위해 정보활동을 하다가 이스라엘 당국에 체포되어 장기간 복역한 사건이 이스라엘 언론에 크게 보도되기도 했다. 양국 간에 벌어진 이러한 스파이 사건들은 "우호적 정보기관은 없다. 우방국가의 정보기관만 있을 뿐이다 There is no such thing as friendly intelligence agencies. There are only intelligence agencies of friendly powers"라는 헨리 키신저 전 국무장관의 말을 그대로 실증해 주고 있다.

조나단 폴라드가 미국 감옥에서 복역하는 동안 이스라엘과 미국의 유대인 단체가 중심이 되어 그의 석방을 꾸준히 촉구했다. 유력 정치인을 비롯해 미국 내 수많은 저명인사도 그의 석방 청원에 적극적으로 동참했다. 이스라엘에서는 미국의 대통령이 바뀔 때만 되면 그가 뉴스의 화제 인물로 다시 등장하곤 했다. 이스라엘 정부도 여러 채널을 통해 미국 정부에 그의 석방이나 이스라엘 방문 허가를 지속적으로 요청했다. 1995년 가을에는 감옥에 있던 그에게 이스라엘 시민권을 부여하기도 했다.

그러나 미국 사법당국의 완고한 태도는 요지부동이었다. 조나단 폴라드는 30년이라는 긴 세월을 복역한 후에 마침내 2015년 11월 가석방되었다. 이스라엘에서는 그가 이스라엘로 이주할 경우 국가 유공자로 예우받게 될 것이라면서 적극 환영했다. 그러나 가석방 조건에 따라 그는 거주지역인 뉴욕주를 벗어날 수 없었다. 당연히 이스라엘 방문도 여전히 불가능했다. 5년간의 가석방 기간이 끝난 직후인 2020년 12월에 와서 그는 마침내 이스라엘로 알리야할 수 있었다. 그는 미국의 유대계 카지노 재벌인 쉘던 아델슨이 제공한 전용 비행기를 타고 이스라엘 공항에 도착한 후 트랩을 걸어 내려와 이스라엘 땅에 입맞췄다. 그가 도착하는 날 벤 구리온 공항에는 네타냐후 총리가 직접 출영해 그에게 이스라엘 국민임을 증명하는 신분증을 제공하면서 그의 귀국을 환영했다.

예루살렘에 정착한 그는 35년의 기나긴 세월을 자신의 진정한 조국 이스라엘을 위해 희생한 애국자이자 영웅으로 대우받으면서 살아가고 있다. 물론 미국 유대인 중에는 그의 스파이 행위 때문에 미국에서 살아가는 수많은 유대계 미국인이 이스라엘에 충성하는 사람이라 오해받고 있다며 그를 비판하는 사람들도 있다. 또한 이스라엘에서도 그가 적국이 아니라 우방인 미국을 상대로 스파이 활동을 했다는 점에서 그를 엘리 코헨과 같은 전쟁영웅으로 대우하는 것은 바람직하지 않다는 주장이 있다. 미국에서조차 이스라엘에 대한 연대의식이 줄어드는 오늘의 상황을 염두에 둔 주장으로 보인다.

아무튼 조나단 폴라드는 체포된 직후 부인과 이혼하고 감옥에서 복역 중 캐나다 태생의 유대인 여성과 재혼했다. 20여 년 동안 옥바라지를 했던 그 여성은 이스라엘로 귀환한 후 유방암을 앓다가 2022년 초 코로나 바이러스에 감염되어 예루살렘에서 사망했다. 폴라드 부인의 추도식에는 네타냐후를 비롯한 거물급 정치인들과 각계 지도자들이 대거 참석하여 폴라드를 위로했다.

계급장 떼는 군대문화

무적의 강군으로 유명한 이스라엘의 군인을 외국인들이 보면 어떤 느낌이 들까? 선입견과는 달리 전반적으로 군기가 빠져 보인다는 대답을 종종 들을 수 있다. 사실 버스 안이나 시장 등에서 일반인이 쉽게 만날 수 있는 10대 후반의 젊은 군인들을 보면 그런 느낌을 받기도 한다. 특히 통곡의 벽이나 마사다와 같은 역사적 유적지에 모여 있는 한 무리의 군인들이나 시장통의 식당에서 웃고 떠드는 앳된 병사들을 보면 군인이라기보다 수학여행을 온 학생들 같다는 생각이 들기도 한다. 실제로 이스라엘을 방문하는 외국인이 길거리에서 만나는 제복 입은 병사들의 겉모습만 보면 엄정한 군기와 다소 거리가 있는 것처럼 느낄 때가 많다.

그러나 이스라엘 군대 내부의 실제 모습은 겉보기와는 다른 점이 있다. 이스라엘 군대가 가진 강점은 '엄정한 군기'가 아니라 '유연함과 개방성'이라고 말하는 경우가 많다. 그 배경에 대해서는 독립국가 건설을 위해 싸웠던 시오니즘 전통을 이야기하는 사람도 있고, 토론을 중시하는 유대인의 교육 방식을 거론하는 사람도 있다. 거슬러 올라가서 '모든 유대인은 하느님 앞에 동등하다'는 유대 사회의 특성 때문이라는 지적도 있다. 물론 이스라엘 군도 계급에 따른 상명하복과 군기를 중요시한다. 이집트의 전격적인 선제공격으로 시작된 욤키푸르 전쟁(제4차 중동전쟁)에서 개전 초기에 정보와 작전 모두 실패하면서 엄청난 수세에 몰렸던 경험을 한 이후 엄정한 기강이 특별히 강조되던 시기도 있었다. 군대에서 규율 위반 등으로 각종 사건 사고가 일어날 때도 군기를 준수하라는 지침이 하달되곤 한다. 일반적으로 전투병과가 다른 병과보다 군기가 세다고 할 수 있다.

하지만 외부의 적과 전쟁을 할 때는 지나치게 엄정한 군기가 오히려 일선 지휘관의 자율성과 책임감을 저해하며, 결국 작전의 성공에 장애가 된다는 인식이 군대 내에 널리 퍼져 있다. 특히 사병들의 경우는 일정 기간이 지나면 계급 없이 서로의 이름을 부르는 경우도 적지 않다. 장교들도 특별히 지휘계통상 필요한 경우가 아니라면 병사의 계급만을 따지지 않고 이들을 동등하게 취급하는 경향이 강하다. 통상적인 경우 작전을 수행하기에 앞서 전반적인 전략과 작전의 목표 등 큰 틀에서 결정할 사항들은 상부에서 결정하고 지시를 하달한다. 하지만 작전을 현장에서 실행하는 과정에서는 일선 지휘관이 자신의 역량과 상황판단에 따라 알아서 조치하고, 만약 잘못되면 책임을 진다는 자세로 임한다. 또한 규모가 크든 작든 작전이 종료된 이후에는 각급 단위별로 판단과 실행과정이 적절했는지 여부를 검토해 보고 앞으로 새로운 작전에 필요한 교훈을 도출하는 일종의 평가회의를 갖는다.

이것이 가능한 것은 평소에도 계급에 상관없이 동등한 자격으로 열띤 토론에 참여할 수 있는 분위기가 이미 조성되어 있기 때문이다. 토론과정을 통해 각급 단위의 구성원들이 서로를 더 잘 이해하게 된다는 것이다. 계급이 낮더라도 창의적 아이디어를 제시하면 상관이 이를 적극적으로 반영하고 채택하는 문화와 관행이 계속 축적되고 있다고 한다.

오늘날에는 초정통파 하레딤이 아니더라도 이런저런 이유를 들어 병역을 기피하려는 사람들도 적지 않다. 하지만 이스라엘에서 군대는 복무 기간 동안 사회와 단절되고 시간을 허비한다는 생각보다 오히려 경험과 인맥을 쌓는 기회라는 인식이 더 강하다. 이스라엘 사회에서 성공적 인생을 살기 위해서는 현실적으로 군대 복무 경력이 대단히 중요한 역할을 하기 때문이다. 그래서 지연이나 학연, 혈연보다 오히려 군에서의 인연이 더 중요하다고도 이야기하는 사람들도 있다. 복무 과정에서 맺은 인연과 이를 통해 쌓은 지식과 경험은 자기계발의 기회로 작동한다. 그것이 가능한 배경에 겉으로 군기가 약해 보일 수도 있는 독특한 군대문화가 영향을 미치고 있다고 할 것이다.

현금법을 제정하다

어느 나라에나 지하경제가 존재한다. 탈세나 자금세탁 또는 심지어 테러자금 전용 등 이유가 많기 때문이다. 당연히 어느 나라든 정부는 지하경제의 규모를 줄이기 위해 노력하고 있으며, 투명한 거래를 하는 사람에게는 세제상 혜택을 주기도 한다.

이스라엘 내 대부분 업소에서도 신용카드를 사용할 수 있다. 하지만 아직도 일부이기는 하지만 현금거래를 요구하는 경우도 남아 있다. 주로 아랍계 주민이 운영하는 가게에서 그런 경우가 많다. 오래된 자료이기는 하지만, 2010년 세계은행은 이스라엘의 지하경제 규모를 GDP 대비 약 22% 수준으로 추산했다. 2015년 OECD는 19%로 추정하기도 했다.

이 같은 지하경제 대책의 일환으로 이스라엘은 3년 전부터 일정 범위의 현금거래 한도액을 설정해 두고 이를 어기는 사람을 처벌하고 있다. 속칭 '현금법'을 새로 만든 것이다. 2019년부터 발효된 현금법은 각종 상거래에서 현금 사용의 비중을 줄이려는 법이다. 법에 따르면, 사업체의 경우에는 1만 1천 세켈(약 3천 달러) 이상 규모의 상거래 시 현금 사용이 10%를 넘지 못하도록 제한되어 있다. 또한 아무리 큰 규모의 상거래라 하더라도 현금 사용액이 최대 1만 1천 세켈을 초과할 수 없도록 하고 있다. 개인의 경우에는 현금 사용액을 5만 세켈(약 1만 5천 달러)까지 인정한다. 외국에서 온 관광객에게는 10%를 추가하여 5만 5천 세켈까지 허용된다. 하지만 그것도 다섯 차례를 넘을 수는 없다. 이 같은 현금 사용 규제를 위반할 경우 위반 규모에 따라 벌금 또는 징역 등 형사처벌까지 가능하도록 규정하고 있다.

정부는 이 같은 규제가 아직 충분하지 않다고 보고 사업체의 상거래에서 현금거래 한도액은 현재의 절반 수준인 6천 세켈로 낮추고 개인의 현금 사용 한도액도 1만 5천 세켈로 대폭 낮추는 방안을 추진하고 있다. 이와 더불어 이스라엘 정부는 이스라엘 입출국 시 신고 없이 반출입할 수 있는 자금의 액수도 과거보다 축소했다. 과거에는 10만 세켈(약 2만 8천 달러)을 넘지 않을 경우 신고 없이 반출입할 수 있었으나, 2018년부터는 공항을 이용해 입출국 시에는 5만 세켈(약 1만 4천 달러)까지로 강화했다. 이뿐만 아니라 요르단이나 이집트와의 국경지대에서 육로로 입출국할 경우에는 1만 2천 세켈(약 3천 400 달러)을 넘을 경우 반드시 신고하도록 규정을 강화했다.

5장

창업정신과
후츠파

이스라엘 사람 ISRAELI

이스라엘 사람을 영어로 'ISRAELI'라고 한다. 재미있게도 이스라엘 사람들의 특성을 'ISRAELI'라는 머리글자를 따서 만든 표현이 있다. 이스라엘에서 일하는 외국인들에게는 제법 알려진 표현인데 누가 처음 만들었는지는 불확실하다. 이스라엘과의 비즈니스를 자문하는 외국 컨설팅 회사에서 이스라엘 사람을 이해하는 데 도움이 될 내용을 소개하면서 만들었다는 주장이 있다. 내용을 찬찬히 들여다보면 이스라엘 사람들, 그중에서도 특히 유대인들의 특성을 나름대로 그럴듯하게 표현하고 있다는 생각이 들기도 한다. (물론 모든 유대인들이 다 그렇다고 볼 수는 없기 때문에 일반화할 수는 없을 것이다.)

ISRAELI의 첫 번째 글자인 'I'는 'Informal'이다. 이스라엘 사

Informal	형식에 얽매이지 않는다.
Straightforward	직선적이다.
Risk-taking	위험을 감수한다.
Ambitious	야심만만하고 야망에 가득 차있다.
Entrepreneurial	기업가 정신이 뛰어나다.
Loud	목소리가 크다.
Improvisational	즉흥적 임시변통이나 상황대처가 능하다.

람들은 형식을 크게 따지지 않는다는 것이다. 격식에 얽매이지 않고 내용을 중시한다는 뜻이다. 물론 엄격한 격식이 요구되는 경우나 장엄하게 진행되어야 할 국가적 행사의 경우에는 그렇지 않다. 하지만 통상적으로 보면 회의나 모임이나 각종 행사에서 절차나 형식에 그다지 얽매이지 않는다는 느낌을 받는다. 우선 겉보기에 복장이 상당히 자유롭다는 점이다. 우리나라에서도 이미 젊은 층이나 IT 기업 등에서 자유로운 복장이 많이 확산되었다. 하지만 공직사회나 대기업 등의 경우 아직도 장년층들에게는 비교적 단정한 복장이 요구되는 분위기가 남아 있다. 반면에 이스라엘에서는 특별한 경우가 아닌 한 연령과 무관하게 와이셔츠에 넥타이 매고 정장을 입는 경우가 별로 없다.

그러다 보니 외국에서 방문한 사람들은 정장 차림이 많은 반면 이스라엘 측 관계자들은 티셔츠 차림으로 손님을 맞는 경우도 자주 생긴다. 공식 행사인데도 과하다 싶은 파격적 복장으로 참석하는 사람도 있다. 복장은 자신의 취향대로 편하게 입는 것일 뿐 타인의 시선을 별로 개의치 않는다는 생각이 강하기 때문이다.

우리나라에는 한때 "작전이나 전략에서의 실패는 용서되지만 의전에서의 실패는 용서가 안 된다"는 우스갯소리가 있었다. 그 같은 관점에서 보면 이스라엘에서 진행되는 행사나 회의 등은 준비가 상당히 미흡하게 느껴지는 경우도 적지 않다. 그러다 보니 종종 일부 방문객이 불쾌감을 느끼거나 무시당했다고 오해하기도 한다.

조직 내 직급이라든가 서열, 연령 등도 그다지 중요시하지 않는 편이다. 훌륭한 리더란 조직의 선두에 서서 조직을 이끌어가는 사람이 아니라 조직의 구성원들 모두가 평등하게 효율적으로 협력하며 일할 수 있도록 이끌어주는 일종의 조정자라는 인식이 강하다. 그러다 보니 조직 내에 계급을 구분하는 단계가 많지 않고 당연히 최고위직에 있는 상사와 일반 하급직원 간의 거리도 짧은 편이다. 이처럼 격식을 따지지 않고 비교적 자유분방한 분위기는 때로는 기강이 해이하고 어수선한 느낌을 주는 경우도 있다. 하지만 구성원 상호 간에 수평적인 관계 속에 쌍방향 소통을 장려하는 순기능적인 측면이 강하다. 군대와 같이 엄격한 상명하복이 요구되는 조직 내에서조차 그야말로 계급장 떼고 활발하게 논쟁을 벌일 수 있는 토론 분위기를 가능하게 만드는 것이다.

ISRAELI의 두 번째 글자인 'S'는 'Straightforward'이다. 대화나

토론에 있어서 '단도직입적'이거나 '직설적'이라는 뜻이다. 전반적으로 유대인들은 대단히 실용적인 편이라서 시간의 낭비를 꺼린다는 의미이기도 하다. 유대인들은 "Excuse me"라고 말할 줄 모른다는 우스갯소리가 있다. 그 정도로 직설적인 토론이 더 생산적이며 나은 결과를 도출한다고 믿는 경향이 강하다는 뜻이다. 그러다 보니 완곡한 화법에 익숙하고 때로는 눈치가 요구되는 사회에서 살아온 동양인의 관점에서 보면 이스라엘 사람들이 무례해 보일 때도 있다.

한국에서 온 방문단을 만난 이스라엘 측 관계자가 첫 만남에서부터 "시간이 없으니 의례적 인사는 생략하고 바로 본론에 들어가자"고 해서 당혹스러웠다는 이야기를 들은 적이 있다. 거두절미에 익숙하다는 것이다. 또한 한국 방문단이 이스라엘 측과 회의를 하는 도중에 "중간에 끼여 들어서 미안한데…" 등과 같이 일종의 예의상으로 하는 이야기들을 반복하자 "제발 더 이상 그런 말 하지 말고 바로 물어보라"고 요구했다는 이야기도 있다. 우리는 예의상 하는 그런 표현을 그들은 불필요한 군더더기로 간주 한다는 강한 방증이다.

세계적 IT 기업으로 이스라엘에도 기술연구센터를 두고 있는 글로벌 회사가 수년 전 이스라엘 사람과 같이 일하는 데 도움이 될 만한 가이드북Working with Israelis을 제작한 적이 있다. 그 가이드북을 보면 "아이디어를 명료하고 간결하게 전달하라", "당신의 발표가 자주 중단될 수 있음을 예상하고 있어라", "이스라엘 사람들은 질문하기를 좋아한다. 그들은 궁금하거나 질문이 있으면 당신의 발표가 끝날 때까지 기다리지 않고 즉시 토론하기를 선호한다" 등의 설명이 나온다.

히브리어에 '두그리dugri'라는 단어가 있다. "감추지 않고 터놓고 이야기한다" 정도의 뜻이다. 그다지 점잖은 표현은 아니고 일상 생활에서 사용되는 일종의 속어라고 할 수 있다. 원래 아랍어에서 사용되던 단어인데 히브리어에도 차용된 것이라고 한다. 그런데 양쪽 언어에서 뜻하는 두그리의 뉘앙스는 조금 다르다. 아랍어에서의 두그리는 '객관적 사실을 바탕으로 거짓없이 이야기한다'는 뜻이지만 히브리어에서는 객관적 사실보다는 자신의 느낌이나 생각을 감추지 않고 말하는 것을 의미한다. 우리 표현으로 하면 '툭 까놓고 이야기한다' 정도의 의미가 될 것 같다. 예컨대 동료나 지인으로부터 그가 만든 프로젝트나 새로 구입한 옷에 대한 평가를 요청받을 경우 자신의 생각이나 마음에 흡족하지 않다면 '별로다'하고 그 느낌을 그대로 전달하는 것이다.

우리의 경우 업무 과정에서 동료의 의견이나 행동이나 실적에 대해 부정적인 피드백을 전달해야 하는 경우, 많은 사람들은 상대방이 기분 나쁘지 않도록 긍정적 부분을 같이 버무려 전달하는 경향이 있다. 특히 그 자리에 다른 직원이나 제3자가 있을 경우에는 부정적 피드백을 솔직히 전달하기를 꺼리는 경우도 많다. 그것이 상대방에 대한 배려이자 예의라고 생각하기 때문이다.

하지만 이스라엘 사람들은 주저하지 않고 부정적 부분을 지적하는 경향이 강하다. 다수가 참석하는 회의에서 주변의 시선을 크게 의식하지 않는다는 뜻이다. 물론 그 같은 부정적인 피드백에 대해 당사자가 동의하지 않을 경우 논쟁으로 비화할 수도 있다. 그만큼 이스라엘 사람들은 직선적인 표현에 익숙한 편이다. 논쟁이 벌어지는 경우도 흔하지만 비록 자신과는 의견이 다르더라도 그것이 상대방의 의견이라는 점만큼은 서로 인정을 하는 셈이다.

ISRAELI의 세 번째 글자인 'R'은 'Risk-taking'이다. '위험을 감수한다'는 뜻이다. 기회는 가능한 잡고 위험은 가능한 회피하고 싶은 것이 인간의 본성이겠지만, 이스라엘 사람들은 전반적으로 위험을 감수하는 경향성이 큰 편이라고 한다. 이스라엘이 혁신과 스타트업을 상징하는 세계적 국가로 도약할 수 있었던 많은 요인들 가운데 하나가 바로 이같이 위험을 감수하는 사회적 분위기가 존재하기 때문이라는 것이다.

사회 전반적으로 도전의 가치를 높게 인정하고, 비록 실패하더라도 이를 용인하며, 때로는 오히려 실패를 장려하는 분위기가 형성되어 있다. 도전하지 않아서 실패하지 않았지만 아무런 경험이 없는 사람보다 비록 성공하지 못하더라도 도전했다가 실패해 본 사람이 훨씬 더 낫다는 것이다. 물론 실패를 단순히 경험하는 데 그치는 것은 아니다. 실패의 원인에 대한 철저한 평가와 분석을 통해 해결방안을 배움으로써 결국 더 이상은 실패하지 않겠다는 자세이다.

이같이 위험을 감수하는 배경에 대해서는 여러 가지 설명이 있다. 어떤 이는 나라를 세우기 위해 전쟁을 통해 생사를 넘나드는 위험을 감수해 온 역사적 경험을 이야기한다. 그런가 하면 어렵게 세운 나라를 온전히 지키기 위해 목숨을 거는 것이 당연시되는 사회적인 분위기를 지적하는 의견도 있다. 또한 군사작전 이후에는 철저한 평가회의를 거치는 군대에서의 복무 습관이 작동하기 때문이라는 주장도 있다. 이유가 무엇이든 위험을 감수하는 분위기는 이스라엘 사회에 활력을 불어넣는 데 큰 역할을 하고 있다.

ISRAELI의 네 번째 글자인 'A'는 'Ambitious'이다. '야심만만하고 야망에 가득 차 있다'는 뜻이다. "하고자 하는 의지만 있다면, 그것은 그냥 꿈이 아니다"라고 주창했던 이스라엘 건국의 아버지 테오도르 헤르츨의 희망은 결국 단순한 꿈이 아닌 현실로 이루어졌다. "희망 없는 상황이란 없다. 희망 없는 사람만이 있을 뿐이다"라고 설파했던 시몬 페레스 전 이스라엘 대통령의 말도 이와 일맥상통하는 면이 있다. 그는 "역사에 대한 유대인들의 가장 위대한 공헌은 만족을 모른다는 것이다. 유대인은 만족하지 않기 위해 태어난 민족이다"라는 이야기도 했다.

야심만만하기 때문에 도전정신에 충만하며 할 수 있다는 마음의 자세가 준비되어 있다. 그런 만큼 중요한 이해관계가 걸린 문제에는 대단히 끈질기고 집요한 편이다. 반면 자신들의 문제가 일단 해결되고 나면 상대방의 요구에 대해서는 무심한 반응을 보이는 경우도 있어 너무 실리적이고 냉정하다는 평가를 받기도 한다. 목표 지향적이며 결과 중심적인 성향을 갖고 있다는 의미와도 통한다.

ISRAELI의 다섯 번째 글자인 'E'는 'Entrepreneurial'이다. '기업가정신이 뛰어나다'는 것이다. '비즈니스 마인드가 몸에 배어 있다'는 뜻도 된다. 유대인이라고 하면 자연스럽게 떠오르는 몇 가지 전형적 이미지 중의 하나가 뛰어난 상인의 이미지라는 점에서 보듯 이스라엘 사람들은 비즈니스에 필요한 거래와 협상에도 남다른 면모를 지니고 있다. 금융업이나 부동산업, 다이아몬드 거래 등 이른바 돈이 되는 분야에서 적절한 시기에 성공을 만들어 내는 감각을 갖고 있다.

한때 부모들은 자신들의 자녀가 의사나 변호사가 되기를 선호했었다. 그러나 세상의 변화와 더불어 오늘날에는 오히려 기업인을 선호한다. 이스라엘 사람들의 DNA 속에 자리 잡은 고난 극복의 역사적 경험은 불가능에 가까운 사업계획을 성공적으로 이끌어가는 원동력이 되고 있다. 또한 처음 사업계획을 수립하는 단계에서부터 내수 규모가 작은 국내시장에만 머물지 않고 미리 세계시장 진출을 염두에 두고 시작한다. 이 과정에는 전 세계에 퍼져 있는 유대인 공동체간 커넥션도 적지 않게 기여한다고 볼 수 있을 것이다.

ISRAELI의 여섯 번째 글자인 'L'은 'Loud'이다. '대화할 때 시끄럽다'는 뜻이다. 이스라엘 사람들에게는 전반적으로 토론하기를 좋아하는 일종의 논쟁문화가 존재한다고 할 수 있다. 어떤 주제이든 열정적으로 토론을 하는 편이다. 앞에서 이야기한 글로벌 회사의 《이스라엘 사람과 같이 일하기》 가이드북에는 "이스라엘 사람과 토론 중에는 목소리 톤이 올라가고 시끄러워지기 때문에 외국인들이 위축되는 경우가 많다"는 내용도 들어 있다. 좋게 보면 토론의 에너지가 넘친다고도 할 수 있다. 그만큼 이스라엘 사람들은 자기주장이 강한 편이다. 빈 수레가 요란하다며 말하기보다 듣기의 중요성을 강조하고 양보와 배려를 가르치는 우리의 문화와는 상당히 다른 모습이다.

우리에게 조용한 사람을 진중한 사람으로 좋게 평가하는 분위기가 아직도 남아 있다면, 이스라엘에서는 토론에서 과묵한 사람은 실력이 부족하거나 토론의 준비가 안 된 사람이라는 인식이 있다. 그 이유에 대해서는 다양한 주장이 있다. 탈무드를 바탕으로 토론하는 하브루타 학습법 때문이라는 의견도 있고, 거칠고 척박한 현실에서 생존을 위해서 논쟁해야 하는 역사적 경험 때문이라는 해석도 있다. 논쟁을 좋아하고 토론에 익숙한 문화는 국제무대나 비즈니스에 있어서 상대방에 대한 설득과 협상력을 키우는 데 큰 도움이 된다.

우리나라에서는 지난 2016년 이세돌 9단이 AI 알파고와 세기의 대국을 펼친 적이 있다. 바둑은 조용한 대결이다. 그런데 이스라엘에서는 AI와 시끄러운 대결이 벌어진 적이 있었다. 2018년 각종 토론대회에서 승리한 챔피언들이 IBM 이스라엘 연구센터가 개발한 AI 컴퓨터와 누가 더 토론을 잘하는지 겨루는 대회가 열린 것이다. 이처럼 서로 다른 의견을 갖고 논쟁을 하다 보면 목소리가 자연스럽게 커지게 되고 소란스러움도 피할 수 없다. 그러나 아무리 격렬한 논쟁을 하더라도 물리적 폭력을 사용하는 경우는 흔하지 않다고 한다. 그 이유에 대해 논쟁이라는 것이 특정 주제에 대한 자신의 강한 의견 표명일뿐 상대방에 대한 인신공격이 아니라는 일종의 토론규칙에 대한 공감대가 만들어져 있기 때문이라고 설명한다. (물론 예외적인 경우도 없지 않을 것이다.)

ISRAELI의 마지막 글자인 'I'는 'Improvisational'이다. '준비가 되지 않은 여건이나 상황에서도 즉흥적 임시변통이나 상황대처에 능하다'는 뜻이다. 한 우물을 판다는 것과는 정반대이다. 일이라는 것이 원래 처음 계획대로 되지 않는다는 것을 알고 전혀 예상하지 못한 일이 발생할 수도 있다는 것을 미리 인식한다는 것이다. 그만큼 변화의 흐름에 대해 창의적인 방식으로 적응하는 편이다. 필요하다고 판단될 경우에는 전반적인 계획과 과정을 변경하거나 조정하기도 한다. 목표를 향한 과정보다는 최종적인 결과를 더 중시하기 때문이라고도 볼 수 있다. 그 과정에서 더 나은 목표가 새롭게 설정될 수도 있다. 그만큼 생각이 고정된 관념이나 틀에 박혀 있지 않고 think out of the box 융통성이 매우 크다고도 볼 수가 있다.

이상에서 살펴본 특성들이 이스라엘 사람들 모두에게 똑같이 적용되지는 않을 것이다. 이스라엘 유대인들에게 그런 경향성이 크다는 정도로 이해하면 될 것이다. 그런데 그 특성들은 각각 다른 것이 아니라 일맥상통한다고 볼 수 있다. 격식을 별로 따지지 않으니까Informal 자연히 토론에서 직선적Straightforward이 되고, 그 과정에서 목소리도 커지게 된다Loud. 또한 평소 야심만만한Ambitious 자세는 목표 달성을 위해서는 위험을 감수Risk-taking하게 되고, 이를 통해 상황 변화에도 포기하지 않고 창의적 방식으로 대처해 나가면서 Improvisational 유능한 사업가로서Entrepreneurial 성취를 만들어 낼 수 있는 것일 테니까.

후추와 파가 아니라 후츠파입니다

이스라엘 국민의 특성을 보여주는 표현 중에 '후츠파Chutzpah'라는 단어가 있다. 'Ch'이지만 'h' 발음으로 읽는다. 우리에게 잘 알려지지 않은 표현인 탓에 혹자는 음식 재료 '후추와 파'의 발음과 비슷하다며 '후추파'로 들린다고도 했다. 히브리어 '후츠파'는 '무례함', '당돌함', '건방짐', '뻔뻔함', '독선적임', '남을 배려할 줄 모름', '후안무치함' 등 주로 부정적인 의미로 많이 사용되는 단어이다. 우리가 일상적으로 많이 사용되는 "파렴치하다", "싸가지 없다", "얼굴에 철판을 깔았다" 등의 표현이 후츠파와 비슷한 느낌이다. 부모를 살해한 죄를 저지른 사람이 죄를 뉘우치기는커녕 오히려 부모 없이 고아가 된 자신의 불쌍한 처지만 호소하는 뻔뻔한 태도가 후츠파의 사례로 거론되기도 한다. 미국에서는 자신이 가르치던 학생을 성추행한 교사가 법정에서 그 학생에게 성교육을 한 것이라고 항변한 것을 후츠파식 변론이라고 불렀다는 이야기도 있다.

필자도 이스라엘에 거주하는 아랍계 국민이 유대인의 독선적 태도를 비판하면서 '유대인 후츠파Jewish Chutzpah'라고 말하는 것을 들은 적이 있다. 어떤 외국인들은 이스라엘 현지에서 만나는 일부 유대인의 후츠파스러운(?) 태도에 당혹감을 느꼈다고 전하기도 했다. 이스라엘 유대인이 전반적으로 거칠고 에티켓을 모르며 친절하지 않다고 평가하는 사람들도 있다. 물론 모든 유대인이 그런 것은 아니지만 아무튼 이 같은 비판적 인식에 대해 이스라엘 유대인들은 자신들이 '사브라Sabra'와 같기 때문이라고 항변한다. 선인장의 한 종류인 사브라는 겉에는 가시가 돋고 딱딱하지만 속에는 부드럽고 달콤한 과즙이 들어 있다. 다시 말해 이스라엘 사람들이 겉보기에만 까칠하고 불친절하게 보일 뿐이며 실제로는 그렇지 않다는 주장이다.

어쨌든 이같이 부정적 의미로 가득 차 있던 후츠파가 오늘날에는 이스라엘의 성공 비결이자 발전의 원동력으로 변모하고 있다. 유대인들이 소멸되지 않고 주변의 안보 위협 속에서도 살아남아 계속 성장 발전하는 것은 후츠파 덕분이라고 주장하고 나선 것이다. 특히 세계가 주목하는 혁신과 스타트업의 성공 사례들은 후츠파가 아니고서는 설명이 어렵다는 것이다. 후츠파로 인해 주변의 비판에도 전혀 동요하지 않고 자신들만의 목표를 향해 나아갈 수 있었다는 것이다. 한계를 두려워하지 않으면서 용기를 갖고 도전하며 실패에도 좌절하지 않는 그들의 태도는 실제로 후츠파에서 비롯된 것일지도 모른다. 후츠파는 유대인들의 DNA 속에 이미 태생적으로 각인되어 존재하는 듯 여겨지기도 한다. 앞에서 나왔던 ISRAELI의 머리글자로 설명된 그들의 특성들도 결국 후츠파와 그대로 연결되어 있다고 볼 수 있다. 어쨌든 이스라엘 기업들의 성공 비결로 후츠파가 집중적으로 부각된 이후 오늘날에는 드디어 '후츠파 정신Chutzpah Spirit'이라는 표현까지 등장하기에 이르렀다.

그동안 주변으로부터 비난을 받아오던 자신들의 부정적 특성을 어느새 세계가 배워야 할 중요한 정신으로 그 수준을 격상시킨 셈이다. 위기를 기회로 바꾸는 데 강한 유대인의 특성이 원래 부정적이던 단어의 의미조차 긍정적으로 바꾸는 데 그대로 성공한 것이다.

그러나 이스라엘에서 만나는 유대인에게 후츠파라는 단어를 함부로 사용해서는 안 된다. 후츠파 정신이라는 찬사에 멋쩍어하거나 어색해하는 사람들이 적지 않기 때문이다. 그들의 도전적 태도를 칭찬한다면서 후츠파를 거론할 경우 상대방이 이해하지 못하거나 오히려 비아냥거림으로 받아들일 수도 있다. 후츠파는 유대인들이 이스라엘의 경제 기적을 설명하는 논리로 활용하면서 해외에서는 많이 알려졌지만, 이스라엘의 일상생활에서는 아직도 부정적인 의미로 더 많이 사용되기 때문이기도 하다. 2022년 초 초정통파 하레디 정당을 대표하는 한 야당 의원은 정부의 종교 분야 개혁 정책을 비판하면서 베넷 총리에게 후츠파라고 맹렬히 비난하기도 했다. 이처럼 후츠파는 아직도 여전히 듣는 사람에게는 상당한 모욕감을 줄 수도 있는 거친 표현인 셈이다. 자칫 칭찬의 뜻으로 사용한 말 한마디가 오히려 심기를 상하게 할 수도 있으니 현지에서는 조심할 필요가 있다.

기술만이 살 길이다

이스라엘의 땅은 아주 좁다. 그 중에서도 물이 만성적으로 부족한 사막 지역이 60% 이상을 차지할 정도로 국토는 척박하다. 아직 인구 규모가 1천만 명이 안 되고 다른 환경도 상당히 열악한 편이다. 당연히 경제발전을 성취하기 위해 필요한 조건들이 취약하다고 할 수 있다. 그러다 보니 농업이나 제조업보다 부가가치가 큰 다이아몬드 가공이나 기술집약적 또는 지식기반형 산업의 비중이 훨씬 높은 편이다. 많은 국가에서 T&T를 배우기 위해 이스라엘로 온다는 이야기가 있다. 네타냐후 총리가 자주 사용하던 표현인데 'Terror(테러) 대응 경험'과 'Technology(기술)'가 바로 그것이다. 그

이스라엘의 수출 현황(R. Houssman, Cear Hidalgo.et.al)

만큼 기술은 이스라엘이 자랑하는 국가경제 성장의 가장 큰 원동력
이다. 전체 근로자 중에서 하이테크 분야 종사자는 10% 수준에도
못 미치지만 전체 수출의 절반을 하이테크 분야가 차지하고 있다.
엔지니어 1명이 연간 수십만 달러 이상의 경제적 가치를 만들어 내
고 있다.

이스라엘의 산업구조는 1970년대 말까지는 주로 국영기업을
통해 정부가 주도하는 형태였다. 그러다가 1980년대에 들어서면서
민간 벤처기업들이 미국 기업과 합작하는 사례가 점점 늘어나기 시
작했다. 과학 분야의 전문지식을 갖춘 러시아계 유대인 이민자들이
대거 이주해온 1990년대부터는 전자, 금속, 정보통신, 항공우주, 바

이오, 의약, 방위산업, 신재생 에너지 등 기술집약형 분야가 비약적인 발전을 하면서 이스라엘의 산업은 제2의 실리콘 밸리로 불릴 정도로 성장하였다. 그 외에도 USB 플래시 드라이버, 초기 형태의 인터넷 방화벽, 자율주행 차량의 차선 인식 장치, 캡슐형 내시경, 무인 항공기, 아이언 돔 미사일 등도 이스라엘이 자랑하는 기술 개발의 성과물들이다. 산업발전과 성공의 배경에는 기술력이 바탕이 되고 있다.

농업 분야에 있어서도 기술을 접목시킨 성공사례가 매우 많다. 해수를 담수로 만들어 내는 기술이나 스마트 영농은 세계적 수준으로 발달되어 있다. 이스라엘은 자연 조건상 물이 부족한 지역이기 때문에 수분 증발을 최소화하기 위한 정밀 영농기술이 필요했다. 오랜 연구와 실험 끝에 아주 작은 호스 구멍을 통해 물이나 액상비료를 농작물에 직접 방울방울 떨어뜨리는 효율적 관개방식인 '점적관수drip irrigation' 방식을 개발하는 데 성공했다.

이스라엘은 또한 '방울토마토Cherry tomato'도 1970년대에 자신들이 처음 개발한 것이라고 자랑한다. 방울토마토는 이스라엘의 창의성과 혁신을 상징하는 신종개발 농산물의 하나로 간주된다. 사실 해외 일각에서는 중남미나 그리스 등지에 이미 존재하고 있던 야생 토마토를 이스라엘이 품종을 개량하여 상품성을 높인 것일 뿐이라고 반박하는 사람들도 있다. 이스라엘이 최초 개발한 것도 아닌데 적극적으로 홍보해 성공한 사례라는 것이다. 이스라엘이 실제로 개발을 했든 특유의 홍보전략이 성공했든 오늘날 방울토마토는 이스라엘이 만들어 낸 것으로 세계에 알려져 있다.

이스라엘이 지리적으로 중동 지역에 위치해 있다 보니 석유가 풍부한 나라인 것으로 오해하는 사람들도 있다. 하지만 사실 이스라엘 영토에는 석유가 거의 나지 않는다. 당연히 필요한 석유의 전량을 외국에서 수입하던 나라였다. 하지만 지중해 연안 지역에서 '리바이어던', '타마르' 등 대규모 가스전이 개발되고 2013년부터 생산이 본격화되면서 이제는 요르단과 이집트로 가스를 수출하는 에너지 수출국으로 변모했다. 또한 국가 전체 에너지 생산 비율에서 아직까지 미미한 수준이기는 하지만 비가 적게 내리는 지리적 조건 때문에 태양광 등 신재생 에너지 분야에 대한 관심과 투자도 지속되고 있다. 가정용의 경우에는 1980년대부터 8층 이하 주택을 지을 때 태양열 온수 보일러를 설치하도록 의무화한 이후 그 비율이 이미 90%에 다가설 정도로 세계 최고 수준에 이르고 있다.

스타트업 국가

오늘날 이스라엘의 눈부신 경제발전을 지칭하는 유명한 단어중 '스타트업 국가Start-up Nation'라는 표현이 있다. 지난 2009년 미국의 중동 전문 벤처 투자가 댄 세노르와 이스라엘의 칼럼니스트 사울 싱어는 공동으로 책 한 권을 집필했다. 그 책의 제목이 바로《창업국가, 이스라엘의 기적 이야기Start-Up Nation, The Story of Israel's Miracle》이다. 이 책은 건국한 지 겨우 60여 년밖에 안 된 작은 나라 이스라엘이 기업가정신으로 무장하여 창조적 혁신을 지속하면서 경제적 성취를 이루어 온 다양한 이야기들을 생생하게 소개하고 있다. 출판된 이후 여러 나라에서 주목을 받았다. 우리나라에서도 번역 출간되어 이스라엘과 비즈니스를 생각하는 사람들로부터 많은 관심을 받은 바 있다.

이스라엘에는 6~7천 개의 스타트업이 활동 중이다. 인구 규모와 비교할 때 인구 약 1천 500명당 스타트업이 1개가 되니 가히 세계 최고 수준이라고 할 만하다. 자고 나면 생겼다가 어느 날 갑자기 사라지는 것이 스타트업이니만큼 정확한 업체 수를 파악하기도 어렵다. 어림잡아 매년 수천 개의 스타트업이 창업되는 것으로 알려져 있다. 스타트업 관련 민간기구인 네이션 센트럴이 2018년 11월 발표한 통계에는 6,107개의 스타트업이 활동하고 있는 것으로 되어 있다.

이스라엘 스타트업 중에는 M&A(인수 및 합병)를 통해 상상을 초월하는 금액에 매각됨으로써 이른바 대박을 터뜨리는 신화의 주인공이 많다. 자동차 자율주행 관련 기술을 가진 모빌아이는 2017년 글로벌 기업 인텔에 153억 달러에 매각되었으며, GPS 기반 내비게이션 앱 웨이즈는 구글에 10억 달러에 팔렸다. 2018년의 경우 103건의 M&A를 통해 거래된 금액이 126억 달러에 이른다. 그중 10억 달러 이상의 거래만 4건에 82억 달러에 이른다. 2019년에는 인텔이 현금 20억 달러를 주고 인공지능 칩을 만드는 회사인 하바나 랩을 인수하여 세간의 이목을 끌기도 했다.

물론 성공적인 스타트업 중에서는 M&A 방식을 선택하지 않고 직접 나스닥에 상장하는 경우도 적지 않다. 2020년 이후 나스닥에 상장된 전 세계 약 3,500여 개의 기업 가운데 이스라엘 기업은 100

여 개나 된다. 미국과 중국에 뒤이어 세 번째 순위를 차지하고 있다. 2020년 말 현재 바이오, 사이버 보안, 핀테크 등 주로 하이테크 분야에서 활동하는 이들 나스닥 상장기업들의 가치는 모두 합쳐서 약 880억 달러에 이른다.

한 나라의 기술 경쟁력을 가늠할 수 있는 GDP 대비 연구개발R&D 투자 비율도 이스라엘은 전 세계에서 가장 높은 수준이다. 2019년의 경우 R&D 투자 비율은 OECD 전체국가 평균인 2.47%를 훨씬 상회할 뿐 아니라 미국(3.06%)이나 우리나라(4.64%)보다 높은 4.93%에 이른다. 이스라엘은 인구 대비 IT 개발자들이나 이공계 업무 종사자 비율도 세계 최고 수준을 자랑한다. 하이테크 분야의 저명한 글로벌 다국적 기업들의 대부분이 이스라엘에 R&D 센터를 설치 운영하고 있다.

서해안의 북부 도시 하이파 지역이나 텔아비브 인근의 헤르츨리야, 르호봇 등지를 중심으로 애플, 구글, 인텔, 모토롤라, IBM, 마이크로소프트, GE 등 미국 기업뿐 아니라 도시바, 소니, 화웨이, 메르세데스 벤츠, 삼성, LG 등 300개가 넘는 글로벌 기업이 이스라엘의 연구개발 인력들과 함께 일하고 있다. 이들 하이테크 분야 연구개발 센터들이 모여 있는 지역들은 미국 서부의 실리콘 밸리에 빗대어 '실리콘 와디'라는 별칭으로 불리기도 한다. '와디'는 이스라엘 등 메마른 중동 지역의 건천(우기에는 물이 흐르나 평소에는 마른 계곡형 지역)을 지칭한다.

이스라엘에서 우리의 삼성이나 LG와 같이 세계적 수준의 대기업을 찾아보기는 쉽지 않다. 또한 평생직장이라는 개념도 희박하다. 그런 가운데 스타트업은 창업 초기부터 작은 내수시장보다는 미국 등 해외시장을 겨냥하고 창업한다. 또한 국가적 지원하에 도입된 벤처캐피털과 기술 인큐베이터 및 군, 산업체, 대학, 연구소 간의 기술융합 시스템 등이 효율적으로 작동하면서 스타트업의 성공사례가 이어졌다.

하지만 최근에는 이 같은 스타트업 국가로서의 명성과 실적에도 불구하고 어려움이 커지고 있는 것도 사실이다. 가장 큰 문제는 기술인력의 부족이다. 프로그램 개발자 등 하이테크 분야에서 기술인력이 10만 명이나 부족하다고 한다. 기술인력이 부족해지면 당연히 숙련된 인력의 임금이 치솟게 되고 이를 감당하지 못하는 스타트업은 해외로 이탈하거나 스타트업 설립 자체를 포기하게 된다. 곧바로 성장엔진의 둔화로 이어질 가능성을 우려하는 전문가들이 적지 않다. 우리나라도 마찬가지이지만 이스라엘에서도 미래 먹거리 발굴이 중요한 과제로 대두되고 있다. "스타트업 국가에서 두뇌국가로"From Start-up Nation to Brain Nation라는 페레스 전 대통령의 슬로건에서 보듯 작은 나라 이스라엘이 그들의 경제적 성취를 지속적으로 유지하기 위해서는 쉬지 않고 끊임없이 노력해야만 하는 과제를 안고 있다.

창업국가의 명과 암

창업국가라는 이름에 걸맞게 이스라엘에는 수많은 스타트업이 창업을 이어가고 있다. 하지만 심상찮은 조짐도 보인다. 전반적으로 새롭게 창업하는 회사는 점점 줄어드는 반면 폐업하는 회사는 상대적으로 늘어나는 추세다. 2014년에서 2017년간의 통계에 따르면, 창업하는 회사가 약 1천 개에서 700여 개로 계속 줄었다. 이와는 대조적으로 폐업하는 회사는 220여 개에서 400여 개로 늘어났다. 물론 폐업하지 않고 그럭저럭 유지하는 회사도 많다. 하지만 현실적으로 모빌아이나 웨이즈와 같이 스타트업으로 창업해서 대박을 칠 가능성은 생각보다 낮다.

통계청 자료에 의하면 2016년 현재 운영 중인 4,326개 업체 중 성공한 사례로 분류되는 업체는 198개에 불과하다. 이를 전제로 했을 때 스타트업의 성공 비율이 4.5% 수준에 불과한 것이다. 그래서 이스라엘의 한 언론인은 이스라엘이 '창업 융성국가'인 것은 사실이지만 동시에 '창업 실패국가'이기도 하다고 논평했다. 창업을 해서 4~6년간 기반을 닦은 다음 M&A(인수합병)를 통해 이익을 올린 후에 또 다른 분야에서 창업하는 일종의 '전문 창업꾼'의 성공사례는 많지만, 이것이 일반적이지는 않다는 뜻이다. 이뿐만 아니라 성공적인 스타트업도 대부분 M&A를 통한 이익 확보에만 관심을 둘 뿐 스타트업을 제대로 된 기업으로 성장시킨 사례는 별로 없다. 그러다 보니 고용률 증가에도 별 도움이 되지 않는 것이다. 그래도 스타트업에 도전했다가 인생을 망쳤다는 이야기는 못 들었다. 우리가 미국 유명 아이비리그에 진학한 한국 젊은이들의 뉴스는 자주 접하지만 실제로 이들 중 몇 퍼센트가 졸업하는지 또한 졸업 후 성공적 인생을 살고 있는지 등은 정확히 알 수 없는 것과 비슷한 까닭이 아닐까 싶다.

이스라엘은 국내시장 규모가 워낙 작기 때문에 창업 초기부터 세계를 향해 도전장을 던지고, 결국 대박을 터뜨리는 성공 사례들이 가끔 소개되고 있다. 이들 스타트업은 벤처캐피탈 등을 통해 엄청난 규모의 자금을 투자받아 성공을 만들어 나가고 있다. 2018년 통계를 보면 623개의 이스라엘 스타트업이 유치한 투자금은 약 65억 달러에 이른다. 단순 비교로만 보면 한 스타트업당 약 1천만 달러를 투자받은 셈이다. 2017년에 661개 스타트업이 약 55억 달러를 투자받은 것에 비교하면 스타트업의 숫자는 줄었지만 투자 규모는 커진 것을 알 수 있다. 최근 들어 투자 규모는 훨씬 더 커지고 있다. 2021년도의 경우 780여 개 스타트업이 약 260억 달러를 투자받았다고 한다. 평균치로만 보아도 스타트업 1개당 3천 300만 달러 규모나 되는 것이다. 이처럼 투자를 받는 스타트업의 숫자는 크게 증가하지 않지만 스타트업에 대한 투자액의 규모는 2010년 초부터 지속적으로 성장하는 추세에 있다.

투자를 받는 스타트업은 IT, 사이버 보안, 핀테크, 바이오, AI 등 다양한 분야에 걸쳐 있다. 그런데 스타트업에 대한 투자의 내용을 들여다보면 특이한 점이 눈에 띈다. 소수의 스타트업에 고액의 투자가 몰리는 것이다. 2018년도의 경우를 보면, 투자액 규모 중 2천만 불 이상의 고액 투자 케이스가 전체의 2/3 정도를 차지하고 있다. 이와는 달리 상대적으로 소액이라고 할 수 있는 500만 달러 이하 투자는 갈수록 감소하는 추세에 있다. 다시 말해서 기술 수준이 높고 가능성이 보이는 이른바 '똑똑한 소수'의 기업에 대해서만 엄청난 거액을 투자하는 패턴을 보이는 것이다. 기술 수준이 떨어지고 성공할 가능성이 부족한 수많은 작은 스타트업은 세간의 관심에서 멀어지고 결국 쓰러질 여지도 충분한 것이다.

한편 성공한 스타트업은 M&A나 IPO(기업공개)를 통해 투자금을 회수하는 데 2018년도의 경우 103개 스타트업에서 126억 달러 규모의 엑시트exit(자금회수)를 기록한 것으로 나타났다. 그런데 그중 10억 달러를 초과하는 거액의 거래는 4건이다. 이들의 거래규모를 다 합하면 82억 달러 정도로 전체 엑시트의 약 65% 수준이다. 그만큼 엑시트의 규모도 성공률이 높은 소수의 스타트업에 집중되어 있다는 사실이 확인되고 있다.

한 가지 재미있는 것은 이같이 최고 수준의 하이테크 기술과 창업국가로 유명세를 떨치는 이스라엘이지만 사회 전반적인 디지털화 수준은 우리나라와 비교할 때 아직 많이 열악한 수준이라는 점이다. 관공서나 은행 등과 업무를 협의할 때 아직도 팩스를 주고받는 경우가 남아 있다. 식당이나 커피숍 등 일반 매장에서 스마트폰을 이용한 결제도 아직 우리나라를 따라오려면 멀었다. 일부이기는 하지만 아랍계 국민이 다수 거주하는 지역의 영세한 가게에는 현금 결제를 요구하는 경우도 있다. 세계 최고 수준의 첨단기술을 자랑하는 나라이지만 그 이면에 사회 일반의 뒤처진 디지털 수준도 여전히 공존하고 있는 것이다.

그렇다면 잦은 실패에도 불구하고 이스라엘이 창업국가로 입지를 굳힌 까닭은 무엇일까? 끝없이 이어지는 창업행렬은 어찌 보면 이해하기 어렵다. 어쩌면 좁은 국토와 적은 인구, 척박한 환경에도 살아남아야 하는 이스라엘에서 창업은 피할 수 없는 선택인지도 모른다. 하지만 줄기찬 창업행렬은 실패를 비난하기보다 이를 격려하고, 새로운 도전을 권장하는 사회적 분위기가 한몫했다는 분석이 설득력이 있다. 이는 유대인 특유의 도전정신의 원천이기도 하다.

창업국가와 팔레스타인 문제

대박을 친 이스라엘 스타트업의 성공 신화가 이어지고 있지만, 다수의 스타트업은 하이테크 분야의 심각한 인력 부족으로 고전을 면치 못하고 있다. 고급 인력은 고액연봉이 보장되는 이스라엘 곳곳의 글로벌 대기업에서 일하길 원하기 때문이다. 도전정신에 충만한 젊은이들을 중심으로 스타트업이 번창하고는 있으나 낮은 임금을 감수하는 유능한 인재들을 구하기는 어디든 쉽지 않다. 이에 따라 일부에서는 팔레스타인의 유휴 인력을 이스라엘에서 활용하자고 제안하기도 한다. 그러나 이스라엘과 팔레스타인 간의 정치적 갈등은 하이테크 분야에서의 협력에도 장애요인이 되는 것이 현실이다.

동예루살렘이나 서안지역에 있는 대학에서는 컴퓨터공학이나 엔지니어링을 전공한 학생들이 연간 약 3~4천 명이나 쏟아지고 있다. 하지만 그들의 취업률은 10% 수준에도 미치지 못한다. 어렵게 취업에 성공하더라도 이스라엘 기업으로부터 기술하청을 받는 팔레스타인의 영세한 협력업체에서 일하는 수준이다. 동예루살렘에 거주하는 아랍계 주민은 거주나 이동에 제한이 없기 때문에 취업의 가능성은 항상 열려 있다고 볼 수 있으나, 실제로 하이테크 분야에 진출한 아랍계 기술인력은 전체 수요의 2% 수준에 그치는 형편이다.

이 같은 상황에서 서안지구 정착촌 인근에 거주하는 팔레스타인 주민들은 이스라엘 하이테크 기업에서 일하는 것이 그야말로 '하늘의 별 따기' 수준이다. 그만큼 이스라엘 하이테크 기업에서 일하는 팔레스타인인은 아직 소수에 불과하다. 이들은 자신이 일하게 될 이스라엘 기업의 추천과 엄격한 신원조회 등을 거쳐 이스라엘 당국으로부터 노동허가증을 받아야 한다. 노동허가증을 받는다고 하더라도 현실적으로 이스라엘 영토나 유대인 정착촌에 들어가기 위해 이스라엘 검문소를 매일 통과하는 데 상당히 오랜 시간이 걸린다.

출퇴근의 불편에 더해 이스라엘 기업에서 일하는 서안지구의 팔레스타인 인력들은 이스라엘과 팔레스타인 양쪽 국민이 갖는 부정적 인식에 힘들어한다. 팔레스타인 국민은 이스라엘 기업에서 일하는 팔레스타인인을 조국을 배신한 변절자나 이스라엘에 부역하는 사람으로 생각하기 때문이다. 또한 이스라엘 국민 역시 이들을 반이스라엘 성향을 지닌 잠재적 위험인물로 보는 인식이 남아 있다. 이런 까닭에 특별히 필요한 경우가 아니라면 고용을 꺼리는 편이다. 이들은 이스라엘과 팔레스타인 양 진영 사이에서 기술협력을 실천하는 평화적 역할을 희망하고 있지만, 정치적 갈등의 골이 워낙 깊은 현실 때문에 이들의 입지는 별로 확대되지 못한 상황이다.

이스라엘 하이테크 기업의 심각한 기술인력 부족 현상이 지속됨에 따라 이를 타개하기 위한 방편으로 이스라엘 당국은 2021년 가을 팔레스타인 기술인력에 대한 비자 발급 정책을 시범적으로 도입하기로 했다. 그동안 사안별로 소수에 대해 노동허가만 발급해 주던 현실에서 한 걸음 나아가 500명 정도 범위 내에서 팔레스타인 기술인력에 대해 3년 동안 이스라엘 하이테크 기업에서 합법적으로 일할 수 있도록 노동 비자를 발급해 주기로 한 것이다. 안보상의 위험 요인에도 불구하고 기술인력 부족이라는 현실 때문에 그같이 전향적인 정책을 추진하게 되었으나 어느 정도 실질적인 효과를 거둘 수 있을지 주목되고 있다.

기회를 찾는 요르딤과 두뇌유출

상당히 높은 출산율과 알리야(귀환 이주)로 인해 이스라엘의 인구는 해마다 증가하고 있다. 하지만 최근 들어 알리야와는 정반대로 이스라엘을 떠나 해외로 이주하는 유대인도 적지 않다. 유대인이 이스라엘 땅을 떠나는 것을 '예리다yerida'라고 하며, 이를 감행한 유대인들을 '요르딤yoredim'이라고 부른다. 이 '요르딤' 중에는 특히 의사, 과학자, 이공계 교수, 하이테크 분야 엔지니어 등이 상당히 많은 분포를 차지한다. 이스라엘이 세계적인 강점을 가진 과학기술 분야에서 전문성을 보유한 고학력 엘리트의 해외 이주가 늘고 있는 것이다. 이 같은 과학기술 분야 엘리트의 해외 이주가 이어지면서 부정적 영향이 나타나고 있으며, 이는 이스라엘의 사회적 문제로 대두되고 있다.

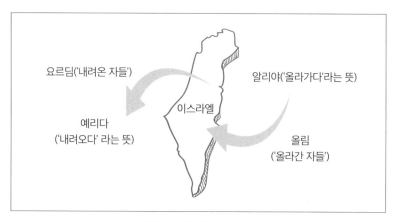

이스라엘을 떠나 해외로 이주하는 유대인

물론 이스라엘을 떠나는 유대인들보다는 해외에서 살다가 이스라엘로 이주해 오는 유대인의 숫자가 훨씬 많다. 하지만 학사학위 이상 고학력자만 비교했을 때는 떠나는 요르딤이 들어오는 올림보다 더 많다고 한다. 이 같은 비율 격차는 갈수록 늘고 있는 추세다. 과거 올림 1명당 요르딤이 2~3명 수준이었다면 최근에는 올림 1명당 요르딤이 4~5명 수준으로 증가하고 있다는 것이다. 훨씬 많은 숫자의 전문직이나 고학력자들이 이스라엘을 떠나고 있는 것이다. 이스라엘에서 면허를 취득한 의사들의 15% 정도가 이미 해외로 떠났다는 보도도 있었다.

물론 취업, 학업, 파견 등의 이유로 일시적으로 해외로 건너간 요르딤도 있다. 이들은 수년이 지나면 다시 이스라엘로 돌아오기 때문에 이들 모두가 영구적으로 이주한 사람들이라고 할 수는 없다. 하지만 전반적 추세는 해외로 이주하는 엘리트가 계속 늘어간다는 것이다. 이같이 고학력 전문직 종사자들의 해외 이주가 증가하는 데는 여러 가지 이유가 있다.

고학력 요르딤은 이스라엘에서의 삶의 질이 미국이나 유럽 국가들에 비해 전반적으로 떨어지는 것이 불만이다. 이스라엘의 대체적 생활물가 수준은 OECD 국가 전체 평균을 훨씬 웃도는 고물가 상위권에 있다. 특히 도시에서의 주거비용은 갈수록 증가하고 있다. 부동산 시장을 전문적으로 관찰하는 한 저명한 회계 법인에서 2020년 이스라엘을 포함한 유럽지역 국가의 도시들의 주거비용을 조사한 결과, 이스라엘은 조사대상 24개 국가 중 주거비용이 네 번째로 높은 나라로 파악되었다. 특히 텔아비브는 62개의 조사대상 도시 중 두 번째로 주거비용이 비싼 도시로 조사됐다. 또 다른 통계에서는 직장인이 텔아비브나 예루살렘 같은 대도시의 부동산을 구입하기 위해서는 평균 20년 이상 일해야 한다는 결과도 나왔다. 또한 인구나 시장의 규모 등 나라 자체가 워낙 작아서 직장에서 지속적인 성취를 이루기에는 아무래도 한계가 있다는 의견도 제시되었다.

생활의 질을 결정하는 도로, 교통, 보건의료 등 전반적인 사회 인프라 수준 역시 여타 OECD 국가들과 비교할 때 뒤지는 편이다. 자녀를 위한 학교 교육 역시 기대 수준에 훨씬 못 미친다는 불평이 많다. 이스라엘을 떠나는 사람들은 특히 자신들이 감당해야 하는 세금이 계속 증가하는 것에도 불만이 크다. 자신들이 이스라엘의 경제를 실질적으로 뒷받침하는 중요한 역할을 맡고 있음에도 초정통파 하레딤이나 빈곤층 아랍계 등 국가 경제에 별로 기여를 못 하는 집단을 위해 너무 많은 세금을 낸다고 생각하는 것이다. 이들 중 다수는 종교적으로 세속적 그룹인 세큘라들이 많다. 이에 더해 끝이 보이지 않는 하마스와의 무력 분쟁 등 근본적으로 불안정한 안보 상황 역시 이스라엘에서의 행복을 해치는 큰 요인 중의 하나라고 생각한다.

이스라엘 전체 인구 규모와 비교할 때 이들과 같은 전문직 고학력층은 소수다. 숫자가 적은 만큼 이들의 목소리는 잘 들리지 않는다. 머릿수가 중요한 의회 선거나 다수 정당이 난립하는 정치 현실에서 이들의 요구가 제대로 대변되지 못하는 실정이다. 그래서 불만스러운 이스라엘을 떠나 더 안전한 나라, 더 편리한 생활환경, 더 좋은 자녀교육 기회, 더 좋은 대우 등을 찾아 해외로 나가는 선택을 하고 있다.

이들이 이주하는 곳은 미국, 캐나다와 유럽지역의 국가들이다. 대부분 살기가 좋은 선진국이고 어디를 가더라도 유대인이 거주하는 나라라서 친척이든 지인이든 연결고리를 찾기가 쉽기 때문이다. 또한 이스라엘과 마찬가지로 복수국적을 실질적으로 허용하고 있는 나라들이 많아 별다른 불편 없이 이주 즉시 곧바로 정착하기가 쉬운 점도 현실적인 이유로 꼽힌다. 이스라엘을 떠나는 요르딤은 대부분 나이가 젊은 편이며, 여성보다는 남성이 더 많다.

이들의 경우와는 달리 해외에서 이스라엘로 귀환 이주를 했다가 오히려 이스라엘 생활에 적응하지 못하고 자신이 살던 나라 또는 제3국으로 다시 떠나는 경우도 있다. 1990년대 소련 붕괴 시기에 이스라엘로 이주했던 구소련 출신 올림의 자녀들 가운데 15% 이상이 이스라엘을 떠나 미국이나 캐나다, 호주, 유럽 등지로 이주했다는 분석도 있다. 이스라엘로 이주할 당시에 청소년이었던 이른바 이민

1.5세대에 해당하는 이들이 다시 이스라엘을 떠나 제3국으로 해외 이주를 선택한 것이다. 이들의 해외 이주 비율은 이스라엘에서 태어나고 자란 2세대 유대인들의 해외 이주 비율보다 높은 수준이다.

이유가 어떻든 이처럼 해외로 떠나는 요르딤에 대한 이스라엘 내 정서는 엇갈린다. 초정통파 하레딤 측에서는 요르딤에 대해 대체로 비판적이다. 과거 유대교의 전통적 가치관에 따르면 유대인은 이스라엘 땅에서 뿌리박고 사는 것이 당연한 일이기 때문이다. 그들에겐 공동체를 떠나는 것을 죄악시하는 정서가 여전히 남아 있다. 심각한 빈곤이나 전문 분야 공부 등 예외적인 경우가 아니라면 물질적으로 더 나은 삶을 위해 자신이 살던 이스라엘 땅을 떠나 해외로 이주하는 것을 바람직하게 여기지 않는 것이다. '요르딤'이라는 말 자체에도 이스라엘을 떠난 이주자들을 무시하고 비하하는 다소 부정적 뉘앙스가 들어 있다. 한편에서는 정치적 관점에서 이들을 비판하는 의견도 있다. 전문직들이 대부분 좋은 머리와 돈을 모두 가진 상류계층임에도 국가의 가치를 등한시하는 일종의 배신자라는 것이다. 반면에 세속적 성향의 세큘라들이나 젊은 계층에서는 본인 책임하에 새로운 기회를 찾아 해외로 이동하는 현상을 자연스럽게 받아들이는 분위기다. 특히 좁은 국토와 한정된 자원을 가진 나라에서 해외로 뻗어나가는 것이 오히려 나라에 도움이 된다고 주장하는 사람도 있다.

하지만 경제전문가들은 이스라엘 경제의 성장엔진으로서 매우 중요한 비중을 차지해 온 고학력 전문직의 해외 이탈이 이어진다면 국가 경제의 지속적 성장에 상당히 부정적 영향을 미칠 것이라는 경고를 감추지 않고 있다. 이스라엘 정부는 이들 고학력 전문직 요르딤이 이스라엘로 다시 돌아오도록 세금 혜택 등 유인정책을 취하고 있다.

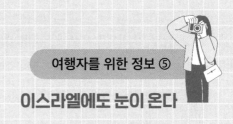
이스라엘에도 눈이 온다

이스라엘에도 눈이 온다. 이스라엘을 처음 방문하는 사람 중에는 이 사실에 놀라는 경우가 많다. 이스라엘은 중동에 위치한 국가이니만큼 일 년 내내 더운 날씨가 이어진다고 알고 있는 사람들도 많다. 하지만 분명한 사실은 이스라엘에도 눈이 내린다는 것이다. 물론 이스라엘의 모든 지역에 눈이 오는 것은 아니다. 고도가 낮은 지역이나 남쪽 사막 지역에는 거의 눈이 오지 않는다. 하지만 기상이변 탓인지 전혀 상상하지 못하게 미츠페 라몬 등 네게브 사막 지역에 눈발이 날리기도 했다.

이스라엘은 좁은 국토에 산과 바다 그리고 평야와 광야가 다 들어 있다. 이 때문에 지역에 따라 날씨의 차이가 존재한다. 겨울에도 텔아비브 등 서쪽 지역에서는 눈 구경을 거의 할 수 없다. 하지만 해발 2천 미터가 넘는 북부의 헬몬산 지역에는 스키장이 있어 낮에 스키를 즐길 수도 있다. 헬몬산은 적대 국가인 시리아나 레바논과 대치하고 있는 군사지역이다. 따라서 혹한기 산악활동에 특화된 이스라엘 알파인 부대가 지키는 안보상 최대 요충지의 하나이기도 하다. 이들은 스노우 모빌이나 스키를 타고 순찰과 작전을 벌이고 있다.

헬몬산뿐만 아니라 다른 산악지역에도 가끔 눈이 내린다. 고도가 높은 예루살렘에서, 특히 올드시티의 예루살렘 성 주변에 눈이 내리는 모습을 보면 아름다움을 넘어 경외감이 들기도 한다. 네타냐후 총리는 눈이 내리는 통곡의 벽 광장을 촬영한 사진을 새해 인사 연하장으로 만들어 배포하기도 했다.

그런데 예루살렘에서는 눈으로 인해 가끔 문제가 생긴다. 계획도시가 아니라 3천 년이 넘는 고도인데다 도로가 좁고 구불구불하며 언덕이 많아 제설작업이 여의치 않기 때문이다. 흔하지는 않지만 겨울철에 심한 눈폭풍이 예상될 경우 시 당국에서는 각급 학교에 휴교를 권유하는 등 교통대란에 대비한다. 하지만 도로사정이 열악한 데다 공무원의 제설작업 노하우나 장비 부족 등으로 큰 효과를 보지는 못하고 있다. 수년 전에는 30센티미터 정도의 폭설로 인해 시내 도로가 폐쇄되는 등 도시 전체가 일시적으로 마비되는 사건이 일어나기도 했다.

이스라엘에서 지대가 많이 낮은 지역에서는 가끔 폭우가 쏟아져 문제가 되기도 한다. 건기 동안 말라 있던 건천인 '와디'들은 우기에 폭우가 쏟아지면 다시 강이 되어 흐른다. 문제는 비가 너무 많이 올 경우다. 이 지역의 토양이 물을 충분히 흡수하고 담을 정도가 아니고 땅속에는 암반층이 많기 때문에 폭우는 곧바로 물난리로 이어지곤 한다. 이로 인해 종종 인명피해를 입기도 한다. 한동안 비가 내리지 않아 바싹 메말랐던 와디가 폭우로 인해 급격히 물이 불어나면서 갑자기 큰 강줄기로 변하는 모습은 자연의 공포를 느끼기에 충분하다. 이를 두고 사람들은 '강이 다시 살아났다'고 이야기한다. 불어나는 물이 넘치면서 인근 지역의 도로가 폐쇄되고 낮은 지대에 있던 여행객들이 피해를 당하는 경우도 발생한다. 그야말로 사막에서

홍수가 나는 것이다.

    이처럼 예상치 못한 눈이나 비로 인해 이스라엘을 찾은 여행자나 성지 순례객들이 일시적으로 호텔 방에 갇히는 일이 생기기도 한다. 비록 계획했던 일정이 망가지고 적지 않은 불편을 겪겠지만 그럴 때일수록 색다른 추억과 이야깃거리를 얻었다고 생각하는 것이 현명할 것이다.

6장

조약 없는
영혼의 동맹 미국

11분 만의 건국 승인

이스라엘 임시정부는 1948년 5월 14일을 자정을 기해 독립을
선언하고 건국을 선포했다. 이 독립국가 건설의 선언에 가장 먼저
반응한 나라는 바로 미국이었다. 선언이 있던 날 자정이 지나고 겨
우 11분 만에 미국은 이를 전격 승인했다. 물론 당시 미국의 승인은
'사실상의 승인De facto recognition'이었다. 아직 법률적인 의미에서의
승인은 아니라는 뜻이다. 당시 미국 대통령이었던 해리 트루먼은 대
통령 성명서를 통해 이스라엘 건국에 대한 미국 정부의 '사실상 승
인'을 공식적으로 천명했다.

Immediate Release(즉시 배포) 1948. 5. 14.

Statement by the President(대통령 성명서)

(미국) 정부는 팔레스타인에서 유대 국가가 선포되었으며, 그 유대 국가의 임시정부가 (국가) 승인을 요청하고 있다는 통보를 받았다. 미국은 그 임시정부를 신생 이스라엘국의 사실상의 정부로 승인한다.

당시 미국 정부는 이와 같은 대통령 성명서를 언론에 공개하였다. 그러나 언론에 공개된 그 문서에는 정작 대통령의 공식 서명은 들어 있지 않았다. 물론 성명서를 대외적으로 공개하기에 앞서 작성된 초안에는 대통령이 직접 손글씨로 고친 내용과 함께 대통령의 서명이 들어 있었다. 다시 말해 초안으로 작성된 문서에는 대통령 서명이 들어 있었으나, 대통령이 내용을 직접 수정하여 최종적으로 완성하여 공개한 문건에는 대통령 서명이 들어 있지 않았던 것이다.

이스라엘이 독립국가를 건설한 지 십수 년이 지난 1965년 초 미국에 거주하던 한 유대인 사업가는 당시 이미 퇴임해 전직 신분이던 트루먼 대통령을 찾아가 그 같은 사실을 이야기했다. 이야기를 들은 트루먼 전 대통령은 외부에 공개된 공식 성명서의 복사본에 뒤늦게 서명을 하여 이를 그 사업가에게 선물로 주었다.

아무튼 이스라엘은 독립을 선언한 다음 해인 1949년 1월 25일 총선거를 거쳐 시오니즘 건국운동의 지도자 다비드 벤 구리온을 초대 총리로 하는 정부를 공식 출범시켰다. 며칠이 지난 1949년 1월 31일 미국 정부는 드디어 이스라엘을 '법률적으로 승인De jure recognition'했다. 법률적으로 승인하는 데 약 8개월이나 시간이 걸린 것이다. 한편 미국처럼 사실상 승인을 하는 별도의 과정이 없이 법률상으로 승인한 최초의 나라는 소련이다. 소련은 이스라엘이 독립을 선언한 지 3일 후인 1948년 5월 17일 이스라엘을 법률적으로 승인했다.

조약보다 강력한 조약 없는 동맹

기다렸다는 듯 이스라엘의 건국 선언과 거의 동시에 국가 승인을 한 미국은 가장 대표적인 친이스라엘 국가이다. 그렇다면 양국관계는 늘 '맑음'이었을까? 제2차 세계대전 이후 국가 건설 과정에서 중동의 아랍 국가들과 자주 충돌하던 이스라엘과 미국의 관계가 항상 좋았던 것은 아니다.

실제로 이스라엘의 유대 국가 건설에 대한 아랍권의 강력한 반발을 예상한 미국 정부 내부에는 국가 승인에 반대한 의견도 만만찮게 많았다. 건국 이후에도 제2차 중동전쟁·시나이반도 철군·이라크 원자로 선제 폭격·레바논 베이루트 폭격·유대인 정착촌 확대 등 특정 계기가 있을 때마다 미국 정부는 이스라엘을 강력히 비판하거나 압력을 가했다. 이로 인해 양국관계가 상당히 불편했던 시기도 많이 있었다. 10여 년 전 유대인 정착촌 문제나 팔레스타인 주민의 인권 문제 등에 대해 이스라엘에 상당히 비판적이었던 오바마 대통령 시절에는 네타냐후 이스라엘 총리와의 관계가 거의 적대적인 수준으로 비칠 정도로 양국 간 갈등이 한동안 지속되기도 했다.

그럼에도 불구하고 전반적으로 보면 미국은 지난 수십 년간 이스라엘의 가장 가까운 친구로서 이스라엘과 상당히 우호적인 관계를 유지해 오고 있다. 최근 들어 이스라엘과 중국과의 교역이 부쩍 증가하면서 다소간 변동이 있기는 하지만, 미국은 지난 수십 년 간 이스라엘에 있어 최대 교역 국가로서의 위치를 차지해 왔다. 지금도 미국은 매년 이스라엘에 대해 약 40억 달러 수준에 이르는 군사적, 경제적 지원을 하고 있다.[12]

미국은 국제사회에서 이스라엘 관련 이슈가 발생할 때마다 거의 매번 이스라엘의 편에 서서 지지해 왔다. 때로는 이스라엘이 국제규범을 무시하고 일방적인 조치를 취함에 따라 국제사회로부터 엄청난 비난에 직면할 때조차도 미국은 이스라엘을 편드는 세계에서 유일한 나라를 자처했다. 트럼프 대통령 시절의 미국은 2017년 12월 예루살렘이 이스라엘의 수도라고 선언한 데 이어, 그 다음 해 5월에는 이스라엘 건국 70년을 맞아 실제로 텔아비브에 있던 대사관을 예루살렘으로 이전했다. 트럼프 대통령은 또한 이스라엘이 점령 중인 시리아의 골란고원에 대해서도 이스라엘의 주권을 인정한다고 발표하기도 했다. 당시 이스라엘에서는 '이름이 T자로 시작되

---

12 미국은 팔레스타인에 대해서는 1994년부터 2018년까지 24년동안 총규모 약 50억 달러 수준의 지원을 했다.

는 두 명의 미국 대통령에게 큰 빚을 졌다'는 우스갯소리가 나돌기도 했다. 미국 정부 내 반대의견을 무시하고 이스라엘의 건국을 승인한 트루먼Truman 대통령과 예루살렘을 이스라엘의 수도로 공식인정하고 대사관까지 이전한 트럼프Trump 대통령을 지칭한 것이었다.

이처럼 미국과 이스라엘은 수십 년간 떼려야 뗄 수 없는 관계에 있었다. 양국은 서로를 '동맹alliance'이라고 부르기도 한다. 하지만 양국 간에는 그 흔한 '동맹조약'이라는 것이 존재하지 않는다. 잘 알다시피 우리나라와 미국 간에는 '한미상호방위조약'이 체결되어 있다. 미국과 일본 간에도 '미일안전보장조약'이 있다. 하지만 이스라엘과 미국은 그 같은 조약을 체결한 적이 없다. 이처럼 양국 간에 공

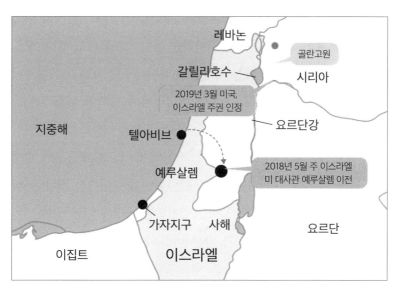

2018년 5월 미국은 이스라엘 건국 70년을 맞아 텔아비브에 있던 대사관을 예루살렘으로 이전했고 2019년 3월에는 이스라엘이 점령 중인 시리아의 골란고원에 대해서도 이스라엘의 주권을 인정한다고 발표했다.

식적인 동맹조약이 없기 때문에 전문가들은 양국의 관계를 일반적인 동맹관계와는 다른 '특별한 동맹special alliance', '문서 없는 동맹 unwritten alliance' 또는 '인지적 동맹cognitive alliance' 등으로 부르기도 한다.

이와 같이 양국 간에 군사동맹조약조차 체결되어 있지 않음에도 불구하고 미국은 도대체 왜 그렇게 사사건건 이스라엘을 감싸고 돌까? 이 물음에는 다양한 설명이 있다. 상당수 전문가는 지역 안보와 미국의 국가 이익을 수호하기 위해 중동에서 가장 필요한 전략적 가치를 지닌 국가가 이스라엘이기 때문이라고 설명한다. 냉전시기 이스라엘은 중동지역에 대한 소련의 영향력 확산을 막기 위한 가장 강력한 동반자였다. 특히 악명높은 국제 테러 조직 ISIS가 한때 맹위를 떨치던 시기에는 중동에서의 테러 확산을 차단하기 위해서 이스라엘 정보 자산의 지원이 필수적이라는 점이 강조되기도 했다. 오늘에 있어서도 이란의 핵확산 차단을 위해서는 이스라엘과의 협력이 필수적이다. 또한 상식으로 통하는 이야기이지만, 많은 사람들은 이스라엘 유대인의 숫자에 버금가는 미국 유대인의 정치적 영향력이 워낙 강하기 때문이라고 분석한다. 선거에서 미국의 행정부가 교체되더라도 미국의 친이스라엘 행보에는 큰 변화가 없다는 것이다. 미국의 행정부나 의회가 중동정책을 결정하는 과정에 있어 AIPAC(미국이스라엘공공문제위원회) 등과 같은 미국 내 수많은 유대인 조직이 벌이는 친이스라엘 로비 활동은 여타 국가의 추종을 불허할 만큼 강력한 것으로 이미 잘 알려져 있다.

다른 한편에서는 이스라엘이 중동 지역에서 유일하게 실질적인 민주주의를 실천하고 시장경제를 유지하고 있는 나라이기 때문이라고 설명한다. 독재와 왕정이 흔한 여타 중동 국가들과는 달리 이스라엘은 미국과 국가적 가치관과 신념을 공유하고 있다는 것이다. 이상과 같은 이유 외에도 유대교와 기독교 간에 공유되는 종교적 믿음을 배경으로 양국 국민 간에 일종의 연대의식이 형성되어 있기 때문이라는 설명도 꽤나 설득력이 있다. 지난 2008년 이스라엘을 방문한 조지 부시 미 대통령은 이스라엘 의회(크네세트) 연설에서 "양국관계는 양국 국민 간 정신의 공유, 성경에 바탕을 둔 연대, 영혼의 결속에 근거하고 있다"고 강조하기도 했다. 이상과 같은 분석과 설명은 모두 나름대로 논리와 근거를 가지고 있다. 그 가운데 어느 한 이유 때문이 아니라 다양한 요인들이 종횡으로 얽혀 미국과 이스라엘의 우호적인 관계를 한층 심화시키고 있다고 보는 것이 훨씬 합리적일 것이다.

신앙으로 다져진 연대의식

이스라엘과 미국의 연대는 사실 이스라엘의 건국 훨씬 이전부터 다져진 연대의식에서 비롯되었다. 미국 내 일부 기독교계에는 유대민족이 팔레스타인 땅으로 돌아가서 그들의 나라를 건설하려는 시오니즘 운동에 대해 우호적인 사람들이 적지 않았다. 그 바탕엔 신앙이 자리하고 있었다. 특히 우여곡절 끝에 건국한 이스라엘은 1970년대에 들어서자 보수성향을 지닌 미국 기독교 지도자들을 대상으로 유대교와 기독교는 형제 종교라는 점을 적극적으로 전파하고 나섰다. 이스라엘 정부는 성지순례 등을 명분으로 미국 내 복음주의 기독교 지도자들을 이스라엘로 적극적으로 초청하는 등 양국 종교 지도자들 간 연대를 구축하는 노력을 지속해 왔다. 이 과정에서 이스라엘의 유대인과 미국의 기독교인은 모두 똑같이 믿음의 조상인 아브라함의 자손이며, 결과적으로 유대교와 기독교는 하나의 뿌리를 가진 형제 종교라는 점을 특히 강조하였다.

자연스럽게 미국 내 보수성향을 가진 기독교 지도자들에게도 이스라엘과 미국은 신앙적으로 결국 하나의 나라이며 운명공동체라는 믿음이 확산되어 갔다. 그들은 이스라엘 땅은 하느님이 유대인들에게 준 땅이므로 유대인들이 가나안으로 돌아와 이스라엘을 건국한 것은 성서에 나타난 예언의 실현이라고 믿은 것이다. 이러한 믿음은 한 걸음 더 나아가 이스라엘의 적敵은 곧 하느님의 적이며, 이스라엘을 지키는 것이 기독교인의 의무라는 생각으로까지 발전해나갔다.

이 같은 미국 내 복음주의 기독교 지도자들의 인식은 당연히 이들을 따르는 유력 정치인들에게도 상당한 영향을 미쳤다. 이스라엘에 대한 종교 차원의 연대의식이 결과적으로 정치적 영향력으로까지 발전하게 된 것이다. 미국의 대외정책에서 친이스라엘 색채가 드러나게 된 것은 어쩌면 당연한 결과라고도 할 수 있다. 이 같은 친이스라엘 성향의 대외정책은 민주당보다는 공화당이 집권하는 시기에 특히 두드러지게 나타났다.

미국 내 수백만 명의 기독교인들이 가입한 기독교 시오니즘 단체 '이스라엘을 지지하는 기독교인 연합Christians United for Israel'은 유대인을 보호하고 반유대주의에 맞서 싸우는 미국 내 대표적인 친 이스라엘 기독교 조직 중의 하나이다. 2019년 워싱턴에서 열린 연 례총회에는 당시 펜스 부통령, 폼페이오 국무장관 등 고위급 정치인 이 대거 참석하여 연설하기도 했다. 트럼프 행정부 시절 한 유대계 고위급 미국 외교관은 복음주의 기독교인들을 향해 '국제무대에서 이스라엘을 지지하는 것은 바로 하느님의 편에 서는 것'이라고 강조 했다. 하느님을 믿는다면 곧 이스라엘을 지지해야 한다는 뜻이었다. 그는 텔아비브 주재 미국 대사관이 예루살렘으로 이전한 이후 기독 교인들의 성지순례 코스에 미국 대사관도 포함시켜야 한다고 주장 하기도 했다.

어제의 적이 오늘의 친구가 되고 어제의 친구가 오늘의 적이 되 는 일반적 국제관계의 속성처럼 이익만으로 맺은 관계는 상황에 따 라 쉽게 변할 수 있다. 하지만 미국 내 복음주의 기독교인들의 경우 처럼 이익을 뛰어넘어 신앙적 차원으로까지 승화된 관계는 당연히 결속력이 튼튼할 수밖에 없다. 물론 미국 내 모든 기독교인이 이스 라엘에 우호적인 것은 아니다. 기독교인 중에는 이스라엘과의 운명 공동체 인식에 대해 동의하지 않거나 오히려 팔레스타인 문제를 둘 러싸고 이스라엘에 대해 비판적인 인식을 가진 사람도 많다. 하지만 이 같은 신앙에 기반한 종교적 연대의식은 양국관계에 있어 근본적 이면서 강력한 요인으로 작동하고 있으며 이는 앞으로도 지속될 것 으로 보인다.

이스라엘에 반대하는 미국 유대인들

적지 않은 사람들이 오해한다. 미국에 사는 유대인은 한 사람도 빠짐없이 이스라엘의 입장을 적극적으로 지지한다고. 이런 오해는 모든 유대인을 같은 종교와 민족이라는 관점에서 동일시하는 데서 오는 착시현상일 뿐이다. 미국은 이스라엘 이외에 유대인이 가장 많이 거주하는 국가이다. 미국에 거주하는 유대인의 규모는 이스라엘의 유대인 규모에 거의 육박할 정도이다. 하지만 실제 미국 내 유대인이 모두, 그리고 무조건적으로 이스라엘의 입장을 지지하지는 않는다.

이스라엘에 대해 비판적인 태도를 가진 유대인은 크게 두 그룹으로 나뉜다. 하나는 신앙적 관점에서 현대 이스라엘을 하느님의 나라가 아닌 시오니즘에 입각한 세속국가로 비판하는 일부 초정통파 그룹이며, 다른 하나는 국제사회로부터 팔레스타인 주민에 대한 인권 탄압 문제를 지탄받는 이스라엘 정부를 비판하는 그룹이다.

미국 내 유대인 중에서도 초정통파 하레디 그룹은 소수이다. 규모로만 볼 때 보수파나 개혁파 유대인이 훨씬 더 많다. 앞서 말했듯 하레디 그룹 중에는 시오니즘을 바탕으로 이스라엘을 건국한 것은 불경스러운 선택일 뿐 아니라 하느님의 뜻에 반하는 죄라고 믿는 사람들이 있다. 이스라엘 건국의 원동력이 되었던 시오니스트들은 2천 년간 지속된 디아스포라의 고통에서 벗어나 유대인 스스로의 의지와 노력으로 유대인의 나라를 만들어야 한다고 믿어 왔다. 이와 달리 시오니즘에 반대하는 초정통파 하레딤은 인간의 의지가 아니라 반드시 하느님의 뜻에 따라야 한다고 믿는다. 언젠가 메시아가

출현할 때 에레츠 이스라엘에서 비로소 진정한 하느님의 나라인 참 이스라엘이 세워질 거라고 믿는 것이다. 이들은 자신들이야말로 진정한 유대주의자이며, 시오니즘은 본질적으로 유대주의에 어긋난다고 믿는다. 시오니즘이 민족적인 차원에서 유대 국가를 건설하기 위한 세속적인 정치운동인 데 반해 이들은 종교적 차원에서 하느님이 다스리는 진정한 유대 국가 건설을 염원하는 것이다.

이들은 팔레스타인 문제에 있어서도 시오니즘 이스라엘 정부가 지나치게 폭력적이라고 비판한다. 팔레스타인 주민들에 대해서도 동정적 태도를 취하는 경우가 적지 않다. 이들은 팔레스타인 점령지에서의 인권 문제가 국제적인 주요 이슈가 될 때는 뉴욕, 보스톤 등 시내 거리에 나가서 이스라엘에 반대하는 시위를 벌이기도 한다. 시위에서 이들은 다양한 구호를 내걸고 이스라엘을 비판한다.

"이스라엘이 전 세계 모든 유대인을 대표하는 것이 아니다!"
"유대교와 시오니즘은 전혀 다르다. 유대교는 참된 종교이지만,
시오니즘은 정치적 주장일 뿐이다!"
"유대교에는 하느님께서 함께하시고 자비로우나, 시오니즘에는
하느님이 계시지도 않고 자비롭지도 않다!"
"팔레스타인에 대한 박해를 중단하라!"

이들의 구호를 보면 시오니즘 국가 이스라엘과 자신들의 입장 차가 확연히 드러난다. 이들의 시위를 보면서 많은 사람이 고개를 갸웃거린다. '유대인＝시오니스트'라 생각하는 경향 때문이다. 그런

까닭에 초정통파 복장을 한 유대인이 거리에서 반이스라엘 시위를 벌이는 모습을 보면 헷갈리는 게 당연한지도 모른다. 하지만 실제로 이스라엘에 거주하는 초정통파 하레디 그룹 중에도 시오니즘 이스라엘에 반대하는 사람들이 비록 소수이지만 여전히 남아 있다.

미국 내 유대인 중에서는 팔레스타인 지역의 군사적 점령과 반인권적 분리 정책을 펴는 이스라엘 정부에 비판적인 그룹이 존재한다. 이들은 주로 상대적으로 젊은 연령대의 유대인이다. 친이스라엘 일변도의 정서가 아직도 남아 있는 장·노년층 유대인 세대와 달리 이들은 자신들이 태어나고 자란 미국에서 배운 대로 인종차별에 반대하고 소수자 보호 등 사회적 정의를 지향하는 진보적 색채가 강한 편이다. 이들은 그간 정신적 조국으로 지지해 온 이스라엘이 팔레스타인 문제를 군사적 강경 조치로 일관하는 상황을 지켜보면서 일종의 정체성 혼란을 겪는 경우도 있다.

미국 내 유대인 가운데 노년세대는 이스라엘을 바라보는 시각에 있어서 우호적인 반면 나이가 젊을수록 이스라엘에 대한 연대의식이나 우호적 감정이 약화하는 추세를 보인다. 물론 장년층 유대인 중에서도 이스라엘 정부에 비판적인 사람이 적지 않다. 이들 역시 이스라엘 정부가 팔레스타인과의 평화 정착을 위해 진정한 노력을 기울이지 않는다고 생각한다. 오늘날의 이스라엘은 그들이 바라는 이스라엘이 아니며, 전 세계에 흩어져 사는 모든 유대인이 존경하는 국가 이스라엘이 방향을 잃었다고 비판하는 것이다.

이들 미국 유대인들은 예루살렘 통곡의 벽에서 아직도 남녀가 함께 기도하지 못하도록 한다든가 전 세계 유대공동체의 반대에도 불구하고 아랍계 국민을 배려하지 않는 '유대민족국가기본법' 제정을 강행한다든가 하는 이스라엘 정부의 정치적, 종교적 차별조치를 비판적으로 바라보고 있다. 일부 강경한 진보성향의 유대인은 시나고그(유대교 회당)에서 더 이상 이스라엘을 위해 모금활동을 해서는 안 된다는 주장까지 하고 있다.

그럼에도 불구하고 이스라엘 정부는 국제 여론과 이스라엘 내 유대인 국민들의 자부심을 높이는 데 큰 역할을 하는 재외 유대인들의 지지와 옹호를 기대한다. 특히 유대인 출신 할리우드 명사가 이스라엘의 입장을 대변해 주었으면 하고 바란다. 하지만 세계 영화사에 길이 남을 작품을 통해 홀로코스트의 참상을 전 세계에 알린 유명 감독이나 배우들도 팔레스타인 문제와 관련해서는 이스라엘에 비판적일 때가 더 많다. 물론 이스라엘 유대인의 다수는 이들의 비판이 이스라엘에 대한 배신이라며 불만을 드러내기도 한다.

영화 〈레옹〉으로 스타덤에 오른 나탈리 포트만이 그 대표적인 사례이다. 그녀는 예루살렘에서 태어나 미국으로 이주한 유대인으로, 영화 〈블랙스완〉으로 아카데미 여우주연상을 수상한 유명인사이다. 그런 그녀가 2018년 이스라엘에서 열리는 '제네시스 상Genesis Prize'[13]의 수상자로 선정이 되었으나 정작 시상식 참석을 거부했다.

---

13   2014년에 제정된 '제네시스 상'은 일명 유대인들의 노벨상이라고 불리는 상이다. 자신의 분야에서 직업적인 성취를 통해 유대교의 가치를 전 세계에 알린 유대인에게 주는 상으로서 수상자에게는 100만 달러의 상금이 주어진다. 미국에서는 마이클 블룸버그 뉴욕시장, 루스 긴즈버그 대법관, 할리우드 영화감독 스티븐 스필버그 등이 이 상을 수상했다.

당시 나탈리 포트만은 네타냐후 이스라엘 총리에 대한 반대 의사를 감추지 않았다. 특히 아프리카 출신 이민자를 차별하는 네타냐후 정부의 정책은 유대교의 가치에 반한다는 이유로 수상식 참석을 거부한 것이다. 그녀의 불참 선언에 대해 배신감을 느낀 보수성향의 이스라엘 정치인들은 그녀가 진정한 유대인이 아니라고 비난했다. 미국과 이스라엘 국적을 모두 가진 그녀에 대해 이스라엘 국적을 박탈해야 한다는 강경한 주장이 제기되기도 했다.

미국의 퓨 리서치 센터는 2019~2020년 '미국의 이스라엘 지원 필요성에 대한 미국 유대인의 인식 조사'를 실시한 적이 있다. 조사 대상자가 모두 유대인이라는 점에서 그 결과가 흥미롭다. 조사에 따르면, 미국이 이스라엘을 지원하는 것이 필수적이라는 응답은 45%였다. 중요하기는 하지만 필수적이지는 않다는 응답은 37%였으며, 전혀 중요하지 않다는 응답도 16%나 되었다. 분석 결과 미국 유대인은 대부분 이스라엘을 중요하게 여기고는 있지만, 이스라엘에 대한 지원이 필수적이라고 생각하는 사람은 절반을 넘지 않았던 것이다. 특히 16%나 되는 적지 않은 유대인들이 이스라엘에 대한 지원을 전혀 중요하지 않게 여기고 있는 점도 드러났다.

비슷한 시기에 미국을 바라보는 이스라엘 국민의 인식 조사도 실시되었는데, 그 결과도 흥미롭다. 2018년 7월 이스라엘 일간지 〈하레츠〉는 미국의 독립기념일을 맞아 국민을 대상으로 실시한 특별 설문조사 결과를 보도했다. 조사에 따르면, 우선 이스라엘 국민의 78%는 전 세계에서 미국을 가장 좋아하는 나라로 생각했다. 또한 84%의 국민은 이스라엘이 절박한 군사적 위기 상황에 처할 경우 미국이 반드시 구하러 올 것이라고 믿는 것으로 나타났다. 그렇지 않을 것이라는 의견은 단지 9%에 불과했다. 또한 이스라엘 국민 중 62%는 미국과의 관계가 세월의 변화와 무관하게 영원히 지속될 것으로 믿는다고 했다. 반면 24%는 미국과의 관계가 약해지거나 붕괴될 수 있다고 보았다. 물론 이 조사가 전체 유대인만의 인식이라고 볼 수는 없을 것이다. 하지만 이스라엘 국민의 다수가 유대인이라는 점을 감안하면, 미국과 이스라엘의 유대인들이 서로 상대방을 바라

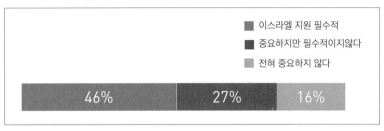

이스라엘 지원 필요성에 대한 미국 유대인의 인식 조사

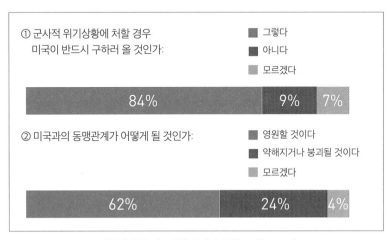

미국에 대한 이스라엘 국민의 인식 조사(2018년)

보는 인식에 있어 간극이 있다는 점을 보여준다고 할 것이다.

　미국 유대인 중 다수는 진보적 성향을 가진 민주당 지지자이거나 민주당에 우호적인 편이다. 역대 미국 대선에서도 미국 유대인의 다수가 소수민족을 대변하는 민주당 후보를 지지해 왔다. 이스라엘의 네타냐후 총리에 대해서도 미국 유대인의 다수는 나탈리 포트만과 같이 비판적인 인식을 가진 것으로 나타났다. 2020년 실시된 미국 대통령 선거 후보에 대한 인식조사에서도 미국 내 유대인의 시각은 민주당 쪽으로 많이 기울어 있었다. 선거를 앞둔 가을에 실시된 여론조사에서 미국 내 유대인의 22%만 공화당의 트럼프 후보를 지지했다. 반면에 75%는 민주당의 조 바이든 후보를 지지하는 것으로 나타났다.

　당시 미국 내에는 공화당을 중심으로 '젝소더스Jexodus'라는 표현이 등장하기도 했다. 젝소더스는 먼 옛날 유대인Jew들이 압박받던 이집트에서 탈출했던 '엑소더스Exodus'에 비유한 신조어이다. 민주당 지지층이 많은 미국 유대인을 공화당 쪽으로 이탈시키려는 일종의 우파 유대인 확산 정치운동이라고 할 수 있다. 젝소더스가 겨냥한 주요 타겟은 20~30대에 해당하는 소위 밀레니엄 세대의 젊은 유대인이었다. 이들 젊은 유대인을 대상으로 유명 연예인이나 인기인의 홈페이지나 블로그 등을 통해 이들의 정서를 공화당 쪽으로 바꾸려고 시도했으나, 결과는 그다지 성공적이지 않았다. 흥미로운 것은 비슷한 시기에 실시된 이스라엘 내 여론조사에서는 이스라엘 국민의 63%가 트럼프 대통령을 지지한 사실이다. 겨우 19%만 민주당 후보인 조 바이든을 지지했다. 모두 같은 유대인이지만 미국 유대인은 진보적 성향이 다수인 반면 이스라엘 유대인은 보수적 성향이 다수인 것으로 해석할 수 있다. 물론 미국 내 유대인의 10% 정도인 초정통파 하레딤은 대부분 공화당과 트럼프 후보를 지지했다.

이와 같이 이스라엘 유대인과 미국 유대인의 정치적 성향이 다른 이유에 대해서는 역사적 경험의 차이가 거론되기도 한다. 다수의 미국 유대인은 거대한 다민족 국가인 미국 사회에서 소수민족으로서 살아남기 위해 진보적 태도를 취해 왔다. 반면에 이스라엘 유대인은 1990년대 오슬로 평화협정이 좌초되면서 팔레스타인 문제에 있어서 급격히 보수 우경화의 길을 걸어왔다. 종교적 관점에서도 초정통파 그룹이 정치적 영향력을 가진 이스라엘의 보수적 현실에 대해 진보적 성향의 미국 유대인의 비판이 지속적으로 쌓여 왔다. 눈에 띄는 것은 미국 유대인 사이에서 이스라엘에 대해 갖는 이 같은 부정적 정서가 계속 커지고 있다는 것이다. 2021년 5월 하마스의 로켓포 공격과 가자지구에 대한 이스라엘의 보복 공격으로 팔레스타인 주민이 300여 명 넘게 사망한 사건이 발생했을 당시에 미국 내 시민단체나 민주당 정치인들은 가자지구에 대한 이스라엘 군의 공격은 비례성을 잃은 과도한 보복 조치라고 강력히 비판하고 나섰다. 일부에서는 당시 미국 내 흑인에 대한 인종 차별 반대 시위에서 등장했던 구호인 'BLMBlack Lives Matter(흑인의 생명도 소중하다)'을 본따서 'PLMPalestinian Lives Matter(팔레스타인 주민의 생명도 소중하다)'을 외쳤다. 이 같은 미국 내 반이스라엘 시위에는 젊은 유대인들도 많이 참가했다. 이들은 '팔레스타인을 지지하는 유대인들Jews for Palestine' 등의 피켓을 들고 구호를 외치기도 했다. 이 같은 미국 유대인의 이스라엘 비판에 대해 보수성향이 강한 이스라엘의 유대인은 내심 서운하거나 불편한 감정을 갖고 있는 것이 사실이다. 이들은 미국 유대인이 자신들에 대해 인종차별주의자로 낙인찍으려 한다고 반발한다.

이 부분에서 오랜 기간 미국에 살면서 누구보다 미국을 잘 알았던 이스라엘 고위 외교관의 주장은 대단히 흥미롭게 들린다. 그는 미국 전체 인구 중에서 유대계 미국인은 겨우 2%에 불과한데, 그들 중 대부분은 이스라엘에 대해 비판적이라고 인정한다. 그는 따라서 이스라엘로서는 이들 미국 유대인보다 오히려 훨씬 숫자가 많은 미국 내 복음주의 기독교인에 초점을 맞추고 이들을 우선시해야 한다고 주장했다. 복음주의 기독교인은 전체 미국인의 25%를 웃돌 정도로 숫자가 많지만 이스라엘에 대해 비판적인 사람은 별로 없을 뿐 아니라 종교적 열정을 가지고 이스라엘을 전폭적으로 지지하고 있다는 것이다. 고위급 이스라엘 외교관이 미국 유대인보다 오히려 종교와 민족이 다른 미국 내 복음주의 기독교인을 더 중시해야 한다고 주장하고 있는 점은 대단히 이채롭다. 이는 종교나 민족보다 정치와 국가 이익이 앞서는 현실 인식 때문으로 보인다. 그의 주장을 들으면 이스라엘이 미국뿐만 아니라 전 세계 복음주의 기독교인을 상대로 얼마나 많은 정성과 공을 들이고 있을지 충분히 예상할 수 있을 것 같다.

그런데 종교를 넘어서는 이스라엘의 현실 인식은 아랍권과의 관계 변화 속에서 미묘한 부분을 드러내고 있다. 이스라엘은 건국 이후 지난 수십 년 동안 아랍권 국가 중에는 이집트와 요르단 두 나라와만 외교관계를 맺고 있었다. 하지만 최근에는 이를 확대하여 아랍에미리트를 비롯해 바레인, 모로코, 수단 등 이슬람 국가들과의 관계를 새롭게 개선해 나가고 있다. 이에 대해 미국 내 기독교계 일부에서는 경계의 눈초리를 거두지 않는 사람들이 있다. 당사자인 이스라엘보다 오히려 더 불안하게 바라보는 것이다. 그들은 종교적 대결이라는 관점에서 여전히 미국을 비롯한 기독교 국가들이 유대교 국가인 이스라엘과 하나의 진영으로 함께 뭉쳐 이슬람권 국가들에 맞서야 한다고 생각한다. 이스라엘이 앞으로 이슬람 국가와의 관계 개선을 계속 확대해 나간다면 이슬람에 적대적인 미국 내 일부 강성 기독교인들이 이스라엘을 바라보는 시각에 과연 어떤 변화가 있을지 궁금해지는 대목이다.

반시오니즘과 반유대주의 논쟁

2021년 5월 팔레스타인의 무장세력 하마스와 이스라엘 군의 무력 충돌로 수많은 사람이 목숨을 잃는 유혈사태가 발생했다. 당시 미국 일부 대도시에서는 팔레스타인을 지지하는 사람들이 모여서 반이스라엘 시위를 벌였으며, 이에 대응하여 이스라엘을 지지하는 사람들이 모여 맞불시위를 벌였다. 일부 도시에서는 유대인을 폭행하거나 유대인이 운영하는 식당을 훼손하는 등 혐오범죄가 발생하면서 반유대주의 논란이 다시 벌어지기도 했다. 이스라엘과 관련하여 나타나는 여러 논란 중에서 반시오니즘과 반유대주의를 둘러싼 논란이 있다. 두 가지 모두 이스라엘에 반대하는 것으로 보이기 때문에 동일한 의미로 받아들여지거나 구별 없이 혼용되는 경우도 많다. 하지만 두 가지는 서로 완전히 다르기 때문에 이를 엄격히 구별해야 한다는 목소리도 크다.

앞에서 보았듯이 시오니즘은 유럽을 중심으로 오랜 세월 동안 지속되어 온 반유대주의에 대항해 팔레스타인 땅에서 유대민족의 나라를 만들어 지키고자 하는 민족주의 정치운동이다. 반유대주의는 단어 자체로는 유대주의에 대한 반대를 뜻하는데 유대인 또는 유대민족에 대한 증오심이나 편견과 또 그로 인한 유대인에 대한 탄압과 박해를 뜻한다.

그런데 이스라엘의 시오니즘에 반대하는 반시오니즘이 곧 반유대주의를 뜻한다는 주장이 있다. 국제무대에서 이스라엘의 입장을 지지하는 사람들이 이 같은 생각을 많이 하고 있다. 이들은 반시오니스트란 본래 유대인을 증오하는 사람이기 때문에 결과적으로 유대인이 만든 이스라엘이라는 나라에 대해서도 반대하고 비난하는 것이라고 주장한다. 다시 말해서 반시오니즘은 유대민족의 생존과 자결의 권리를 부인하는 입장이라는 점에서 반유대주의의 또 다른 모습일 뿐이라는 것이다. 반시오니즘은 반유대주의라는 실체가 드러나지 않게 가리기 위한 수단일 뿐이며 결국 이 두 가지는 모두 동전의 양면처럼 달라 보이지만 결국 같다고 주장한다. 이들은 이스라엘의 대외정책에 반대하는 반시오니스트들은 모두 반유대주의자라고 비난한다.

이 주장에 따르면 '반시오니즘＝반유대주의＝반이스라엘'이라는 등식이 성립한다. 반시온주의자들이 중국이나 러시아나 이란 등

인권을 유린하는 국가에 대해서는 침묵하면서 유난히 이스라엘만 집요하게 비판하는 것도 이들이 모두 반유대주의자이기 때문이라는 것이다. BDS(이스라엘에 대한 상품불매, 투자철회, 경제제재) 운동 역시 시오니즘을 배격하는 반시오니즘 운동인 동시에 반유대주의 운동이라고 주장한다. 2020년 가을 이스라엘을 방문한 미국의 마이크 폼페이오 당시 국무장관은 반시오니즘이 곧 반유대주의이며, BDS운동은 반유대주의 현상이라고 강조한 바 있다. 미국의 상당수 주州에서도 법률이나 행정명령을 통해 BDS운동에 관여하는 개인이나 조직, 사업체 등을 규제하고 있다.

이와는 달리 반시오니즘과 반유대주의는 다른 것이라는 입장이 있다. 유대인이라고 해서 모두 시오니스트가 아닌 것처럼 반시오니즘과 반유대주의도 구별된다는 것이다. 주로 이스라엘의 대외정책을 비판하는 사람들이 그 같은 입장을 취하고 있다. 이들은 반유대주의는 유대인이나 유대민족에 대한 증오, 편견, 혐오, 탄압인 반면 반시오니즘은 이스라엘이 취하는 인권 차별적 시오니즘 정책에 대한 비판일 뿐이라는 점에서 둘은 전혀 다르다고 주장한다.

이들은 주로 이스라엘의 시오니즘 정책이 팔레스타인에 대해 탄압적이라는 점에서 이스라엘을 비판한다. 과거에는 유대인이 역사의 피해자였지만 오늘날의 이스라엘은 시오니즘 정책을 통해 오히려 역사의 가해자가 되고 있다는 것이다. 유대인에 대해 특별한 반감이나 증오심이 없는 사람도 이스라엘의 시오니즘 정책에 대해서는 비판할 수 있다는 것이다. 반시오니스트들은 자신들도 유대인 혐오범죄에 대해서는 반대한다면서 그런 만큼 전혀 반유대주의자가 아니라고 주장한다. 이스라엘의 정책을 비판한다고 해서 무조건 반유대주의로 몰고 가는 것은 오히려 논점을 벗어나는 의도적 왜곡이라고 반발한다. 이와 같이 반시오니즘과 반유대주의를 둘러싼 상반되는 두 입장은 오늘도 여전히 평행선을 달리고 있다.

이스라엘에도 BTS가 있다

K-Pop은 이스라엘뿐만 아니라 팔레스타인의 젊은 층 사이에서도 매우 뜨거운 인기를 얻고 있다. 코로나19 팬데믹 이전까지는 해마다 우리나라에서 열리는 K-Pop 국제경연대회에 참가하기 위한 국가별 예선이 이스라엘과 팔레스타인 양쪽에서 각각 열렸다. 경연이 열릴 때면 공연을 보기 위한 젊은 팬들의 경쟁으로 좌석이 일찌감치 매진되기도 했다. 우리나라가 배출한 대표적인 아이돌 그룹으로 K-Pop을 전 세계에 전파하고 있는 방탄소년단BTS은 이스라엘과 팔레스타인의 젊은이들에게도 폭발적인 인기를 끌고 있다.

그런데 이스라엘에도 'BTS'가 있다. 아이돌 그룹이 아니라 팔레스타인 주민의 인권 문제를 공론화하고 개선을 촉구하는 시민단체의 이름이다. BTS는 '침묵을 깨뜨리며Breaking The Silence'라는 단체의 영문 머리글자이다. 히브리어로는 '쇼브림 쉬티카'라고 부른다. BTS는 서안지구 내 유대인 정착촌 지역에서 군 복무를 했던 이스라엘 군 전역 병사들이 결성한 인권단체이다. 이들은 군 복무 당시 경험했던 팔레스타인 주민에 대한 이스라엘 군의 인권 탄압 사례를 양심선언 등을 통해 증언하고 관련 자료를 제작

뉴욕에서 벌어지고 있는 BDS운동

해 배포하는 등의 활동을 하고 있다. 이들은 또한 이스라엘 내 다른 인권단
체나 해외 단체와 연대하여 팔레스타인 주민 인권 문제의 실상을 폭로하
고 이스라엘 당국의 개선을 촉구하는 활동을 벌이고 있다.

　　BTS와 이름이 비슷하여 혼동할 수 있는 것으로 'BDS'도 있다. BDS는
'Boycott(보이콧)', 'Divestment(투자 철회)', 'Sanctions(제재)'의 영문 머리글자
를 딴 것으로 팔레스타인에서 주도하여 전 세계를 대상으로 벌이는 일종의
국제적인 반이스라엘 캠페인이다. BDS운동은 팔레스타인에 대한 이스라
엘의 불법 점령 중단, 이스라엘 군대 철수, 분리장벽 철거, 차별적 인권 탄
압 중지 등을 요구한다. 이러한 대의를 위해 세계 각국을 대상으로 이스라
엘 상품 수입 거부와 이스라엘에 대한 투자 철회 및 각종 제재 부과 등을 촉
구한다. BDS운동에는 인권 관련 이슈에 특히 민감한 서방권 국가들이 동참

하는 사례가 많다. 이 같은 BDS운동에 대해 이스라엘은 당연히 매우 비판적이다. BDS운동이야말로 유대인에 대한 인종차별이며 이스라엘의 존재를 부인하는 반유대주의적 행태라고 맹비난하면서 강력히 대응해야 한다는 입장을 취하고 있다. 이스라엘에 입국하려는 외국인이 BDS운동에 동참했던 사실이 확인되어 공항에서 입국을 금지당하는 사례도 가끔씩 발생한다.

입국을 거부당하는 미국인들

코로나19 팬데믹 이전만 하더라도 이스라엘은 매년 전 세계에서 약 400만 명의 외국인이 찾는 나라였다. 그런데도 이스라엘의 출입국 절차는 엄격하기로 유명하다. 공항이나 국경에 도착하면 입국 심사 과정에서 까다로운 질문이 이어진다. 경우에 따라서는 장시간 별도시설에서 보안기관원에 의한 집중 심문이 이루어지기도 한다. 팬데믹 이전인 지난 2018년 한 해 동안 이스라엘 입국이 거부된 외국인은 약 1만 9천 명에 이른다. 10년 전인 지난 2011년 입국거부자가 2천여 명이고, 2016년에는 1만 6천여 명이던 것에 비하면 입국거부자 규모가 갈수록 증가하는 추세임을 알 수 있다.

입국거부자 중 가장 큰 비중을 차지하는 것은 우크라이나에서 오는 사람들이다. 2022년 2월 시작된 우크라이나 전쟁이 일어나기 이전의 통계이기는 하지만 연간 5천여 명 이상 입국을 거부당했다. 다행스럽게 한국 국민에 대한 입국거부 사례는 거의 없는 편이다. 장기간 이스라엘에 체류하면서도 적합한 비자를 소지하지 않은 채 출입국을 반복하는 등 아주 예외적인 경우에 한해 발생할 뿐이다.

그런데 이스라엘과 가장 가까운 나라로 알려진 미국에서 오는 방문객 중에서도 적지 않은 숫자가 공항에서 입국이 거부되곤 한다. 원래 미국인은 비자 없이 이스라엘을 방문할 수 있다. 반면에 이스라엘 국민이 미국을 방문하기 위해서는 미리 비자를 받아야 한다. 이스라엘은 한국이나 다수 유럽 국가와는 달리 미국의 비자면제 프로그램 국가에 포함되어 있지 않기 때문이다. 물론 미국과 이스라엘 국적을 모두 가진 복수국적자라면 자유롭게 왕래할 수 있다.

그러면 이스라엘의 최고 우방국인 미국의 적지 않은 국민들에게 입국이 거부된 이유는 무엇일까? 첫째 반이스라엘 BDS운동에 관여한 경력이 문제된 경우에 입국이 거부된다. 미국인으로 입국거부된 이들 중에 가장 많은 경우다. BDS운동의 세계적인 확산에 대응하기 위해 이스라엘 정부는 2017년 출입국 관련 법률을 개정하여 BDS를 공개적으로 지지하는 외국인들에 대해서는 안보상 위해 요소로 간주하고 입국을 강력히 규제하고 나섰다. 인권 의식이 발달한 미국 내 진보성향 국민 중에는 이스라엘 정부의 팔레스타인 정책에 대해 SNS 등을 통해 공개적으로 비난하는 사람들도 적지 않은데 이들이 이스라엘을 방문하다가 입국을 거부당하는 것이다.

실제로 몇 년 전 20대 초반의 한 미국인 여학생이 동예루살렘에 있는 히브리 대학교에서 유학하기 위해 벤 구리온 공항에 도착했으나 입국 심사 과정에서 입국을 거부당하고 공항에서 곧바로 추방당할 위기에 처한 적이 있다. 그녀는 학교 측으로부터 석사과정 입학허가를 받고 학생비자까지 받은 후 공항에 도착했으나, 보안당국이 그녀가 과거 BDS운동에 관여했다는 이유로 입국을 불허하고 출국을 명령한 것이다.

젊은 미국인 여학생의 입국불허 사실이 언론을 통해 알려지자 히브리대학교 교수들이 입국허가 탄원서를 제출하기에 이르렀다. 하지만 공안당국은 입국불허라는 강경한 입장을 고수했다. 마침내 야당과 인권단체들까지 나서서 정부를 비판하는 항의시위를 벌이는 등 사태가 확산되면서 이 사건은 한동안 이스라엘에서 뜨거운 정치

뉴스가 되었다. 당사자인 미국인 여학생 역시 자진 출국을 거부한 채 2주 이상이나 공항 내 보호시설에서 생활하면서 버텼다. 인권단체의 도움으로 제기한 소송에서 마침내 법원이 입국을 허가함으로써 그녀는 이스라엘에서 학업을 시작할 수 있게 되었다.

BDS운동에 참여한 경우 이외에도 팔레스타인 출신의 미국인도 입국 심사를 까다롭게 받는 것으로 알려져 있다. 최대 우방국인 미국 국적을 가지고 있지만 이스라엘 공항에서의 입국 심사 과정에서 여러 가지 질문을 받고, 그중 일부는 입국을 거절당하기도 한다. 팔레스타인 출신 미국인은 고향인 서안지역을 방문하기 위해서는 이스라엘 영토를 거칠 수밖에 없다. 팔레스타인 지역에는 독자적인 공항이나 항만이 없기 때문이다. 요르단을 통해 육로로 서안지역으로 들어갈 수 있지만 어차피 이스라엘 군이 지키는 검문소를 통과해야 한다. 팔레스타인 출신 미국인은 고향 방문시 겪는 어려움 때문에 이스라엘뿐 아니라 미국 정부에 대해서도 불만을 계속 제기하고 있다.

미국 크리스천 대학생 대상
패시지 프로그램

앞서 보았듯이 타글리트는 미국 등 해외에 거주하는 유대인 청년의 뿌리 찾기 교육이다. 그런데 유대인이 아닌 미국 기독교인 대학생이라는 특정 집단을 대상으로 하는 이스라엘 방문 프로그램도 있다. 일명 '패시지passage' 프로그램이다. 당신의 "뿌리를 찾아 이스라엘을 만나다Discover Your Roots, Encounter Israel"라는 슬로건 아래 비교적 최근인 2015년 여름에 시작된 이 프로그램은 연륜이 짧지만, 현재까지 비교적 성공적으로 진행되고 있다.

이스라엘을 방문하는 학생들은 열흘 동안 성경에 등장하는 여러 성지를 방문하는 한편 레바논, 시리아, 가자지구 등과 맞닿은 국경지대 현장에서 이스라엘이 직면하고 있는 안보를 체험한다. 또한 야드바셈(홀로코스트 추모관)에서 유대인 대학살을 배우고 텔아비브 등 이스라엘 대도시를 답사하는 코스도 있다. 이스라엘이 이같이 미국 내 젊은 크리스천을 대상으로 하는 방문 프로그램을 확대하는 것은 영원할 것으로 여겼던 미국 내 기독교계, 특히 복음주의 계열 기독교인의 이스라엘에 대한 절대적인 관심과 사랑이 시간이 지날수록 젊은 세대를 중심으로 흔들리는 현실 때문이다.

미국의 젊은 복음주의 기독교인은 자신의 부모들처럼 이스라엘에 대해 무조건적 지지를 보내지 않는다. 이들은 사안에 따라 지지하지 않거나 오히려 이스라엘을 비판하기도 한다. 그것은 주로 팔레스타인과의 분쟁 문제나 점령지에서 양측간 충돌시 발생하는 인권 관련 이슈에서 두드러진다. 물론 이스라엘은 그 같은 현상이 이스라엘에 대한 편파적인 왜곡 보도를 일삼는 서방 언론 때문이라는 입장이다. 어쨌든 이스라엘 내부에서는 앞의 조사에서 나온 결과대로 미국 내 복음주의 기독교인 청년들에게 이스라엘의 참모습을 보여주고 편견을 바로 잡아주기 위한 노력이 필요하다는 인식이 커지게 되었다. 패시지 역시 그같은 노력의 일환으로 만들어진 프로그램인 것이다.

패시지 프로그램은 미국에서 활동 중인 친이스라엘 성향의 개인이나 단체의 재정 후원으로 운영되고 있다. 프로그램 참가를 희망하는 학생은 항공료, 숙박비, 이스라엘 국내 교통비 등 경비의 일부만 부담한다. 이 프로그램을 통해 현재까지 수천 명의 미국 기독교인 대학생이 이스라엘을 방문했다고 한다.

패시지 프로그램은 그간 유대인이 별로 살지 않는 미국 내 소도시나 농촌의 복음주의 기독교 대학생을 중심으로 희망자를 모집해 왔다. 최근에는 이들뿐만 아니라 가톨릭 학생에게도 문호를 넓히고 있다. 또한 크리스천이 아니라도 리더십이 있는 학생을 초청 대상에 많이 포함시킨다고 한다. 물론 아직까지 초청 대상자 다수는 여전히 가톨릭보다는 개신교, 특히 복음주의 기독교인 대학생이다.

프로그램을 주관하는 측에서는 이스라엘을 방문하는 학생에게 정치적 선입견을 주입시키거나 친이스라엘 성향을 강요하지 않는다고 한다. 현지를 방문해서 프로그램을 체험하고 돌아온 학생은 '미국 이스라엘 공공문제위원회AIPAC'와 같은 친이스라엘 유대계 단체와 연결되어 활동하는 사례가 많다고 한다.

패시지 프로그램 참가자 중에는 팔레스타인 분쟁이나 중동정세를 두고 이스라엘의 입장뿐만 아니라 서안지구를 직접 방문해 팔레스타인 사람들의 목소리를 직접 듣고자 하는 이도 있다. 아직까지 패시지 프로그램을 통해 이스라엘을 방문하는 동안 이스라엘에 비판적 주장을 하거나 중도에 프로그램을 이탈하는 경우는 거의 없었다고 한다.

미국의 1995 예루살렘 대사관법

　2017년 12월, 전 세계의 이목이 또다시 예루살렘으로 집중되었다. 미국 정부가 이스라엘의 수도는 예루살렘이라고 공식 선언한 것이다. 이 같은 트럼프 대통령의 발표는 예루살렘에 대한 국제사회의 입장을 부인하는 것이었다. 트럼프 대통령은 이어 이스라엘 주재 미국 대사관을 텔아비브에서 예루살렘으로 이전할 것이라고 선언했다. 물론 미국 정부는 동예루살렘과 서예루살렘을 명확히 구분해서 언급하지는 않았다. 단순히 예루살렘이 이스라엘의 수도라고 선언했을 뿐이다. 예루살렘의 구체적 경계는 예루살렘의 최종적 지위에 관한 이스라엘과 팔레스타인 간 협의에 따라 결정될 문제라는 입장을 취한 것이다.

　이런 미국 대사관의 예루살렘 이전 문제는 사실 트럼프 대통령이 처음으로 제기한 것이 아니다. 이 문제는 상당히 오래된 복잡한 이슈이다. 미국은 이스라엘이 건국되기 훨씬 전인 19세기 중반부터 당시 오스만제국이 통치하던 예루살렘에 영사관을 설치·운영하고 있었다. 이스라엘이 건국될 즈음에는 예루살렘 내 3개 지역에 영사 사무소를 두고 업무를 처리해 왔다. 마침내 1948년에 유대인들이 텔아비브에서 독립국가 건설을 선언하자 미국은 곧바로 이스라엘에 대한 국가 승인을 했다. 그런 다음 이듬해인 1949년에 당시 이스라엘 정부 기관들이 소재하던 텔아비브에 대사관을 설치·운영하게 되었다. 팔레스타인 지역 주민에 대한 비자 발급 등 업무를 담당하던 기존의 예루살렘 주재 영사관은 그대로 유지하면서 텔아비브에 새로 설치된 대사관과는 별개의 공관으로 독립적인 업무를 수행했다. 그때부터 텔아비브의 대사관과 예루살렘의 영사관이라는 2개 공관 시스템을 수십 년 동안 운영해 왔다.

그러다가 클린턴 대통령의 중재하에 이스라엘과 팔레스타인 간에 오슬로 평화협상의 우호적 분위기가 조성되자 친 이스라엘 보수 성향 유권자들의 압력을 받은 미 의회는 '1995 예루살렘 대사관법 Jerusalem Embassy Act of 1995'을 제정하게 된다. 이 법은 클린턴 대통령의 반대에도 불구하고 상하 양원에서 압도적인 다수로 통과되었다. 이 법은 예루살렘이 이스라엘의 수도임을 인정하고 1999년 5월 말까지 미국 대사관을 텔아비브에서 예루살렘으로 이전하도록 규정하였다. 다만, 국가안보상 필요할 경우 6개월 동안 적용 유예를 인정했다. 한편으로는 이스라엘에 우호적인 유권자를 만족시키면서 다른 한편으로는 아랍권의 반발이라는 국제정치적 현실을 고려한 법이었다.

물론 예루살렘 문제의 당사자인 팔레스타인을 비롯한 아랍권 국가들과 이스라엘의 동예루살렘 점령에 비판적인 국제사회는 1995 예루살렘 대사관법 제정에 비난을 감추지 않았다. 이를 의식한 미국 정부는 클린턴에서부터 부시, 오바마, 트럼프 행정부 초기에 이르기까지 거의 20여 년간 매 6개월마다 계속해서 1995 예루살렘 대사관법의 실제 적용을 유예해 왔다. 그러던 것이 트럼프 대통령에 의해 미국 대사관의 예루살렘 이전은 마침내 현실이 되었다.

트럼프 대통령이 집권한 2017년은 이스라엘이 동예루살렘마저 점령해 예루살렘을 통합한 지 50주년이 되는 해였다. 또한 2018년은 이스라엘이 건국한 지 70주년이 되는 해였다. 이같이 정치적으로 의미가 큰 시기에 트럼프 대통령은 예루살렘이 이스라엘의 수도라는 점을 천명하고, 곧이어 대사관의 예루살렘 이전 작업을 지시했다. 트럼프 대통령의 선언은 당연히 큰 파장을 불러왔다. 이스라엘은 이를 적극 환영한 반면 팔레스타인과 아랍 국가들은 격렬히 반대하고 나섰다. 서안지구와 가자지구에서 트럼프와 이스라엘을 규탄하는 시위가 계속 이어졌다.

이스라엘의 팔레스타인 토지 강제수용에 항의하는 '땅의 날Land Day' 시위가 열린 2018년 3월 30일부터 수개월 간 시위가 격렬하게 진행되면서 전 세계의 관심이 이스라엘로 쏟아졌다. 가자지구 내 팔레스타인 청년들이 국경장벽을 넘으려고 시도하기에 이르렀고, 이에 대해 이스라엘 군이 강경 진압으로 대응하면서 결국 수천 명의 사상자가 발생했다. 유엔이나 EU 등 국제사회는 미국의 예루살렘 수도선언과 이스라엘의 강경 진압 조치를 비난하고 대사관 이전 철회를 촉구했다. 그러나 미국 정부는 이스라엘의 독립 70주년 기념일인 2018년 5월 14일 예루살렘 대사관에서 트럼프 대통령의 딸 이방카와 양국의 고위급 지도자들이 참석한 가운데 개관행사를 강행했다. 또한 그간 별도 조직으로 독립해 운영되어 왔던 영사관을 대사관 산하조직으로 통합했다.

미국에 바이든 행정부가 들어선 이후 팔레스타인 측은 트럼프 정부 이전까지 팔레스타인 관련 업무를 담당해 왔던 영사관을 동예루살렘에 다시 열어달라고 미국 정부에 요구하고 있다. 물론 이에 대해 이스라엘 측은 자국의 수도인 예루살렘 땅에 팔레스타인 업무를 담당하는 영사관을 별도로 두는 것은 말이 안 된다며 강력히 반대하는 입장이다.

미국이 대사관을 예루살렘으로 이전한 이후 이스라엘은 여러 나라를 상대로 대사관을 예루살렘으로 이전할 것을 적극적으로 권유하고 있다. 하지만 이 같은 이스라엘의 희망과는 달리 현재까지 미국을 따라 예루살렘으로 대사관을 옮긴 국가는 과테말라, 코소보, 온두라스 3개국뿐이다. 헝가리와 체코 등이 대사관 출장소를 예루살렘에 개설하는 사례도 나왔지만 거의 모든 국가는 '예루살렘에 대한 이스라엘의 일방적 지위 변경조치는 국제법상 무효'라는 입장을 그대로 견지하고 있다. 한때 중남미 국가인 파라과이도 예루살렘으로 대사관을 옮겼다가 몇 개월 후 대통령이 바뀌면서 곧바로 원래 있던 텔아비브 지역으로 복귀했다.

현재 미국 정부는 과거 영사관 별관 건물을 대사관으로 변경해 사용하고 있다. 하지만 건물이 협소하기 때문에 소규모 인력만 근무하고 있다. 인근 지역에 대규모 건물 신축을 추진중이나 공사에 수년이 걸리기 때문에 아직 대다수 직원들은 대사관 분관으로 불리는 텔아비브 소재 과거 대사관 건물에서 근무하고 있다.

이런 가운데 팔레스타인 측의 반발에도 불구하고 이스라엘과 아랍권의 관계가 점차적으로 개선되면서 팔레스타인의 입지는 계속 축소되는 상황이다. 아랍권 국가들 가운데 이스라엘과 수교한 나라는 현재 모두 6개국이다. 이스라엘은 제4차 중동전쟁이 끝난 후 1979년 이집트와 평화조약을 체결했다. 지난 30여 년간의 적대관계에 종지부를 찍고 아랍 국가 중에서는 최초로 이집트와 수교한 것이었다. 이어 1994년에는 요르단과 두 번째로 수교했다. 두 나라 모두 이스라엘과 남쪽 및 동쪽으로 국경을 맞대고 있는 나라들이며, 상호 대사관을 설치해 운영 중이다. 이후 한동안 이스라엘과 여타 아랍권 국가들 간의 관계는 적대적 또는 비우호적 관계로 이어졌다.

2020년에 와서는 걸프만 아랍 국가들을 대상으로 하는 은밀하고도 공격적인 관계 개선 추진에 진전이 보이면서 이른바 '아브라함 협정'을 통해 이스라엘은 아랍에미리트 및 바레인과 수교한 데 이어 수단 및 모로코 등과도 연이어 국교를 수립하기로 합의했다.[14] 이들 나라 중에서 가장 먼저 아랍 에미리트UAE가 2021년 7월 마침내 이스라엘에 대사관을 개설했다. UAE 대사관이 개설된 지역은 대다수 국가의 대사관이 있는 텔아비브 지역이다. 이는 아랍권 국가로서는 세 번째로 이스라엘 영토 안에 대사관을 개설한 역사적 사건으로 기록되었다.

---

14   아브라함 협정에 대해 팔레스타인은 독립국가 건설을 통해 팔레스타인을 회복하는 이른바 '팔레스타인 대의'(Palestinian Cause)에 대한 배신이라며 강하게 비난한다. 아랍국가들이 '팔레스타인 독립국가가 먼저 건설된 이후에만 이스라엘과 관계를 맺는다'고 이미 약속했음에도 불구하고 이를 저버렸다는 것이다.

이스라엘의 크리스마스와 새해맞이

유대교를 정신적 뿌리로 둔 이스라엘이지만 민주주의 국가답게 '종교의 자유'는 보장하고 있다. 독립선언문도 모든 사람에게 종교의 자유를 보장할 것이라고 천명하였다. 모든 종교는 각 종교별로 내부 문제에 대해 독자적 권한을 가진다. 유대교 회당인 시나고그가 제일 많지만 이슬람교 사원인 모스크나 가톨릭 성당이나 개신교 교회들도 있다. 또한 소수 종교이기는 하지만 바하이교의 시설도 있다. 하이테크 분야의 첨단 연구시설이 밀집해 있는 이스라엘 제3의 도시 하이파에 가면 바하이교 세계 본부가 있다.

그런데 12월에 이스라엘을 방문하는 외국인들은 그 어디에서도 '크리스마스트리'와 '캐롤'을 만날 수 없다는 점에서 놀라곤 한다. 성탄절의 분위기를 찾아보기가 쉽지 않은 것이다. 이스라엘에서 성탄절은 공휴일이 아니다. 유대교에서는 예수가 메시아라는 사실을 받아들이지 않으므로 예수 탄생을 기념하지 않는 것은 어쩌면 당연하다고 볼 수 있다. 이날 대부분의 직장은 쉬지 않고 근무한다.

그러나 이 기간 베들레헴에 있는 예수탄생 교회는 전 세계에서 온 크리스천들로 인산인해를 이룬다. 베들레헴이 서안지구 안에 위치하기 때문에 이곳을 방문하기 위해서는 이스라엘 당국이 지키는 검문소를 거쳐야 한다. 그럼에도 불구하고 크리스천들의 발길은 끊임없이 이어졌다.

코로나 팬데믹 기간에는 이스라엘 당국의 출입통제 조치로 방문이 차단됨에 따라 베들레헴 순례객들을 상대로 생계를 꾸려 왔던 수많은 팔레스타인 상인들이 엄청난 경제적 타격을 입기도 했다. 물론 이스라엘 영토 안에서도 가톨릭 성당이나 개신교 교회에서는 자체적으로 성탄절을 기린다. 또한 나사렛 등 예수님 관련 순례지나 기독교를 믿는 일부 아랍인들이 많이 거주하는 지역, 외국 관광객들이 자주 이용하는 호텔과 백화점 등에서는 성탄절을 축하하는 장식을 달아두기도 한다. 하지만 대체적인 이스라엘의 분위기는 평일과 전혀 다름없이 조용한 편이다.

이스라엘의 새해는 '로쉬 하샤나'라고 부른다. '로쉬'는 히브리어로 '머리'라는 뜻이며, '샤나'는 '한해(1년)'라는 뜻이다. 문자 그대로 해석하면 '한해의 머리'라는 뜻으로, 한해가 시작되는 날이라는 의미이다. 유대인은 새해를 맞아 '샤나 토바'라고 인사를 한다. '좋은 한해'라는 뜻인데 영어로 치면 'Happy New Year' 정도의 의미가 된다. 이는 물론 유대인들이 지키는 유대력에서의 새해를 말한다. 유대력의 새해는 양력(그레고리안력)으로는 해마다 날짜가 바뀌는데 보통 9월 초·중순에 해당한다. 이스라엘 내 대다수 기관이나 업소들은 이날을 공휴일로 지키며, 이틀 정도 휴무한다.

이스라엘의 명절이나 공휴일은 항상 전날 저녁 일몰에 시작해서 당일(이틀 연휴일 경우 두 번째 날) 저녁 일몰에 끝난다. 2022년도의 경우 히브리력으로 로쉬 하샤나는 양력으로 9월 26일이었다. 따라서 이틀간의 연휴는 9월 25일 저녁 일몰에 시작해서 9월 27일 저녁 일몰에 끝났다. 연휴 기간에는 여느 나라의 새해맞이 분위기와 비슷하게 불꽃놀이도 하고 축하공연도 하는 등 축제가 이어진다. 그렇지만 대중교통 운행이 중단되고 코셔 계율을 지키는 식당들도 모두 문을 닫는다.

그런데 양력 새해 첫 날(1월 1일)은 크리스마스와 마찬가지로 공휴일이 아니다. 따라서 아무런 행사도 없고 당연히 쉬지 않고 근무한다. 여론조사에 의하면, 이스라엘의 대다수 유대인은 비록 일상생활에서 유대력과 함께 양력을 사용하기는 하지만 여전히 로쉬 하샤나를 진정한 새해로 간주한다고 한다. 전 세계 다른 나라들처럼 양력 설날을 새해로 인정해야 한다는 주장에도 절대다수가 동의하지 않는다. 실생활에서 업무상 외국인과 관계를 맺고 있는 사람들은 양력으로 연말이 다가오면 연하장이나 카드 등을 통해 연말 인사를 나누곤 한다. 또한 양력 연말이 다가오면 이를 축하하는 사람이나 가정들도 점점 늘어나고 있다.

양력 12월 31일 대부분의 직장에서는 평일과 똑같이 근무하지만 근무가 끝난 이후 텔아비브 등 대도시 지역의 호텔이나 식당, 카페 등 업소나 젊은 층들이 거주하는 가정에서는 밤에 가족이나 친구, 지인들과 모여 식사를 하거나 자정을 넘기면서까지 심야파티를 즐기며 새해를 축하하는 모습을 만날 수도 있다. 주로 세속파인 세쿨라, 미국이나 유럽 등 연말파티가 일상적인 지역에서 살다가 이주해 온 사람, 해외 생활의 경험이 있는 사람, 이스라엘에 거주하는 외국인 등이 양력 새해를 즐긴다.

그중에서 특히 러시아 지역에서 이주해 온 사람들이 상당수를 차지한다. 이들은 러시아에서 즐기던 설날인 '노비 고트Novy God' 파티를 이스라엘에서도 그대로 하고 싶어한다. 물론 이들도 이주해 온 초기에는 주변 유대인들을 의식해 연말연시 파티를 아예 하지 않거나 숨어서 자기들끼리만 모여 즐기는 경우가 많았다. 그러나 이미 30여 년의 세월이 흐른 지금 이스라엘에서 태어나 비교적 자유분방한 성향을 가진 젊은 자녀들을 중심으로 연말 파티를 공개적으로 즐기는 경우가 갈수록 늘어나고 있다. 이들은 언젠가 러시아의 '노비 고트'가 이스라엘에서도 공식적으로 인정받는 휴일이 되기를 바라고 있다고 한다. '노비 고트' 축하파티에는 산타크로스와 비슷한 복장이나 크리스마스트리와 닮은 나무장식도 등장한다. 그렇다고 해도 이들은 전통과 문화라는 차원에서 연말연시를 즐기는 것일 뿐 거기에 종교적 의미를 부여하는 것이 아니라는 입장이다. 우리나라에서도 크리스마스를 즐기는 사람들이 모두 크리스천은 아니라는 점에서 생각해 보면 이해가 되기도 한다.

이 같은 모습에 대해 눈살을 찌푸리는 유대인이 적지 않은 것도 사실이다. 특히 초정통파 하레딤이 장악하고 있는 종교당국은 연말 심야파티를 허용하는 예루살렘의 호텔이나 식당들에 대해 '코셔 허가 취소를 감수해야 할 것'이라고 경고하고 있다. 이에 대해 진보성향의 학자나 언론인들은 종교와 무관하게 세계인들이 축하하는 양력 새해를 이스라엘만 거부하고 있다고 비판한다. 특히 새해를 축하하는 것은 종교적 의미도 있는 예수 탄생을 축하하는 크리스마스와는 전혀 다른데 이스라엘이 종교적 이념의 장벽에 스스로를 가두어 두고 있다는 것이다.

7장

젊은 나라 속의
오랜 율법

먹고 기도하고 일하지 마라

10여 년 전 개봉되었던 〈먹고, 기도하고, 사랑하라Eat, Pray, Love〉
라는 영화가 있었다. 베스트셀러였던 엘리자베스 길버트의 동명 에
세이집을 바탕으로 만든 이 영화는 겉으로는 모든 것이 완벽해 보이
는 인생을 살고 있지만, 삶에 의문을 가진 한 여성이 세계 여러 나라
를 여행하면서 마침내 자신을 되찾고 진정한 행복을 얻게 된다는 이
야기이다. 영화의 주제나 여러 나라를 여행하는 내용에도 재미가 있
지만 세 가지 동사를 병렬적으로 나열한 그 제목 때문에 오래 기억
에 남는 영화였다. 그런데 이스라엘에서 유대교의 율법에 가장 충실
하다는 초정통파 하레딤의 삶을 여기에 빗대어 "먹고, 기도하고, 일
하지 마라"고 패러디한 표현이 있었다. 하레딤이 종교적 이유 때문

에 기도하고 토라 공부만 할 뿐 일은 하지 않고 정부 지원금에 의존해 살고 있는 현실을 비꼰 표현인 것이다.

실제로 하레딤 젊은 남성의 상당수는 '예시바Yeshiva'나 '콜렐Kollel'이라고 부르는 종교학교에 다닌다. 이들은 온종일 토라와 탈무드 연구에 전념한다. 먹고 자는 시간을 제외하고 남는 시간을 전부 공부하는 데 쓰는 것이다. 당연히 남성 하레딤의 취업률은 다른 유대인에 비해 전반적으로 낮다. 미혼자의 종교학교인 예시바의 학생들은 '예시바 게돌라'라고 부른다. 이들이 결혼을 하고 가정을 꾸리게 되면 기혼자들의 예시바라고 할 수 있는 콜렐로 진학하는데, 콜렐에 다니는 기혼자 학생들을 '아브레크'라고 한다. 예시바 게돌라는 약 4~5만여 명에 이르며, 콜렐의 아브레크는 그 두 배가 넘는 9~10만여 명에 육박한다.

이스라엘 정부는 하레디 종교학교들을 대상으로 등록된 학생수에 따라 보조금을 지급하고 있다. 아직 독신인 예시바 게돌라보다는 아무래도 가정이 있는 아브레크에게 평균 2배 정도에 이르는 보조금을 더 지급하고 있다. 보조금은 부양해야 하는 자녀의 숫자나 주택 보유 여부 등 재산 상태 등을 따져서 결정된다.

폐쇄적인 종교공동체에서 생활하는 하레딤을 이끌어내 이스라엘 사회에 통합시키기 위해서는 일하는 하레딤이 늘어나야 하며, 이를 위해서는 정부 보조금을 대폭 축소하거나 아예 폐지해야 한다고 주장하는 사람들이 적지 않다. 정부에서 생활비를 계속 지급하니까 일하지 않고 공부만 하는 하레딤이 별로 줄지 않는다는 것이다. 주로 세속적인 세큘라 그룹의 사람들이 이 같은 주장을 한다. 결혼한 아브레크들은 정부 보조금과 부인이 취업해 벌어들이는 수입으로 가정생활을 한다. 그러다 보니 하레디 사회에서는 남성보다 여성의 취업률이 높은 편이다. 정부의 보조금이 그다지 풍족하지 않기 때문에 하레디 여성들이 취업전선에 뛰어들지만, 이들의 급여 수준은 일반 유대인 여성에 비해 상당히 낮은 편이다. 남성이 경제활동을 전혀 하지 않는 하레디 가정의 경우 일반 유대인 가정과 비교할 때 소득이 1/3 정도에 불과하다. 당연히 하레디 가정의 경제 상황은 대체적으로 빈곤한 편에 속한다.

물론 하레딤 중에서도 공부에만 전념하지 않고 취업하여 경제활동을 하는 남성들도 있다. 이들은 공부가 하기 싫거나 경제적 빈곤 상태를 해결하기 위해서, 또는 폐쇄적인 하레디 공동체를 벗어나 좀 더 개방적인 삶을 살고 싶어서 등 여러 이유로 일을 한다. 당연히 공부만 하는 하레딤보다는 생활 수준이 상대적으로 높은 편이다. 하지만 하레디 사회에서는 취업해 경제활동을 하는 사람보다 예시바나 콜렐에서 기도하고 공부하는 학생을 가치 있게 생각하는 분위기가 남아 있다. 하느님 말씀을 배우고 지키고 따르며 기도하는 생활이 경제적인 성취보다 의미 있다고 생각하는 것이다. 그러다 보니 공부만 하는 하레딤은 경제적으로는 풍족하지 않더라도 자존감은 상당히 높은 편이다. 반면에 취업해 경제활동을 하는 하레딤은 수준이 떨어지는 일종의 2류 하레딤으로 취급받는 공동체 내부의 분위기에 대해 불만스럽게 생각하는 경향이 강하다.

그러나 세상의 변화와 더불어 하레디 남성의 취업률은 갈수록 높아지는 추세다. 2000년대 초반에는 1/3 수준에 불과하던 하레디 남성의 취업률이 최근에는 절반을 넘어서는 수준으로 증가하고 있다. 과거보다 많은 하레디 남성들이 창업을 하거나 취직을 통해 경제활동을 하면서 토라 공부도 병행하고 있다. 이 같은 변화의 중심에 '아흐바트 하 토라'라는 연구단체의 프로그램이 있다. 이 단체는 콜렐에서 공부하는 하레디 남성들을 대상으로 낮에는 직장에서 일을 하고 저녁에는 토라 공부를 하도록 배려하는 일종의 '배우면서 일하는' 프로그램을 운영하고 있다. 이스라엘 전역에 있는 수십 개의 콜렐이 이 프로그램에 참여하고 있다.

이 프로그램은 직업을 갖고 일하는 하레디 남성들이 토라 공부만 하는 학생들보다 열등하다고 생각할 필요가 없다는 자부심을 심어주고 있다고 한다. 일부에서 이들을 '뉴 하레딤'이라고 부르기도 한다. 이러한 변화를 반영해 "먹고, 기도하고, 일하지 마라"는 과거의 패러디 표현 대신에 "기도하라, 일하라, 토라 공부도 하라"는 새로운 패러디도 등장했다.

물론 지금도 하레디 그룹 내부의 전반적 분위기는 젊은 남성들의 취업을 권장하는 데 소극적이다. 아무래도 일을 하다 보면 토라 공부에 전념할 수 없고 딴생각(?)에 빠지기 쉽기 때문이라는 것이다. 공부와 일을 병행하는 하레디 남성이 상대적으로 많아지고 있지만 하레디 사회의 권력은 여전히 초정통파의 본질적 모습을 지키고자 하는 지도층 랍비들이 장악하고 있다. 물론 '아흐바트 하 토라' 프로그램처럼 직장을 갖고 일하면서 공부하는 하레딤을 인정하는 사회적 분위기가 지속적으로 확산되고 일종의 세력화가 이루어진다면 하레디 사회의 모습에 어느 정도 변화가 생길 수도 있을 것이다.

그렇게 되기까지는 아직도 상당한 시간이 걸릴 듯하다.

세계인이 부러워하는 이스라엘의 교육

이스라엘을 떠올리면 바로 '창의력 교육'을 연상하는 분들이 많다. 그만큼 이스라엘의 오늘이 있게 한 데 교육의 역할이 컸다는 생각 때문이다. 그런데 정작 이스라엘에서는 공교육의 수준이나 방식에 대해서 비판적인 사람들이 적지 않다. 객관적인 지표로 드러나는 이스라엘 학생들의 학력 수준도 예상과는 달리 그다지 높지 않은 편이다.

2000년 이후 OECD가 전 세계 15세 학생들을 대상으로 매 3년마다 학력수준을 평가하는 국제 학생평가 프로그램PISA, Programme for International Student Assessment에서 2015년도의 경우 이스라엘은 평균보다 낮은 중하위권 수준에 그쳤다. 72개 참가국 중 수학 과목에서 평균 490점보다 낮은 470점을 얻어 39위를, 과학 과목에서도 평균 493점보다 낮은 467점을 얻어 40위를 각각 기록한 것이다. 79개국이 참가한 2018년도 경우에는 학력이 오히려 더 떨어지는 결과가 나왔다. 수학 과목에서 평균인 489점보다 낮은 463점으로 41위, 과학 과목에서도 평균인 489점에 미치지 못하는 462점을 얻어 42위를 기록했다. 이는 일반적 예상과는 차이가 크다. 노벨상을 수상한 과학자를 다수 배출하고 특정 첨단 과학기술 분야에서는 세계의 선두권을 달리고 있는 이스라엘에서 학생들의 수학이나 과학 과목 성적이 평균 정도의 수준을 벗어나지 못하고 있는 것이다.

이러한 상황에서 이스라엘의 한 여고생은 2019년 전국 학생대회에서 이스라엘 중등교육의 현실에 대해서 신랄하게 비판했다. 그녀는 "학교에서의 교육방식은 100년 이전과 비교하여 달라진 것이 거의 없다. 세상은 빠르게 변하고 있는데 학교는 직장에서 사용할 수 있는 기량을 전혀 가르치지 않는다. 학교가 아이들의 창의성을 죽이고 있는 현실을 바로잡는 교육개혁을 실천해야 한다. 독립적인 사고와 집단적 문제해결 방식뿐 아니라 컴퓨터 기술까지 가르치고 있는 외국의 교육시스템에서 배워야 한다"고 강하게 주장하기도 했다. 이 대회에서 그 여고생은 2등상을 수상했다.

세계 모든 나라가 시대의 급격한 변화에 적응하기 위한 교육 부문의 개혁을 추진하고 있는데 창의적 교육으로 세계적 명성을 높여온 이스라엘이라고 해서 결코 예외는 아니라는 걸 보여준다. 앞서 인용한 여고생의 주장처럼 이스라엘 교육계 내부에서도 학교 교육이 과거 모습으로 재현되고 있을 뿐 세상의 엄청난 변화 속도를 전혀 따라가지 못하고 있다는 자성의 목소리가 매우 높다.

그렇다면 이스라엘의 교육은 어떻게 이루어지고 있을까. 이스라엘의 학제는 우리나라와 같이 초등학교, 중학교, 고등학교 각 3년씩 의무교육 제도를 채택하고 있다. 일반 국·공립 학교 이외에도 이스라엘의 종교적·사회적 다양성으로 인해 초정통파 하레디 종교학교, 사립학교, 예술이나 과학 분야의 영재학교, 아랍계 학교 등 다양한 형태의 교육기관들이 분포되어 있다. 물론 초등학교 취학 전의 어린이들을 위해 공·사립 유치원도 운영된다.

이스라엘의 대학은 이스라엘이 건국되기 훨씬 이전부터 설립되어 있었다. 히브리대학교(동예루살렘)를 비롯해 텔아비브 대학교(텔아비브), 하이파 대학교(하이파), 벤구리온 대학교(브엘쉐바), 바르일란 대학교(라마트간) 등 유명한 대학교들이 있다. 이공계 중심으로 이스라엘의 MIT로 불리는 테크니온 공대(하이파)나 와이즈만 연구원(르호봇) 등도 세계적인 유명세를 떨치고 있다. 대부분의 전공은 우리보다 1년 짧게 3년을 이수하면 학사학위를 취득할 수 있다. 청년들은 일반적으로 고등학교를 졸업한 후에 바로 대학으로 진학하지 않고 의무사항인 군 복무를 먼저 마친다. 그 이후에 자기의 적성에 따라 대학으로 진학하거나 창업하거나 또는 희망하는 여러 분야에서 취업을 하는 등의 선택을 한다는 것은 앞서도 설명한 바 있다.

이스라엘의 학교 수업은 교사가 일방적으로 지식을 주입하는 형태보다 학생들의 자발적인 토론을 통해 창의성을 기르는 데 중점을 두고 있다. 그래서 이스라엘의 교실은 다소 소란스럽게 느껴지기도 한다. 그 같은 교육방식은 과거부터 탈무드를 공부하던 토론방식에서 영향을 받은 부분이 크다고 한다. 많은 나라에서 이스라엘의 교육방식이 창의성을 기르는 데 최고라고 생각한다.

하지만 창의력을 기르는 이스라엘의 교육의 핵심은 가정교육에 있다. 모두가 아는 바와 같이 유대인 부모는 어느 누구보다도 자녀교육에 큰 관심을 갖고 그것을 실천해 오고 있다. 수천년간의 모진 유랑생활을 견디게 해 준 가장 큰 힘이 유대인의 가정에서 이루어지는 밥상머리 교육 때문이라는 주장도 있다. 이 같은 밥상머리 교육은 주말마다 부모와 자녀가 함께 하는 샤밧(안식일) 저녁식사를 통해 그대로 이어지고 있다.

샤밧 식사에서는 자녀들에게 탈무드의 교훈만을 가르치는 것이 아니다. 오늘날 많은 가정에서는 탈무드 교육보다 오히려 자녀가 어릴 때부터 자신의 생각을 거리낌 없이 말하고 표현하도록 장려한다. 자녀 각자의 개성을 중요시하는 것이다. 유치원 교육에서는 새롭고 다양한 경험을 중시하는 편이라고 한다. 놀이에서도 가볍게 다칠 가능성 있는 장난감들을 갖고 놀게 하면서 위험을 경험하게 가르친다고 한다. 어차피 인생은 혼란과 위험으로 가득 차 있으므로 어릴 때부터 작은 위험들을 미리 경험하게 한다는 것이다. 안전만을 강조하지 않고 '어려움을 헤쳐 나가는 방법을 배우면서 성장하게 하는 것이 더 중요하다'는 인식이 교육의 바탕에 깔려 있다고 볼 수 있다.

또한 목표에 다가가는 과정에서 불가피하게 나타나는 문제들의 해결 방법을 찾는 데 교육의 큰 비중을 둔다. 당연히 과정보다는 결과를 더 중시한다. 우리 식으로 표현하면 '모로 가도 서울만 가면 된다'는 것과 비슷하다고 할 수 있다. 친구와 협력을 하더라도 과제해결을 위해 협력한다. 정해져 있는 하나의 방법만을 찾는 것이 아니라 여러 가지 다른 방법들이 항상 존재한다는 생각을 갖게 가르친다. 관행이나 사례 등의 표현에 들어있는 기존 선입견이나 고정관념, 틀에 박혀 있는 생각 등에서 벗어나 사고의 틀 자체를 아예 깨뜨려 버리도록 가르친다는 것이다.

이러한 교육 방식이 주목을 받아 한국에서도 유대인식 교육에 대한 관심이 뜨겁다. 이스라엘 현지 언론에서 한국에서 불고 있는 유대인 교육방식 '하브루타'에 대한 뜨거운 관심을 소개할 정도였다. 특히 변변한 유대인 공동체가 존재하지 않고 유대인이라고는 별로 만나본 적 없는 한국 사람들 사이에서 하브루타 열풍이 부는 것이 이례적이라고 소개했다. '친구'나 '동료'를 뜻하는 단어에서 유래되었다는 '하브루타'는 유대인들이 탈무드를 배울 때 사용하던 전통적인 학습방식이다. 상대와 짝을 이루어 주제를 놓고 서로 질문과 답변을 번갈아 하면서 토론과 논쟁이 진행된다. 한 가지 답을 도출하는 단순한 주입식이나 암기방식이 아니라 질문과 논쟁을 통해 생각하는 힘을 키우고 깊어지게 하는 방식이다. 이 같은 하브루타 교육방식이 한국에서는 유대인의 성공 비밀로 인식되고 있다고 이스라엘 언론이 보도한 것이다.

이스라엘 사람들은 상당수 한국 가정의 책장에 탈무드 관련 책이 한 권 정도는 꽂혀 있다는 이야기를 들으면 상당히 신기하게 생각한다. 그만큼 한국 사람들이 유대인식 교육방법에도 관심이 많다는 사실은 그 자체가 이스라엘에서는 흥미로운 뉴스가 되는 것이다. 그런데 따지고 보면 정작 이스라엘에 사는 유대인이 모두 탈무드를 충실하게 읽고 배우는 것은 아니다. 세속적 성향의 세큘라 유대인 중에는 탈무드를 한 번도 읽어 보지 않았다는 사람이 의외로 많다. 집 안에 탈무드 서적이 아예 한 권도 없는 가정도 있다. 유대교를 믿지 않거나 심지어 신(하느님)의 존재 자체를 부인하는 사람이 있을 정도로 유대인 사회의 종교적 스펙트럼이 대단히 넓기 때문이다. 그것을 보면 유대인의 성공 비결이 반드시 탈무드 자체에 있는 것은 아니라는 생각도 든다.

그럼에도 불구하고 이스라엘 각급 학교의 교육현장이 토론 중심으로 이루어지고 있는 것은 대체적으로 사실이다. "수업의 목적은 배움이 아니라 질문에 있다"는 이야기가 있을 정도로 유대인들의 교육방식에 토론이 차지하는 비중은 매우 크다. 일상적 토론 과정을 거치면 어릴 때부터 자기의 생각과 주장을 당당히 펼치는 데 익숙해지고 그것이 창의적 사고를 이끌어내는데 많은 도움이 되는 것이다. 그래서인지 유대인을 만나면 대부분 말이 많거나 언변이 좋으며 토론이나 논쟁에 상당히 능하다는 느낌을 받는 경우가 많다.

아무튼 그 기사가 보도된 지 얼마 후 유대교의 가르침을 전 세계에 전파하는 활동을 하는 한 유대인 학자의 주장은 유대인의 교육방식에 대해 다시 한번 생각해 볼 여지를 남겨 주었다. 일간지 기고문에서 그는 탈무드와 하브루타식 교육방법에 대한 한국인들의 관심에 감사한다면서도 다른 관점을 강조했다. 그는 한국에서 자신이 경험한 사실을 소개했다.

나는 수년 전 기업인을 위한 강연에 초대되어 한국을 방문한 적이 있다. 강연이 시작되기 앞서 기다리는 동안 한 사람의 한국인과 대화를 나누게 되었다. 내가 유대인 강사라는 것을 알아차린 그 한국인은 유대인의 성공 비결을 배우기 위해 탈무드를 공부하고 있다면서 가방에서 탈무드 책을 꺼내 보여주었다. 그 한국인의 제의로 나는 탈무드 책의 한 부분에 대해 잠깐 동안 서로 토론하는 시간을 가졌다. 길에서 주운 '탈리트'(유대인들이 기도할 때 어깨에 두르는 일종의 숄)의 소유권을 둘러싸고 두 명의 유대인들이 다투는 이야기에 대한 것이었다. 마침내 강연할 시간이 되어 그와의 짧은 토론을 끝내고 일어서려던 나는 그 한국인이 던진 마지막 질문을 듣고 말문이 막혔다. 그 한국인이 던진 질문은 "그런데 도대체 탈리트라는 것이 뭡니까?"라는 것이었다. 그는 탈리트가 무엇인지조차 전혀 모른 채 탈무드를 공부하고 있었던 것이다.

그는 3천 년이 넘는 유대인의 삶의 역사와 유대인이 지키는 가치 등에 대해서는 아무것도 모르면서 하브루타 교육방식에 대한 훈련만 해서는 유대인들의 성공 비결을 결코 배우지 못할 것이라고 말했다. 유대인의 성공 비결은 하브루타 교육방식 때문이 아니라 토라의 가르침을 배우고 또한 실제로 그렇게 살아가는 데 있다는 것이다. 그는 한국인들이 유대교의 가치는 전혀 배우지 않고 유대인의 교육방식만 배우려 하는데 과연 그것만으로 원하는 결과를 얻을 수 있을지 의문이라고 지적했다. 아마도 그는 전 세계를 상대로 유대교의 가치를 전파하는 역할을 하는 사람이기 때문에 그와 같은 주장을 하는 것으로 보인다. 이 말을 들으니 유대인의 토론식 교육방법이 상당히 유용하기는 하겠으나 그것만으로 성공 비결을 찾으려는 것은 다소 성급한 접근일 수 있겠다는 생각이 들기도 한다.

도망치고 싶은 신부

〈런어웨이 브라이드Runaway Bride, (도망친 신부)〉라는 로맨틱 코미디 영화가 있다. 리차드 기어와 줄리아 로버츠가 출연한 로맨틱 코미디 영화로 1999년에 개봉되어 세계적으로 히트한 영화이다. 영화 속에서 여주인공은 세 번이나 결혼식을 올리게 되는데, 그녀는 번번이 예식 도중에 달아남으로써 '런어웨이 브라이드'라는 별명이 붙었다. 이스라엘에서 결혼하는 유대인 여성 중에서도 '런어웨이 브라이드'가 되고 싶다는 여성이 있다고 한다. 물론 실제로 결혼식 중에 도망치는 경우와는 상황이 다르다. 유대인의 결혼 과정을 둘러싼 여러 가지 갈등 요인 때문에 결혼에 염증을 느껴 도망치고 싶다는 신부를 비유하여 표현한 것이다.

혹자는 이스라엘에서는 결혼의 자유가 없다고 이야기한다. 왜냐하면 중동의 다른 국가들처럼 이스라엘도 결혼제도를 종교법 차원에서 규율하고 있기 때문이다. 결혼을 하려는 사람은 랍비청에서 결혼과 관련한 등록 절차를 밟게 된다. 여기서 결혼과 관련한 법률적인 시스템을 살펴보도록 하자.

이스라엘에는 결혼과 관련한 법률적인 문제를 다루는 두 개의 법원이 있다. 하나는 랍비청이 주관하는 종교법원이고 다른 하나는 세속법원(가정법원)이다. 히브리어로 '베이트 딘Beit din'이라고 부르는 유대교 종교법원은 유대 종교법에 정통한 초정통파 랍비가 재판관을 맡는다. 그런데 유대인의 결혼이나 이혼의 허가 여부는 전적으로 종교법원의 독점적 권한에 속한다. 가정법원은 유대인의 결혼이나 이혼에 대한 법률적 판단 권한을 갖지 못한다. 결혼문제와 관해서 이스라엘은 정치와 종교가 분리되어 있지 않은 일종의 정교일치 국가라고 할 수도 있다. 결혼이나 이혼 문제는 종교법상 판단이 필요한 종교적 이슈로 간주되기 때문이다.

다만, 이혼에 수반되는 다른 이슈들, 예를 들어 위자료 산정이나 자녀에 대한 양육권 문제 또는 재산분할 문제 등은 가정법원도 재판 권한을 가진다. 이러한 문제는 종교법원과 가정법원 중에서 소송을 먼저 접수한 법원이 재판 권한을 갖는다. 이혼 재판에 있어서 통상 남성들은 종교법원에 이혼소송과 함께 위자료 등 여타 이슈를 함께 제기한다. 그 반면에 여성들의 경우, 이혼소송 자체는 불가피하게 종교법원에 제기할 수밖에 없지만, 나머지 이슈들은 가정법원에 별도로 소송을 제기하는 사례가 많다. 아무래도 종교법원은 남성 중심의 유대 종교법을 엄격하게 적용하려는 경향이 높고, 가정법원은 종교법원보다는 훨씬 개방적이고 여성 인권에 대해서도 관용적이라는 평가를 받기 때문이다.

결혼에 앞서 유대인은 랍비청에 자신이 유대인임을 입증하는 서류, 예컨대 유대인인 모친에게서 출생한 증명서나 종교법원으로부터 발급받은 유대교 개종 증명서 등을 제출하고 결혼허가 신청을 한다. 그런 다음 제출서류에 문제가 없으면 종교법상 권한을 갖춘 랍비의 주관하에 결혼 절차를 밟게 된다. 이 같은 과정을 거친 경우에만 합법적 결혼으로 인정을 받는다. 따라서 종교법적 권한이 없는 랍비나 일반인이 주례를 한 결혼, 요즘 한국에서 유행하는 주례 없는 결혼이나 종교가 서로 다른 사람들 간의 결혼 등은 모두 합법적 결혼으로 인정받지 못한다. 이들은 당연히 내무부에서 관리하는 등록부에도 결혼한 부부로 등록할 수 없다. 다만, 외국에서 결혼해 이를 증명하는 서류를 제출하는 경우에는 이미 결혼한 부부로 간주하고, 이를 합법적인 결혼으로 인정하고 있다.

　종교법상 권한을 인정받은 랍비가 주관하는 합법적 결혼이라 하더라도 결혼을 진행하는 과정에서 문제가 발생하는 경우가 있다. 보통 신부는 랍비의 지침에 따라 지정된 강사로부터 결혼생활과 관련된 혼전 교육을 받는다. 이는 행복한 결혼생활을 위한 사전교육이라는 취지에서 바람직한 측면이 있다. 문제는 지역마다 혼전 교육의 기간이나 내용, 소요 비용 등이 들쑥날쑥하여 통일성이 없다는 것이다. 강사에 따라서는 교육 과정에서 지나치게 사생활을 간섭하는 경우도 있고, 때로는 지나치게 구시대적이며 남성 우월주의적 시각을 반영하고 있을 뿐 아니라 현대적 관점에서는 성차별적인 내용이 많이 포함되어 있다는 주장이 제기되곤 한다.

　하레디 가정의 초정통파 여성들은 결혼식 전날 밤 몸을 정결하기 위해 '미크베'에 들어간다. 미크베는 일종의 욕탕이다. 그러나 씻고 휴식을 취하려는 실용적인 목적보다 몸을 정결한 상태로 되돌린다는 의식적인 목적이 강하다. 육체적인 정결뿐 아니라 정신적으로도 정결함을 되찾기 위한 것이다. 미크베는 시나고그(유대교 회당)처럼 유대공동체에 반드시 있어야 할 시설의 하나로 간주된다. 초정통파 여성은 매달 월경이 끝났을 때 또는 출산을 했을 때도 미크베에 들어간다. 반지나 귀걸이 등 장신구도 모두 빼고 머리부터 발끝까지 몸 전체를 완전히 물에 잠기게 한다. 하레디 남성들도 결혼 전날에는 미크베에 들어가는 경우가 많다. 일부 독실한 남성들은 성관계를 갖고 난 이후나 샤밧(안식일)이 시작되기 전에 들어가기도 한다.

　결혼에 있어서 또 하나의 이슈는 랍비와 관련된 문제이다. 앞서 밝힌 대로 결혼문제에 대한 최종적 권한은 랍비청이 가진다. 랍비청은 초정통파 하레디 그룹에 속하는 랍비들에게만 결혼문제와 관련된 권한을 부여하고 있다. 따라서 초정통파가 아닌 보수파나 개혁파 랍비들은 이스라엘에서 종교법상 결혼에 관여할 수 있는 합법적인 권한이 없다. 그런데 현실에서는 초정통파 랍비가 아닌 개혁파 랍비의 주례로 결혼식을 올리는 경우도 적지 않다. 종교적 신념이 개혁적이라서 그런 경우도 있지만 모계 유대인 신분을 입증하지 못해 초정통파 랍비청으로부터 결혼을 거부당할 때 비정통파 랍비들에게 주례를 부탁할 수밖에 없는 것이다. 비록 초정통파가 독점하고 있는 랍비청의 인정을 받지 못하더라도 종교적 형식의 결혼을 원하는 사람들이 주로 이런 방식을 택한다. 물론 이 같은 결혼은 종교법상으로는 합법적으로 인정받지 못한다. 따라서 추후에 외국에서 결혼식을 올린 후 그곳에서 결혼증명서를 받고 귀국해 합법적 결혼으로 인정받기도 한다.

유대 종교법상 허가를 받을 수 없는 결혼을 주관하거나 또는 랍비청으로부터 권한을 부여받지 않은 랍비가 결혼을 주관하면 6개월에서 최고 2년 이하의 징역에 처하도록 종교법에 규정되어 있다. 권한을 부여받은 랍비는 초정통파 소속의 랍비만을 의미한다. 물론 이를 어겼다 해도 실제로 처벌받은 경우는 없다. 그런데 2018년 여름 북부 해안도시 하이파 지역에서 개혁파 소속으로 활동하던 랍비가 경찰에 구금당하는 사건이 발생했다. 이 랍비는 '마므제르' 신분에 있는 유대인의 결혼을 주례한 혐의로 초정통파 랍비 측으로부터 고발당해 경찰서로 연행되었다. 마므제르란 근친혼이나 유부녀와의 간통 등 종교법상으로 용인되지 않는 관계에서 태어난 유대인을 뜻한다. 이들은 종교법상 일반 유대인과는 결혼할 수 없다.[15] 체포된 랍비가 즉시 석방되기는 했으나, 허가받지 못하는 결혼을 주례한 혐의로 랍비가 체포를 당한 첫 번째 사례로 기록되었다. 권한이 없다는 이유로 개혁파 랍비를 실제로 처벌한다면 종교의 자유, 양심의 자유 등에 대한 논쟁으로 번질 가능성이 높은 민감한 사안이라는 점에서 구금조치를 해제한 것으로 알려졌다. 하지만 이 사건 이후 공식적으로 인정받지 못하는 결혼을 주례한 개혁파 랍비 수십 명이 경찰서로 몰려가 집단 자수(?)하는 진풍경이 벌어지기도 했다.

세속적 그룹인 세큘라 커플 중에는 랍비가 아닌 일반인이 주관하거나 또는 아예 주례 없이 가족이나 친지들만 참석하는 일종의 대안 결혼식을 선택하는 경우도 있다. 이 같은 대안 결혼식 역시 종교법상 합법적 결혼으로 인정받지 못한다. 2018년 여름 정부는 이스라엘 사회의 다양성을 홍보하는 내용의 동영상을 제작했다. 그런데 그 동영상에 대안 결혼식 장면이 들어 있었다. 이를 본 사람들은 결혼의 자유조차 없는 나라에서 합법적으로 인정받지도 못하는 대안 결혼식을 마치 아무런 문제가 없는 것처럼 홍보하고 있다고 비판했다.

---

15 제사장 가문인 '코헨' 성씨의 남성들(코하님)은 간통으로 출생한 여성이나 이혼한 여성 뿐 아니라 개종한 여성과도 결혼할 수가 없다. 기본적으로 유대교로 개종한 이방인은 종교법상 유대인으로 인정된다. 따라서 일반 유대인들(이스라엘림)은 개종한 여성과 결혼할 수 있으며 랍비도 개종한 여성과 결혼할 수 있다. 하지만 코헨 가문의 남성은 모계 유대인 여성과만 결혼할 수 있다. 이는 제사장 가문의 순수성을 보존하기 위한 종교법상 규제로 보인다. 남성과 달리 코헨 가문의 여성은 개종한 남성과 결혼할 수 있다. 제사장은 남성만 맡을 수 있기 때문에 남성만 규제한다. 코헨 가문이 오늘날 일상생활에서 특별한 대우를 받는 것은 없다.

일부에서는 전 세계에서 유대인이 자신의 의지대로 결혼할 수 없는 유일한 나라가 바로 유대인의 조국 이스라엘뿐이라고 비아냥거리기도 했다.

수년 전부터 초정통파가 장악하고 있는 랍비청에 대한 불만으로 인해 다른 형식으로 결혼하는 커플은 계속 늘어나고 있다. 공식 통계는 아니지만, 종교적 다양성을 추구하는 '파님'이라는 한 비영리 단체는 2017년도 한해에 이스라엘에서 초정통파 랍비가 주관하지 않은 결혼이 2천여 건이 넘으며, 이는 계속 증가하는 추세라고 주장했다. 젊은 층에서는 외국에서 결혼증명서를 받아 종교법상 합법적인 결혼으로 인정을 받아오던 기존의 방식을 거부하고 합법적 결혼으로 인정받지 못하더라도 외국에 나가지 않고 국내에서 대안 결혼을 하는 경우가 오히려 증가하고 있다고 한다.

그 이유는 외국으로 나가는 비용을 절약할 수 있는 데다 만약 이혼을 하게 될 경우 합법적 결혼보다 오히려 절차가 간편하다는 장점 때문이다. 랍비청을 통한 결혼은 합법적 결혼이라는 심리적 안정감 측면에서는 장점이 크지만, 만약 이혼할 경우에는 랍비청을 통해 또다시 복잡한 절차를 거쳐야 하기 때문이다. 이처럼 초정통파 랍비의 권한 독점에 대한 문제에다 대안 결혼식을 둘러싼 갈등이 지속되면서 진보 진영에서는 세속적 방식의 결혼도 합법화하는 법률을 만들어야 한다고 지속적으로 주장하고 있다. 결혼은 종교를 떠나 당사자 간의 문제인데 초정통파 랍비청을 거치지 않은 결혼을 불법화하고 이들 랍비들의 권한 독점을 보장하는 것은 민주국가인 이스라엘에서 평등의 원리에 위배된다는 것이다.

종교부의 발표에 따르면, 2018년 한 해 동안 3만 5천여 커플이 초정통파 랍비를 통해 합법적으로 결혼했다. 하지만 과거에 비해 이같은 결혼은 조금씩 줄어드는 실정이다. 이에 반해 합법적 결혼으로 인정받는 해외에서의 원정결혼은 여전히 많다. 2016년도 자료에 의하면 약 1천 800 커플이 해외에서 간편한 방식으로 결혼한 것으로 파악된다. 이스라엘에서 비행기로 1시간도 채 걸리지 않을 만큼 가까운 지중해의 섬나라 사이프러스는 이들 원정결혼을 원하는 유대인 커플들의 결혼장소로 많이 애용되었다. 혼인증명서 취득과 신혼여행을 동시에 해결할 수 있기 때문에 주머니 사정이 좋지 않은 커플들을 대상으로 단기 결혼여행 프로그램이 높은 인기를 끌기도 했다.

2020년과 2021년에는 코로나19 팬데믹으로 인해 항공편 이용이 끊어지면서 수많은 젊은 커플들의 원정결혼 역시 차단되어 버리는 안타까운 상황이 발생했다. 이 같은 상황에 대해 일부 정치인들은 한시적으로 랍비청이 아닌 법무부를 통해 합법적 결혼으로 인정받을 수 있도록 하자는 법안 마련을 주장하기도 했다.

시민단체들은 랍비청을 통하지 않은 결혼, 즉 제도권 이외의 방식으로 이루어진 결혼이 해마다 2천 500여 건에 이른다고 추정한다. 종교법상으로는 비합법적이지만 이 같은 비제도권 결혼은 해마다 느는 추세이다. 이 같은 현상의 원인에 대해 일부에서는 결혼보다 동거를 선택하는 청년층의 풍조를 거론하기도 하고 또한 랍비청의 시대착오적인 행태에 대한 반감이 작용한 것이라는 주장도 제기된다. 언론과 시민단체 등에서 초정통파 랍비의 권한이 이미 엄청난 권력이 되었다는 비판을 계속하고 있음에도 불구하고 이스라엘 최고랍비청은 전혀 흔들리는 모습을 보이지 않고 있다.

'아구나'를 아시나요?

히브리어에 '아구나Agunah'라는 단어가 있다. 이는 결혼한 여성이 여러 가지 이유로 혼인관계를 끝내고 싶어 하지만 혼인이라는 굴레에 속박당한 채 살아가는 상황을 일컫는 말이다. 그런데 왜 이 같은 상황이 발생할까?

유대 종교법상 결혼한 여성은 남편이 이혼에 동의하거나 남편이 사망한 경우에 한해서 혼인관계가 종료된다. 그런 다음에야 비로소 재혼도 할 수 있다. 남편이 이혼에 동의한다면 "이제 다른 남자가 당신을 만날 수 있다"는 내용이 담긴 '게트'(일종의 이혼선언서)를 작성해 아내에게 전달하게 되는데 부인이 이를 받음으로써 비로소 이혼이 성립하고 혼인관계도 끝나는 것이다. 그런데 남편이 이혼에 동의하지 않으면 어떻게 될까? 또한 남편이 연락을 단절하고 잠적할 경우는? 남편이 전쟁이나 해외여행에서 실종되었으나 사망 사실이 확인되지 않을 경우도 있을 것이다. 게다가 남편이 갑작스런 질병이나 사고로 의식불명 상태에 있는 경우처럼 사실상 남편이 없는 것 같은 결혼상황이 지속된다면 어떻게 될까? 놀랍게도 이런 경우 여성은 이혼이 불가능하다. 바로 이런 상황을 '아구나'라고 한다.

성경에는 "남편이 아내에게 이혼증서(게트)를 주고 집에서 내보내면 그 여자는 다른 사람의 아내가 된다. 두 번째 남편도 그 여자에게 이혼증서를 주거나 또는 사망한다면, 그 여자를 내보냈던 첫 번째 남편은 그 여자를 다시 맞이해서는 안 된다"(구약 신명기 24장)는 내용이 있다. 이 내용을 두고 유대 종교법에서는 이혼증서를 줄 수 있는 권한은 오직 남편에게만 있는 것으로 해석한다. 신변 안전사고가 잦고 통신수단이 열악했던 과거에는 전쟁에 나가거나 먼 길을 떠나는 남편이 아구나 상황이 발생할 가능성을 미리 예상하고 아내에게 미리 이혼증서를 써주는 경우도 있었다고 한다. 하지만 오늘날에는 과거와 달리 사망 사실 확인이 어려운 경우보다는 배신감이나 증오심 또는 금전적 보상 등 악의를 갖고 아내에 대해 이혼증서 교부를 거부하는 못난 남편에 의해 주로 아구나가 발생한다.

아구나에 처한 여성은 사실상으로는 남편이 없는 것과 마찬가지다. 그런데도 이혼도 하지 못하는 상태에서 여러 가지 불이익을 감수해야 한다. 최근에 와서는 남편의 학대나 무능력 등을 객관적으로 입증할 경우 종교법원이 남편에게 아내에 대한 이혼선언을 명령하기도 한다. 이러한 판결이 내려지면 이스라엘 언론이 득달같이 뉴스로 다룬다. 그만큼 흔치 않기 때문이다. 그러나 이와 같은 종교법원의 명령도 자세히 들여다보면 남편에게 이혼선언서를 주라고 강제하는 것일 뿐이지 법원이 직권으로 혼인관계의 종료를 확정하는 것은 아니다. 다시 말해서 이혼선언서를 발급할 권리는 오직 남편에게 있으며, 남편의 이혼선언서 발급을 통해서만 혼인관계가 종료된다는 전통적인 종교법은 그대로 관철되는 것이다.

종교법원의 이 같은 소극적 대처에 반감을 가진 사람들은 진보 성향의 랍비들로 구성된 비공인 종교법정에 찾아가서 이혼 허가를 받아내기도 한다. 일부 종교법 학자들은 아구나의 폐해를 방지하기 위해서는 남편이 지정해 둔 대리인이 이혼증서를 발급할 수 있도록 결혼 전에 종교법원에 미리 공탁해 두는 방식으로 제도를 보완해야 한다는 주장을 펴기도 한다.

만약에 남편이 아내의 이혼 요구를 끝까지 거부할 경우는 어떻게 될까? 우선 법원은 남편에게 불이익을 주거나 형사처벌까지 할 수도 있다. 2019년 예루살렘 종교법원은 아내의 이혼 요구를 계속 거부하는 남편에 대해 다소 특이한 판결을 내렸다. 사건의 당사자인 아내는 폭력, 학대 등으로 남편에게 수년간 시달려 오던 끝에 결국 이혼을 요구하게 되었으나 남편은 이를 거부했다. 마침 남편이 국영 버스회사에 근무 중인 사실이 확인되어 종교법원은 회사 측에 대해 남편을 해고하라고 명령했다. 그런데 남편은 이혼 동의를 해주지 않으려고 실직까지 불사하고 잠적해 버렸다. 그러나 아내 측이 고용한 사립탐정에게 거주지가 발각되어 법정에 서게 되고, 결국 강제적으로 이혼선언서를 작성하게 되었다. 이 사건의 경우 마침 남편의 직장이 국영회사라는 특수성이 있기는 하지만 가정의 이혼 문제가 당사자 중 한쪽의 직장 문제로까지 비화되었던 것이다.

아구나와 관련하여 2019년 또 하나의 사건이 이스라엘 사람들의 관심을 끌었다. 세속법원인 예루살렘의 1심 형사법원은 아내의 이혼 요구를 거부해 온 남편에 대해 최고 징역 4년형의 유죄판결을 내렸다. 오랜 결혼생활을 통해 자녀들까지 둔 아내는 남편의 폭력과 학대를 견디다 못해 이혼을 요구했다. 그러나 남편이 이를 거부하면서 결국 아구나 상태가 20년 이상 지속된 상황이었다. 법원은 이혼

문제에 대해서는 제3자가 직접 개입할 수 없다고 판단했다. 하지만 폭력과 학대 등 이혼 과정을 둘러싸고 벌어지는 행위를 처벌할 수 있도록 한 형법규정에 따라 남편을 처벌하기로 한 것이다. 이 과정을 겪으면서도 남편은 끝까지 아내에 대한 이혼증서 작성을 거부했다. 이미 학대혐의로 처벌받기로 결정된 만큼 이혼에 동의를 않더라도 더 이상 잃을 것이 없다고 생각한 것이었다.

위의 사례들을 보면 이혼을 거부하는 남편에게 압박 수단으로 불이익을 주거나 처벌할 수는 있으나, 종교법원이든 세속법원이든 직권으로 이혼을 허가하지 않는다는 점을 알 수 있다. 오히려 남편이 이혼 동의를 끝까지 거부할 경우에는 합법적 이혼은 결코 쉽지 않다는 현실을 보여주고 있다.

이와는 정반대로 남편은 이혼을 원하지만 부인이 이혼선언서의 접수를 거부하면서 혼인관계가 종료되지 못하는 경우도 더러 있다. 2019년 초 텔아비브 종교법원은 아내가 이혼선언서 접수를 거부하여 수년간 고통을 받아온 남성에게 재혼을 허가하는 판결을 내려 세간의 주목을 끌었다. 한 쌍의 남녀가 결혼해 아이까지 낳고 살던 중 교통사고로 남편이 중상을 입게 되었다. 몇 달이 지나 아내는 아이를 데리고 친정아버지가 사는 프랑스로 떠난 후 돌아오지 않았다. 남편은 아내가 아이를 유괴해 갔다면서 아이를 돌려달라는 소송을 법원에 제기했다. 지루한 법정 공방 끝에 마침내 대법원이 아이를 남편에게 돌려주라고 판결했다.

그러자 아내는 다시 다른 나라로 도주 후 소식을 끊고 잠적해 버렸다. 분개한 남편은 텔아비브 종교법원에 아내를 상대로 이혼소송을 제기했다. 그런데 아내의 거주지가 확인되지 않아 이혼소송이 전혀 진행되지 못하게 되었다. 마침내 종교법원은 이같은 상황을 고려해 남편에게 다른 사람과 재혼할 수 있는 권리를 인정한다고 판결했다. 법원은 부부가 6년 이상 별거 상태에 있고 아내의 소재가 파악되지 않는 점 등을 고려해 재혼을 허용하는 일종의 타협안을 찾아낸 것이다. 하지만 이 경우에도 종교법원은 남편에게 다른 여성과의 재혼을 허가했을 뿐 아내와의 이혼을 허가한 것은 아니었다. 말하자면 남편이 이혼하지도 않은 상태에서 결혼할 수 있는 중혼을 허가한 셈이었다.

먼 옛날에는 유대인 남성도 무슬림과 비슷하게 2명 이상의 부인을 둘 수 있었다고 한다. 그러나 중혼에 따른 여러 가지 문제가 발생하자 11세기 당시 최고의 율법학자였던 게르숌의 칙령으로 중혼을 사실상 금지해 왔다. 하지만 부인이 실종되거나 의식불명이 되어 남편으로부터 이혼선언서를 직접 받을 수 없는 경우에 남편은 정식으로 이혼하지 않은 상태에서도 다른 부인을 둘 수 있다는 일종의 구제절차가 있었다. 구제를 받기 위해 남편은 이혼선언서를 작성해 종교법원에 공탁을 해야 한다. 그 이후에는 다른 사람과 결혼할 수가 있다.

하지만 기존 부인과의 이혼이 성립된 것은 아니다. 추후에 실종된 부인이 나타나거나 의식불명된 부인의 의식이 회복되어 이혼선언서를 받게 되는 시점에야 비로소 정식 이혼이 성립된다. 부인이 사망한 사실이 확인되기 전까지 종교법적으로는 아직 결혼상태인 것으로 남아 있는 것이다.

앞의 재혼 허가 판결에서 법원은 이같은 구제절차를 인용했다. 아내의 잠적으로 이혼이 되지 않은 상태이지만 재혼은 할 수 있도록 허가한 것이다. 이는 원칙적인 중혼금지에도 불구하고 남편은 두 번째 결혼을 할 수 있다는 것을 의미할 뿐이며 잠적한 부인과의 결혼 상태는 법적으로는 그대로 유지되는 것이다.

수년 전 이스라엘의 한 진보성향 랍비 판사가 주재한 비공인 이혼법정은 아주 특이한 사유를 근거로 혼인무효를 선언하는 판결을 내렸다. 폭력을 일삼는 남편을 상대로 유대인 여성이 제기한 이혼소송에서 여성의 손을 들어 주었는데 랍비 판사가 제시한 이혼허가의 근거는 바로 결혼도 거래라는 것이었다. 랍비판사는 유대 율법상 중대한 착오에 의한 거래는 무효로 할 수 있다는 법률이론을 활용했다. 율법에 따르면, 거래의 전체 내용을 충분히 알았더라면 동의하지 않았을 것임에도 내용을 잘 알지 못한 상태에서 거래에 동의하였다면 이를 착오에 의한 거래로 보고 취소할 수 있다는 것이다. 따라서 부인이 결혼 이전에 남편의 폭력적 행동, 정신병 치료, 범죄전력 등 여러 가지 문제가 있었음을 알았더라면 결혼에 동의하지 않았을 것임에도 그같은 사실에 대해 알지 못한 상태에서 결혼했기 때문에 결국 결혼을 취소할 수 있다고 판단한 것이다. 물론 이 판결을 내린 판사는 초정통파가 인정하는 랍비청 소속은 아니었다.

통상적으로 종교법원의 이혼법정에서는 주로 배우자 실종이나 심신상실 등이 이혼의 사유로 다루어진다. 그런데 이번 사례처럼 착오에 의한 거래 취소라는 기발한(?) 사유를 근거로 내세운 것은 이스라엘에서는 처음이라고 한다. 이 유대인 여성이 진보성향의 랍비에게 이혼법정을 열도록 의뢰한 것은 아마도 초정통파가 장악하고 있는 공인된 종교법원에서는 남편의 폭력과 같은 사유로는 이혼이 불가하기 때문일 것이다. 이혼재판을 맡은 진보성향의 랍비 판사 역시 남편의 동의나 남편의 사망과 같은 유대 종교법상 허가된 이혼 사유가 아니기 때문에 이혼이 불가하다는 것을 알고 있었다. 그렇기 때문에 '착오에 의한 거래는 취소할 수 있다'는 율법을 적용했던 것이다. 그런데 문제는 이 같은 판결로는 그 부인이 재혼할 수는 없다는 점이다. 이스라엘에서의 이혼 허가는 남편의 동의를 근거로 오로지 랍비청이 공식적으로 인정하는 종교법정에서만 가능하기 때문이다. 따라서 진보적인 랍비의 결혼 취소 판결에도 불구하고 그 부부의 결혼은 유대 종교법상으로는 여전히 유지되고 있다.

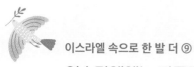
이스라엘에는 간통죄가 있을까?

"간음하지 말라"는 십계명의 하나이다. 그렇다면 이스라엘에는 간통을 금
지하거나 처벌하는 법률이 있을까? 정답은 '없다'이다. 유대교의 전통이 강
한 유대교의 나라인 점을 감안하면 의외가 아닐 수 없다. 또 하나 예상을 뛰
어넘는 전통이 있으니, 이스라엘에서는 부부가 이혼할 때 결혼 이후 축적
한 모든 재산은 소유자의 명의와는 관계없이 각각 절반씩 나누어 갖도록
한다는 것이다. 단, 결혼 이전부터 배우자 중 한 사람이 갖고 있었고 계속
그 사람의 명의가 유지되었던 재산이라면 재산분할의 대상이 되지 않는다.
그렇다면 만약 이혼의 사유가 간통이라면 재산분할은 과연 어떻게 될까?

30여 년간 결혼생활을 해온 한 쌍의 부부가 아내의 불륜을 계기로 종교
법원의 법정에 서게 되었다. 두 사람은 이혼하기로 합의했으나 부동산 분
할 문제를 둘러싸고 갈등이 벌어졌다. 아내는 법에서 허용되는 대로 부동
산의 절반을 요구했다. 하지만 남편은 결혼 전부터 자신의 소유였던 땅에
건물을 지은 것이고, 자신의 명의로 유지되어 온 만큼 재산분할의 대상이
아니라고 주장했다. 1심 종교법원은 '결혼 이후 부부간에 건물을 공동으로
소유한다'는 명확한 합의가 있었다고 판단하고 부인의 손을 들어주었다. 그

러나 2심 종교법원은 '아내가 정조의무를 위반하리라는 점을 남편이 알았더라면 공동소유를 용인하지 않았을 것'이라는 점을 근거로 재산분할 대상이 아니라고 판결했다. 재산분할 문제에 배우자의 정조의무가 개입된 것이다. 2018년 이스라엘 대법원은 종교법원이 이미 내린 판단에 대해 다시 관여할 여지가 없다고 사건을 기각했다.

그런데 이를 두고 논란이 벌어졌다. 20여 년 전 유사한 사건에서 대법원이 다른 판결을 내렸기 때문이다. 당시 대법원은 '이혼 문제는 종교법으로 규율하지만, 재산분할 문제는 세속법의 적용을 받기 때문에 배우자의 불륜은 재산분할 문제와는 관련이 없다'고 판결했던 것이다. 따라서 2018년 대법원의 판결은 간통을 했기 때문에 재산분할을 받지 못한다는 종교법원의 판결을 대법원이 인정한 셈이 되었다는 비판이 제기되었다.

하레디 그룹과 여성

1948년 이스라엘 건국 당시, 초정통파 하레딤은 겨우 3~4만여 명에 불과했다. 전체 유대인 인구 65~70만 명 중 5% 수준이었다. 다양한 종교적 스펙트럼을 가진 유대인 중에서 토라의 가르침에 가장 충실하게 살아간다고 스스로 자부하는 이들이 이스라엘에서 차지하는 역할은 숫자와는 달리 사뭇 크다. 문제는 이 같은 하레딤 인구가 갈수록 늘어난다는 점이다. 현재 이스라엘 전체 인구 중 하레딤이 차지하는 비중은 약 12~13% 정도인 100만여 명 정도이다. 그 가운데 14세부터 20세 이하의 청소년 하레딤은 전체 청소년 인구 중 거의 20% 정도를 차지할 정도로 그 비중이 갈수록 높아지고 있다.

이같이 젊은 하레딤의 비중이 특히 늘어나는 것은 하레디 가정의 출산율이 엄청나게 높기 때문이다. 이스라엘 가정의 평균 출산율이 3명 정도인 데 반해 하레딤 여성은 보통 7명 정도의 아이를 출산한다. 가능한 많은 아이를 출산하는 것이 가정과 공동체에 이바지하는 길이라고 생각하기 때문이다. 만약 이 같은 추세가 지속된다면 앞으로 40~50년 이후에는 전체 이스라엘 국민 중 하레딤이 차지하는 비중이 거의 절반을 차지할 것이라는 전망이 나올 정도이다.

하레딤의 높은 출산율은 복지 차원에서 정부가 부담하는 재정지원 수준과도 상당히 연결되어 있다. 정부의 지원이 많지 않은 시기에는 출산율이 상대적으로 낮아지지만, 하레딤을 정치적인 배경으로 하는 종교정당들의 목소리가 커지는 시기에는 정부 지원이 늘어나고 덩달아 출산율도 높아진다. 종교정당들은 정당 간 연정이 필수인 이스라엘 정치 현실에서 상당한 기간 동안 연립 우파정권의 중요한 한 축을 이루면서 하레딤의 입장을 대변해 왔다.

유대교의 전통적 가르침에 따르면, 하레디 사회에서 여성의 가장 중요한 역할은 '결혼과 출산을 통해 건강한 가정을 유지하는 일'이다. 물론 공동체의 특성에 따라 조금씩 차이는 있으나 전반적으로 아직도 가부장의 권위가 지배하고 있다. 여성은 어릴 때부터 남녀구별에 따라 복장과 행동 등에 있어 정숙함을 요구받고 자란다. 결혼한 여성들은 남편 아닌 외부인에게 머리카락을 드러내지 않으려고 머리에 스카프를 쓰는 경우가 많다. 예루살렘의 '메아 쉐아림'같이 하레딤이 많이 거주하는 지역에서는 여성의 사진이 실린 신문이나 잡지, 포스터 등은 찾아볼 수 없다. 또한 가족 아닌 외부인 남성과는 악수조차 하지 않는다. 만약 남성 여행자가 하레디 여성에게 악수하자면서 손을 내밀었다가는 거부당하기 십상이다.

젊은 하레디 여성들은 '쉬두크(일종의 중매)'를 통해 비교적 이른 나이에 역시 하레디 남성과 맞선을 보고 약혼을 거쳐 결혼하는 것이 보통이다. 맞선은 보통 음식계율상 허용되는 '코셔' 허가를 받은 호텔의 로비나 커피숍 등에서 조촐하게 이루어진다. 통상적으로 몇 차례의 만남 이후에는 혼인 여부를 결정하기 때문에 맞선이 이루어지기 전에 친인척이나 친구 등을 통해 상대방이 종교적으로 성실한지, 유명한 예시바(종교학교)에 다니는지, 집안은 좋은지, 경제적 사정은 어떤지 등을 미리 탐문한다. 하레디 사회는 결혼 적령기가 비교적 빠른 편이다. 남성의 경우 30대에 들어서면 만혼이라 생각한다. 또한 하레디 공동체는 일반적으로 미혼인 성인을 불완전한 유대인이라고 생각하는 경향이 크다. 그런 까닭에 때로는 단체 맞선 등의 방식을 통해서라도 결혼을 서두른다. 여성은 결혼한 후에도 여성으로서의 정숙함을 유지하도록 요구받는다. 이 과정에서 남편이 아닌 다른 남성 앞에서 정숙하지 못한 언행을 했다는 구실로 남편으로부터 폭행을 당하는 안타까운 사건도 종종 발생한다.

하레디 사회에서 여성의 지위는 남성에 비해 아직도 상대적으로 취약하다. 하지만 여성의 사회활동은 계속 증가하는 추세다. 그런 만큼 그들의 목소리 역시 조금씩 커지고 있다. 하레디 가정에서 많은 남성이 정부의 보조금에 의존하면서 토라와 탈무드 공부에 매진하는 동안 여성은 가정경제를 꾸리기 위해 직업교육을 받거나 직장에 다니는 경우도 지속적으로 증가하고 있다. 일반 여성에 비해서 비율이 낮지만 일부 하레디 여성이 정부의 고위 관료로 활동하거나 첨단 하이테크 분야 스타트업 등에서 두각을 나타내는 경우도 늘고 있다. 하레디 여성들 가운데 취업 등을 통해 경제활동을 하는 여성의 비율은 이미 절반을 넘어섰다. 앞으로 수년 내 일반 여성의 취업률과 비슷해질 것이라는 전망도 나오고 있다.

그러나 이 같은 사회적 역할 확대에도 불구하고 정치 분야에서는 아직 갈 길이 순탄치 않은 상황이다. 하레디 사회에서는 여성의 정치참여가 쉽지 않다. 양대 하레디 종교정당들은 모두 여성에게 정당 가입의 문호를 개방하지 않고, 유대교의 계율을 지키는 남성만 가입할 수 있도록 제한을 두고 있다. 이 같은 여성차별에 대해 한 시민단체가 하레디 정당연합 UTJ 소속의 '아구닷 이스라엘'당을 상대로 소송을 제기한 적이 있다. 소송을 심리한 이스라엘 대법원은 2019년

초 '여성에 대한 어떠한 차별도 해서는 안 된다'며 여성의 가입을 금지한 정당 규정을 개정하라고 판결했다. 이에 대해 아구닷 이스라엘당은 유대 율법을 바탕으로 설립된 정당의 역사적인 근거를 망각한 판결이라며 규정 개정을 거부하고 있다.

이 와중에 소수의 하레디 여성이 변화를 외치며 의원선거에 도전한 적이 있었다. 여성의 가입이 불가능한 종교정당 대신 진보정당 소속으로 도전장을 내민 것이다. 지난 2008년 하레디 출신의 평화운동가였던 한 여성이 당선되어 1년여 기간 동안 의원직을 맡았던 사례가 있으나 대부분의 경우는 실패한다. 여성의 정치무대 도전은 아직 갈 길이 멀다. 하지만 수년 전부터 하레디 정당에 대해 문호개방을 주장하는 여성들의 목소리는 계속 커가는 추세이다. 아직은 미미하지만, 하레디 여성들의 풀뿌리 정치운동이 조금씩 확산되고 있는 것이다.

하레디 정당들을 독점하고 있는 남성들은 아직까지 변화할 조짐이 별로 없어 보인다. 이들은 여성의 역할이 가정 안에서 조용한 방식으로 이루어져야 하는데 정치라는 무대는 여성이 나서기에는 너무 공개적이라고 주장한다. 어떤 하레디 정치 지도자는 2021년 언론 인터뷰에서 정치란 여성에게 있어 자연스러운 자리가 아니라면서 만약 하레디 여성이 정치판에 나선다면 하레디 여성들 스스로 먼저 반대할 것이라는 주장을 펼치기도 했다. 2022년 현재 25대 크네세트(의회) 의원 120명 가운데 여성의원은 모두 29명이다. 전체 의원 중 1/4 정도를 차지할 정도로 적지 않은 편이다. 하지만 SHAS와 UTJ 등 하레디 종교정당에 소속된 의원 18명은 모두 남성이다.

세상사 일시정지, 샤밧

'샤밧Shabbat'은 유대인의 안식일이다. 샤밧은 양력으로 토요일이다. 정확히 말하면, 금요일 저녁 해가 질 때부터 토요일 저녁 해가 질 때까지이다. 대부분의 관공서와 직장은 금요일과 토요일 이틀간 휴무한다. 일요일은 새로운 일주일이 시작되는 날로 평일이며 일하는 날이다. 유대 율법에 따라 많은 가정에서는 샤밧을 평화롭고 경건하게 보낸다는 의미로 금요일 해 질 무렵 촛불을 켜고 식구들이 함께 모여 식사하는 전통을 지키고 있다. 그런데 해가 뜨고 지는 시간은 매일 변하고, 지리적 위치에 따라서도 조금씩 차이가 있다. 따라서 샤밧이 시작되는 시간을 정확하게 알기가 쉽지 않다. 이 문제를 이스라엘의 조간신문들이 해결해준다. 금요일 아침 발행되는 일간지에 그날 샤밧이 시작되는 시간과 다음 날 샤밧이 끝나는 시간을 지역별로 분分 단위까지 친절하게 알려주는 식이다.

어쨌든 샤밧이라는 히브리어의 어원이 '중지하다', '멈추다' 등의 뜻을 가진 것처럼 유대인들은 샤밧에는 일을 하지 않는 것을 원칙으로 한다. 물론 사회가 급속하게 변하면서 오늘날 세속적 성향의 세큘라 유대인은 샤밧을 잘 지키지 않는 경우도 많다. 하지만 초정통파 하레딤은 여전히 이를 철저히 지키고 있다. 이들은 샤밧에 일하지 않을 뿐만 아니라 TV 시청이나 자동차 운전 등도 금기시한다. 이들은 꼭 필요한 경우 이방인에게 샤밧 동안 율법상 금지된 행동을 대신 해달라는 부탁을 하기도 한다. 샤밧 기간 동안 유대인의 부탁을 들어주는 이러한 비유대인을 '샤밧 고이'라고 부른다. '고이'는 '이방인'이라는 뜻이다. 예루살렘에서 체류했던 한 유학생은 자신이 세 들어 살던 집 주인인 초정통파 유대인으로부터 샤밧에 집 안의 전등 스위치를 대신 눌러 달라든지 냉장고를 대신 열어달라는 등의 부탁을 받았다는 경험담을 들려주기도 했다.

이처럼 샤밧 계율을 지키려는 유대인들은 샤밧 동안 엘리베이터 작동 역시 금기시한다. 하지만 병원이나 요양시설, 고층 아파트 등과 같이 엘리베이터 이용이 불가피한 곳이 있다. 환자나 노약자가 고층 건물의 계단을 걸어서 오르내리기가 쉽지 않은 상황에서 이들이 찾은 대안은 무엇일까? 샤밧 동안 이용자가 버튼을 누르지 않아도 엘리베이터가 건물의 모든 층(또는 지정된 층)에 정지하도록 미리 세팅을 하는 것이다. 예루살렘의 하레딤 밀집 지역에 있는 호텔에도 이 같은 세팅을 해두는 호텔이 있다. 물론 이 방법을 이용하려면 샤밧 세팅에 필요한 별도 조치가 필요하다. 모든 층에서 정지하기 때문에 엘리베이터 운행에 시간이 더 많이 걸리고 전기에너지 부담도 더 커진다. 따라서 샤밧 세팅을 원한다면 건물의 입주자나 엘리베이터 이용자들로부터 일정 비율의 사전동의를 받아야 한다. 건물 내 엘리베이터 대수에 따라 동의가 필요한 비율은 다르다. 샤밧 엘리베이터 운용에 대해 세속적인 세큘라들은 당연히 반대한다. 일부 근본주의적 성향이 강한 하레딤도 비판적 시각을 보이기도 한다. 직접 버튼을 누르지 않더라도 엘리베이터에 탑승한다는 자체가 샤밧 계율을 어기는 것인 만큼 건강에 특별한 이상이 없는 사람은 고층 건물이라도 엘리베이터를 타서는 안 된다는 것이다. 샤밧 계율을 엄격하게 지키려면 다리가 튼튼해야 할 것 같다.

샤밧과 관련해서 항공기 운항 문제가 이슈가 될 때도 많다. 이스라엘의 벤구리온 국제공항은 다행스럽게 '욤 키푸르'(속죄일)를 제외하고는 일년내내 개방 운영되고 있다. 샤밧에도 공항시설을 닫지 않는 것이다. 다만, 국적 항공사인 엘알항공은 운항하지 않고 외국계 항공사들만 운항한다. 하레딤은 주로 해외여행시 엘알항공을 이용하는데 샤밧 동안에는 절대 비행기를 타지 않는다. 그런데 이처럼 엄격하게 샤밧을 지키는 탓에 가끔씩 문제가 발생하기도 한다.

수년 전 공항 근로자들의 파업으로 공항 업무가 지연되면서 일부 엘알 항공편은 샤밧이 이미 시작된 후에 출발하게 되었다. 이 사실이 알려지자 하레디 정당인 UTJ(토라유대주의 연합)는 엘알항공 측이 샤밧의 신성함을 훼손했다면서 전국의 모든 하레딤에게 엘알항공 탑승금지 조치를 취했다. 최대의 고객을 놓치게 된 엘알항공은 곧바로 사과 성명을 발표하고 앞으로는 샤밧을 반드시 지킬 것이라는 약속을 했다. 또 한번은 뉴욕과 이스라엘을 운항하는 비행기가 뉴욕에서의 폭설로 출발이 계속 지연되면서 이스라엘 공항 도착 예정시간이 샤밧 기간과 겹치게 되었다. 이를 알게 된 상당수의 초정통파 하레딤은 비행기가 출발하기 전에 타고 있던 비행기에서 내려버렸다. 이들은 샤밧의 경건함을 훼손할 수 없다는 신념에 따라 공항 근처 호텔에서 지낸 후 샤밧이 끝난 다음에 비행기에 올랐다.

샤밧 때문에 비슷한 사건이 또 일어났다. 그런데 이번에는 상황이 더욱 복잡해졌다. 2018년 말 뉴욕에서 400여 명의 승객을 태우고 이스라엘로 가는 엘알항공편이 폭설로 5시간 이상 이륙이 지연되면서 사건이 시작되었다. 180여 명에 이르는 하레딤 승객들은 9시간 반

정도 걸리는 이스라엘까지의 비행시간을 계산해 본 결과 예상 도착 시간이 이미 샤밧이 시작된 이후라는 점을 알게 되었다. 이들은 활주로에서 이륙허가를 기다리고 있던 비행기를 터미널로 돌리라고 요구했다. 그러나 항공기는 이들의 요구를 묵살하고 이륙해 버렸다. 항공기가 비행하는 동안 항의하는 하레딤 승객들과 승무원 및 일반 승객들 간에 일대 소란이 벌어졌다. 결국 항공기는 예정된 항로를 이탈하여 샤밧이 시작되기 직전 그리스 아테네 공항에 착륙했다. 하레딤 승객들은 그들의 요구대로 그리스에서 샤밧을 경건하게 보낼 수 있었지만 일반 승객들은 아테네에서 다른 비행기로 갈아타고 이스라엘로 가야 했다. 사건이 알려지자 항공사에 대한 비난이 폭주했다. 항공사 측은 당시 탑승한 모든 승객을 대상으로 무료 항공권을 제공해 불만을 무마하기에 급급했다. 하레딤 승객 중 1/3 정도는 자신들이 오히려 엘알항공에 납치되었다고 주장하며 항공사를 상대로 손해배상을 청구하는 집단소송을 제기하기도 했다.

샤밧은 율법에 따라 경건하게 지켜야 하는 만큼 이스라엘의 대중교통도 샤밧에는 모두 정지된다. 10명 정도가 탈 수 있는 '셔룻'이라는 일종의 승합차가 있기는 하지만 일반 버스나 기차는 운행하지 않는다. 철도에 문제가 생겨 보수작업이 필요한 상황이 생기더라도 평일로 보수작업을 미룬다. 불가피한 경우에는 비유대인 근로자들을 동원해 작업하는 일종의 편법이 동원되기도 한다. 몇 년 전에는 샤밧 동안 철로 보수작업을 하는 문제를 두고 국가적 논쟁이 벌어지기도 했다. 철도 운행 담당 부처에서는 교통대란을 막기 위해서는 샤밧에도 보수작업이 불가피하다고 주장했다. 그러나 하레딤 정당 UTJ는 절대 불가를 선언하고 만약 작업을 강행할 경우 연립내각에서 탈퇴할 것이라고 경고했다. 샤밧 때문에 이스라엘 사회 전체가 시끄러워지는 정치적 위기 상황이 연출된 것이다. UTJ가 비록 소수 정당이기는 하지만 만약 연립정부에서 실제로 탈퇴한다면 연립정권이 붕괴되는 상황이 발생하기 때문에 이를 무기로 사용한 것이다.

얼마 지나지 않아 비슷한 상황이 또 발생했다. 텔아비브 시를 남북으로 관통하는 20번 고속도로인 '아얄론 하이웨이'의 교량 연결 공사가 한창 진행되고 있을 때였다. 시 당국은 도로의 조기 완공을 위해서는 교통량이 적은 샤밧 기간에도 공사가 불가피하다고 발표했다. 그러자 또다시 초정통파 하레딤이 반발하고 나섰다. 초정통파의 압력을 받은 교통부가 샤밧에는 공사를 중지하라는 결정을 내리면서 갈등은 교통부와 텔아비브 시 당국 사이로 옮겨갔다. 교통부 장관은 평일에 잠깐씩 교통통제를 하면서 공사하면 된다고 했지만, 시 당국은 교통량이 많은 고속도로에서 평일 교통통제를 할 경우 교통대란이 발생할 뿐 아니라 공사 기간도 수개월이나 연장된다면서 강력하게 반발하고 나섰다.

당시에 여론조사 기관에서 안식일 공사중단 여부에 대해 조사한 결과는 흥미롭다. 샤밧 기간 중 공사중단을 찬성한 사람은 36%인 반면 공사중단에 반대한 사람은 49%로 나타났다(기권은 15%). 찬성이 1/3을 넘었던 것이다. 종교적 성향별로 보면, 비종교적인 세큘라 그룹에서는 73%가 공사중단에 반대한 반면 초정통파 하레딤 그룹에서는 84%가 공사중단을 지지했다. 양측의 의견이 극단적으로 갈린 것이다. 세큘라 그룹에서는 빨리 공사를 마치려면 안식일에도 공사하

<table>
<tr><td>SHABBAT</td><td>BEGINS</td><td>ENDS</td></tr>
<tr><td>Jerusalem</td><td>7:11 p.m.</td><td>8:28 p.m.</td></tr>
<tr><td>Tel Aviv</td><td>7:27 p.m.</td><td>8:31 p.m.</td></tr>
<tr><td>Haifa</td><td>7:22 p.m.</td><td>8:32 p.m.</td></tr>
<tr><td>Beersheba</td><td>7:27 p.m.</td><td>8:28 p.m.</td></tr>
<tr><td>Eilat</td><td>7:11 p.m.</td><td>8:22 p.m.</td></tr>
</table>

현지신문에 게재되는 시간표. 샤밧의 시작과 마침을 알려준다.

는 것이 당연하다고 생각하지만, 하레딤은 교통대란 같은 현실적 피해보다는 종교적 신념을 훨씬 더 중요시한다는 것을 알 수 있다.

토요일에는 샤밧이 끝나는 일몰 시간까지 체크인을 할 수 없는 호텔도 있다. 하레딤이 많이 거주하는 예루살렘의 일부 호텔들은 토요일 저녁 샤밧이 끝나야 비로소 체크인이 가능하다. 호텔 직원들의 대부분이 하레딤인 탓에 직원들이 샤밧이 끝난 후 토요일 밤이 되어야 출근하기 때문이다. 그때 비로소 빈방을 청소하고 그 후에 체크인을 받는 탓에 미리 예약을 한 손님들도 호텔 로비에서 체크인이 시작될 때까지 기다리는 모습을 볼 수 있다. 이미 숙박 중인 투숙객 입장에서는 재촉받지 않고 토요일 저녁까지 느긋하게 쉬다가 늦은 체크아웃을 할 수도 있다. 물론 예루살렘의 모든 호텔이 그런 것은 아니다.

상당수의 쇼핑몰이나 시장 등도 샤밧이 시작되는 금요일에는 오후 3시쯤 되면 일찍 문을 닫는다. 예루살렘의 메아 쉐아림 등 하레딤 밀집거주 지역의 시장통에는 사이렌이나 나팔을 불며 빨리 업소 문을 닫도록 촉구하는 랍비들의 모습을 볼 수 있다. 현대식 쇼핑몰에는 샤밧이 시작되는 금요일 오후에 문을 닫았다가 샤밧이 끝나는 토요일 일몰 이후 다시 문을 여는 가게들도 있다. 여름철에는 해가 늦게 지기 때문에 샤밧이 끝나는 시간도 덩달아 늦다. 해가 지고 샤밧이 끝난 후 토요일 저녁 8시쯤 문을 열었다가 폐점 시간인 밤 9시나 10시에 다시 닫는 경우도 많다. 겨우 1~2시간 동안 영업하기 위해 가게를 여는 것은 비합리적이라는 생각이 들 수밖에 없다. 그 때문에 일부 업소에서는 안식일 낮 시간에도 영업할 수 있도록 허가해 줄 것을 당국에 요구하기도 한다. 물론 도시별로 안식일 영업을 강력히 단속하는 경우도 있고 상대적으로 느슨히 지키는 경우도 있다. 또한 업소별로 방침이 상이한 경우도 있다. 하지만 전반적으로는 아직도 율법을 지킬 것을 요구받고 있다.

이스라엘 연예인 중에 '오메르 아담'이라는 유명한 아이돌 가수가 있다. 그는 2019년 5월에 이스라엘에서 열린 '유로비전 송 콘테스트'의 주관 방송사로부터 최종 결선무대 초청가수로 출연해 달라는 제의를 받았다. 유로비전 송 콘테스트는 유럽국가들이 참가하는 국제적인 음악 경연대회이다. 이스라엘은 비록 지리적으로는 중동 지역에 있지만 원래 유럽에서 온 이민자들이 많고 문화적으로도 유럽과 공유하는 부분이 많아 1970년대부터 이 대회에 참가해 왔다. 아무튼 그는 이 대회의 결승전 축하무대에 초청받았으나 출연을 거절했다. 전 세계 수억 명에게 중계방송되는 너무나 유명한 꿈의 무대라고 할 수 있는 유로비전 송 콘테스트에 출연을 요청받고서도 이를 거절한 것이다. 그가 설명한 출연 거절 이유는 5일간 계속된 행사의 결승전이 샤밧인 토요일에 개최되기 때문이라는 것이었다.

샤밧에 대중교통 운행을 금지하는 중앙정부의 방침에 대해 반기를 드는 지방정부도 있다. 우리나라 성지 순례객들이 많이 방문하는 갈릴리 호수 바로 옆에 티베리우스라는 도시가 있다. 2019년 봄 티베리우스 시장은 내무부의 샤밧 관련 제반 금지조치들에 대해 반기를 들고 나섰다. 당시 내무부는 종교정당인 샤스당의 의원이 장관직을 맡고 있었다. 그 시장은 개인차량이 없거나 금전적 여유가 없는 사람은 토요일 대중교통 중단으로 갈릴리 호수를 방문할 수 없다면서 샤밧에도 대중교통은 운행되어야 한다고 주장했다. 그는 초정통파 세력들의 종교적 강제조치에 신물이 난다고 강력히 비판하기도 했다. 하지만 대다수 지역에서는 샤밧 동안 대중교통 운행이 여전히 중단되고 있다.

남녀차별인가 남녀분리인가

이스라엘은 중동 지역 국가 중에서는 가장 개방적인 편이며 여성들의 권리도 비교적 보장되어 있는 나라이다. 과거에는 세계적 명성을 떨치며 '철의 여인'이라 불리기도 했던 여성 총리 골다 메이어도 배출했다. 현재도 여성이 대법원장을 맡고 있고 여성 정치인들도 많다. 2022년 총선으로 구성된 25대 의회(크네세트)에는 29명의 여성 의원들이 활동하고 있다. 전체 120명의 의원 중 거의 1/4에 육박하는 수준이다. 이스라엘 정부도 기회가 있을 때마다 이스라엘이 중동 지역에서 유일하게 민주주의를 실천하는 국가라는 자부심을 감추지 않는다.

그러나 유대인의 관습 중에는 남녀를 차별하는 사례들이 아직 남아 있는 것 또한 사실이다. 일상적인 생활에서는 많은 부분에서 평등이 이루어졌지만 유대 율법상의 전통적 계율들이 그것을 지키려는 초정통파 하레딤의 주장에 힘입어 여전히 유지되고 있는 것도 사실이다.

예루살렘 올드시티에 있는 통곡의 벽은 유대인이 아니더라도 또한 자신의 종교가 무엇이든 관계없이 누구나 성벽에 다가가서 기도를 드릴 수 있게 허용되어 있다. 그런데 통곡의 벽 광장으로 진입하기 위해서는 테러 방지를 위해 경찰이 지키는 검문소에서 금속탐지기를 통과해야 한다. 남쪽 '덩게이트'에서 광장으로 들어가는 검문소는 남녀의 출입구를 각각 분리해 두고 있다. 광장 내에서도 통곡의 벽 앞 기도공간은 남녀용으로 각각 나누어져 있다. 50미터 정도의 폭을 가진 통곡의 벽은 2/3 정도가 남성 구역으로, 나머지인 1/3 정도가 여성 구역으로 각각 분리되어 있는 것이다. 벽을 바라보고 남성들은 왼쪽에, 여성들은 오른쪽에 마련된 각각의 출입구를 통해서만 성벽 가까이 다가가서 기도를 드릴 수 있다. 남녀 구역의 사이에는 '메히짜'라고 불리는 일종의 분리시설(칸막이)이 설치되어 있다. 메히짜는 예식을 엄숙하고 진지하게 치르기 위해 남녀의 위치를 분리해 온 유대교의 가르침에 따른 것이다. 이러한 남녀분리 규율은 최근 일상에서는 거의 사라졌으나 초정통파 하레디 시나고그(유대교 회당)에서는 아직도 철저히 지키고 있다. 따라서 가족이라 하더라도 통곡의 벽에 다가갈 때는 남녀가 헤어져서 출입해야 하는 것이다. 물론 통곡의 벽 광장을 관리하는 랍비청에서는 그것이 '남녀차별'이 아니라 '남녀분리'일 뿐이라는 입장이다.

통곡의 벽 앞에 가까이 가보면 많은 유대인 남성이 고개를 끄덕이며 토라를 읽고 있는 모습들을 볼 수 있다. 그러나 여성은 통곡의 벽 앞에서 토라를 읽는 것이 금지되어 있다. 이 같은 남녀차별에 대해 비판적인 유대인 여성들이 1988년 말 모임을 결성했다. 이름하여 '성벽의 여성들WOW : Women Of the Wall'이라는 단체가 바로 그것이다. WOW는 유대인들의 가장 신성한 성지인 통곡의 벽 앞에서 여성들에게도 자유롭게 토라를 읽고 기도할 수 있는 권리를 보장하라고 주장한다. 이들은 유대력으로 매월 초하룻날 아침에 통곡의 벽 앞에 모여 시위 성격의 기도집회를 갖고 있다. 양피지로 된 소형 두루마리 토라를 옷 속에 숨겨 들어가서 큰소리로 읽는 등의 방식으로 집회를 벌인다. 집회 말미에는 자신들도 조국을 사랑한다는 표시로 이스라엘 국가 하티그바를 제창하기도 한다.

통곡의 벽 광장을 관리하는 초정통파 측에서는 이들의 활동에 비판적이기 때문에 여성들에 대한 몸 수색을 해서 두루마리 토라가 발견되면 입장을 불허한다. 그 과정에서 양측간에 소란스러운 다툼이 벌어지기도 한다. 한 가지 흥미로운 것은 이들 WOW도 통곡의 벽에서의 남녀분리에 대해서는 별다른 문제 제기를 하지 않는다는 점이다.

WOW의 시위성 기도집회에 대해 눈살을 찌푸리는 유대인 여성들도 있다. WOW 회원들에 대해 욕을 퍼붓고 침을 뱉거나 때로는 몸싸움을 벌이기도 한다. 이들은 아직도 유대교의 전통율법을 지키려는 초정통파 하레디 여성들이다. 이들은 '성벽의 여성들Women of the Wall'에 대항하기 위해 '성벽을 위한 여성들Women for the Wall'이라는 비슷한 이름의 단체를 만들기도 했다.

수년 전에는 통곡의 벽에서의 남녀분리에 반대하는 시민단체의 주장을 심리한 대법원의 판단이 있었다. 대법원은 이들을 위해 별도의 기도장소를 마련해 주라고 결정했다. 이 결정에 따라 통곡의 벽 광장에서 오른쪽(남쪽) 방향으로 조금 떨어진 '로빈슨 아치'라고 불리는 지역에 새로운 기도장소를 만들었다. 예루살렘 성벽의 남서쪽 모서리 가까운 부분이다. 이 새로운 기도장소는 남녀구분이 없어 일가족이 함께 기도할 수도 있다. 하지만 이곳은 지대가 낮아 기존 통곡의 벽 광장에서는 잘 보이지 않는다. 또한 다소 위험하게 느껴지는 철제계단을 걸어 내려가야 접근할 수 있는 불편한 위치에 있다. 주변에 흩어진 성벽 잔해 탓에 다소 어수선한 느낌이 들어 기도장소로서의 분위기가 잘 나지 않는다. 특히 성벽과 몇 미터 떨어져 있어 통곡의 벽처럼 손으로 벽을 만지기도 어렵다. 그러다 보니 새로운 기도장소는 일반 유대인에게서 거의 외면당하고 있는 실정이다.

이와 같이 통곡의 벽 앞에서 여성의 기도 문제가 계속 제기되자 이스라엘 정부는 예산을 투입해 새로운 기도장소를 확장하여 안전 문제를 보완하는 방침을 정했다. 그러자 이번에는 인접 지역의 역사적 중요성을 주장하는 고고학자들의 반대에 부딪히게 되었다. 새로운 기도장소를 환영할 것으로 예상되던 WOW중 일부도 반대하고 나섰다. 일부 강경세력들은 새로운 기도장소가 만들어진다 하더라도 기존 기도장소인 통곡의 벽을 절대 떠나지 않을 것이라고 선언했다. 2019년 봄에는 통곡의 벽 앞에서 WOW 창립 30주년 기념행사가 열렸다. 하지만 이들의 활동에 반발하는 초정통파 여성들이 통곡의 벽 기도장소를 선점하는 바람에 같은 유대인 여성들 간에 물리적 충돌이 벌어지고 행사는 결국 파행이 되고 말았다.

남녀분리 문제는 텔아비브에서 열린 하시디 계열 초정통파 유대인의 국제적 교세 확장 운동인 '하바드 루바비치Chabad-Lubavitch'행사에서도 여실히 드러났다. 텔아비브는 유흥이나 오락시설이 많고 이스라엘에서 가장 활기차고 진보적이며 서구의 문화생활도 즐길 수 있는 도시이다. 여름 텔아비브 해변에 나가면 비키니를 입은 여성이 수영이나 일광욕을 즐기고 있는 모습을 쉽게 찾아볼 수 있다.

최근 몇 년간은 코로나19 팬데믹으로 중단되었지만 해마다 6월이 되면 전 세계의 게이, 레즈비언, 트랜스젠더 등이 모인 가운데 성소수자의 축제인 '텔아비브 프라이드' 행사가 벌어지기도 한다. 이 행사에는 관광객을 포함해 거의 20만 명이나 되는 많은 사람이 참가한다.[16] 이처럼 개방적이고 역동적인 도시인 텔아비브에서 2018년 여름 초정통파의 종교행사가 열리게 된 것이다. 주최 측에서는 남녀분리를 위해 행사 장소에 50미터 정도 길이의 메히짜를 설치했다. 자신들만의 실내 행사라면 남녀분리를 하든 말든 관계가 없지만 행사장소가 일반 대중들이 많이 다니는 도심지인 텔아비브 시청사 바로 앞의 '이츠하크 라빈' 광장이라는 것이 문제가 되었다.

텔아비브 프라이드 행사/ 텔아비브 전경

텔아비브 시 당국은 당초 행사 주최 측으로부터 광장 사용 허가 신청을 받고 별다른 고민 없이 이를 허가했다. 그러자 이에 반발한 여성 인권단체들이 들고 일어난 것이다. 여성단체들은 시 당국을 상대로 공공장소에서의 남녀분리는 인종차별과 같은 수준의 비민주적 차별조치라고 항의하고 나섰다. 여성단체의 압력을 받게 되자 진보성향 유권자를 의식한 텔아비브 시장은 행사 허가를 취소하기에 이르렀다. 그러자 이번에는 행사 주최 측에서 법원에 시 당국의 행사 취소에 대한 처분금지를 청구하고 나섰다. 법원은 시 당국의 허가 철회가 행사 직전에 이루어진 절차적 하자와 문화적 다양성 등을 이유로 들면서 행사는 허가하되 남녀분리를 강제하지는 못한다는 다소 어정쩡한 결정을 내렸다. 이 같은 법원 결정을 두고 또다시 정치권과 시민단체들 간에 갑론을박 설전이 벌어졌다. 결국 행사는 시민단체의 비난 속에서도 당초 주최 측 계획대로 남녀가 메히짜로 나누어진 상태에서 치러졌다.

남녀분리 때문에 서로 눈살을 찌푸리는 사건은 하늘에서도 가끔씩 일어난다. 수년 전 뉴욕에서 이스라엘로 향하는 엘알항공기 내에서 남녀분리와 관련된 사건이 또 일어났다. 항공기에 탑승한 초정통파 하레딤 남성 2명이 자신들의 좌석이 여성 승객의 옆자리인 것을 발견하고 가족 아닌 여성의 바로 옆자리에는 앉을 수 없다고 착석을 거부한 것이다. 설득에도 불구하고 이들이 계속 착석을 거부하자 승

---

16   일반적인 예상과 달리 이스라엘에서는 성매매 산업도 존재한다. 성매매는 과거 미성년자를 대상으로 하거나 호객행위, 광고 등만을 규제하는 일종의 회색지대에 있었으나 2020년 7월부터 처벌이 강화되어 성매매는 완전히 불법화되었다.

무원들은 미리 앉아 있던 여성 승객 2명에게 다른 자리로 이동하도록 요구했다. 해당 여성 승객들이 항의를 하다가 결국 자리를 양보함에 따라 문제가 해결되었으나 그 과정에서 항공기 출발이 지연되었고 다른 승객들이 불만을 터뜨리기도 했다.

항공기 내에서 벌어진 하레딤의 남녀분리 요구는 사실 처음이 아니었다. 그 이전에도 여성의 옆자리에 앉기를 거부한 하레딤 남성 대신 애꿎은 여성에게 좌석 이동을 요구한 엘알항공사를 상대로 소송이 제기된 사건이 있었다. 당시 법원은 성별을 이유로 승객에게 좌석 이동을 요구하는 것은 일종의 차별행위라고 판시하고 승무원에 대한 교육을 명령했다. 항공사의 잘못된 행태가 알려지자 언론과 시민단체들의 비난이 폭발하면서 불매운동이 벌어지게 되었다. 엘알항공은 결국 대표 명의의 발표문을 통해 승객들의 불편에 대해 사과했지만 비슷한 사건이 또다시 벌어진 것이다. 앞으로도 여성이 엘알항공을 이용할 경우 옆자리에 배정된 하레딤 남성 때문에 또 다시 좌석 이동을 요구받게 될지도 모를 일이다.

남녀분리와 관련하여 또 한 가지 재미난 해프닝이 있었다. 실용적인 가구나 다양한 주거용품들을 판매하면서 세계적으로 유명세를 떨치는 스웨덴 기업 이케아IKEA가 이스라엘에서 집단소송을 당한 적이 있다. 소송사유는? 제품이나 서비스의 불량이 아니라 남녀차별 문제 때문이었다.

이케아는 수년 전 자사의 판매제품을 홍보하는 카탈로그를 제작해 이스라엘 전역에 배포했다. 그런데 일부 지역에 배포된 카탈로그가 문제가 되었다. 문제가 된 카탈로그는 당초 남녀를 엄격히 구별하는 초정통파 하레디 가정을 대상으로 별도 제작한 것이었다. 그 카탈로그는 수염을 길게 기른 성인 남성이나 남자 아이만 등장하는 사진을 싣고 여성의 사진은 모두 지워버렸는데, 하레딤은 공공 출판물에 여성, 특히 여성의 얼굴이 등장하는 사진은 일절 못 싣도록 하기 때문이다. 과거 미국의 대통령 선거 당시 하레디 공동체에서 발행하는 신문은 힐러리 클린턴 후보에 관한 기사를 게재하면서도 힐러리 후보 얼굴은 전혀 드러내지 않고 손만 보이는 사진을 싣기도 했다.

　그런데 이 카탈로그가 하레딤이 거주하는 지역뿐 아니라 세속적 성향의 세큘라 그룹이 거주하는 지역에까지 배포되었던 것이 문제였다. 그 카탈로그를 받아본 많은 사람들이 남녀차별이라며 분개했다. 일부에서는 이스라엘이 남녀차별이 극심한 사우디처럼 되어간다고 조롱하기도 했다. 소식은 SNS를 타고 삽시간에 전국에 알려졌으며 뉴스에도 보도되었다. 이케아는 뒤늦게 사과 성명을 발표했으나 이미 엎질러진 물이었다.

　마침내 2019년 초 이스라엘의 진보성향 시민단체들은 이케아를 상대로 남녀 성차별에 따른 배상을 요구하는 집단소송을 제기했다. 문제의 카탈로그를 배포하여 여성의 가치가 가정에서부터 무시당함으로써 결과적으로 여성에 대한 잠재적 피해가 발생했다고 주장하고 나선 것이다. 이스라엘에서 글로벌 기업이 성차별을 이유로 집단소송을 당한 것은 처음 있는 일이었다. 이케아로서는 억울한 부분이 있었을 것이다. 여성의 사진이 등장하는 일반 카탈로그를 배포할 경우 하레디 측의 반발이 극심할 것은 불 보듯 뻔한 일이기 때문에 하레디 가정용을 별도로 제작했음에도 문제가 되었으니 말이다. 고심 끝에 이케아는 그 다음 해부터 하레디 가정용 카탈로그는 남녀를 불문하고 아예 사람이 등장하는 사진을 모두 삭제하고 가구 등 제품만 나오는 것으로 별도 제작했다. 집단소송에서 법원은 이케아 측의 잘못을 인정하면서도 이는 단순한 배포 실수이며 그러한 실수를 즉시 인정한 점을 고려할 때 남녀차별금지법에 의한 소송의 대상이 되지는 않는다고 판결했다.

유월절의 누룩전쟁

유대인들이 기리는 명절에는 봄철의 유월절逾越節, 초여름철의 칠칠절七七節, 가을철의 초막절草幕節 등이 있다. 히브리어로 '페사흐'라고 부르는 유월절은 이집트에서 노예로 살아가던 유대민족이 모세의 인도로 안전하게 탈출한 것을 기념하기 위한 축제다. 칠칠절은 히브리어로 '샤부오트'라고 부르는데 모세가 시나이산에서 하느님으로부터 율법을 받은 날을 기념하는 동시에 첫 수확의 기쁨을 감사하는 날이다. '수코트'라고 부르는 초막절은 유대민족이 40년간 광야에서 초막을 지어놓고 생활할 때 하느님께서 지켜주신 것을 감사하는 축제의 날이다.

일주일간 진행되는 유월절 기간에는 누룩이 들어있는 발효식품인 '하메츠'를 갖고 있거나 먹어서는 안 된다. 이집트에서 너무 황급히 탈출하느라고 누룩으로 부풀린 빵을 만들 시간조차 부족했던 슬픈 고난의 역사를 기억하기 위해 하메츠를 금지하는 것이다. 하메츠

chametz는 유월절 기간에는 한시적 금지식품이 되므로 당연히 슈퍼마켓에서도 유월절 기간에는 누룩이 들어 있는 식품은 일절 팔지 않는다. 유대인은 대신에 누룩이 들어 있지 않아 맛이 없고 딱딱한 '마짜'를 먹게 된다. 《성경》에 '무교병無酵餠'이라고 나오는 것으로, 누룩을 넣지 않고 구운 빵이나 과자를 뜻하는 말이다. 그래서 유월절을 '무교절'이라고도 부른다. 마짜를 먹는 것은 풍요로운 생활로 인한 교만과 나쁜 습성을 반성하고 조상들이 겪었던 고난의 의미를 되새긴다는 소중한 의미를 담고 있다. 유대 계율을 지키지 않는 세큘라 유대인이나 이교도 외국인 등은 일주일이나 지속되는 유월절 기간이 시작되기 전에 평소 즐겨 먹던 누룩이 들어있는 하메츠 식품을 미리 충분히 확보해 두어야 한다. 유월절 기간이 시작되기 직전에는 가게에서 하메츠 빵들이 일찌감치 동나는 바람에 때로는 손님과 종업원 간에 실랑이가 벌어지기도 한다.

초정통파 유대인은 계율의 가르침에 따라 유월절 기간이 시작되기 전에 집 안을 청소하고 누룩이 들어 있는 빵이나 과자, 파스타 등을 찾아서 모두 태워버린다. 계율을 중시하는 하레딤이 많이 사는 지역에는 유월절이 가까워지면 '동네가 빵 타는 냄새로 가득하다'는 우스갯소리도 있다. 집안에 누룩이 들어 있는 하메츠 식품이 소량만 남아 있다면 계율에 따라 모두 태워버릴 수 있을 것이다. 하지만 만약 너무 많이 남아 있을 경우에는 어떻게 할까? 또한 그 식품이 값비싼 것이라면 모두 태워버리기가 아깝지 않을까? 그리고 어차피 유월절 기간이 끝나면 누룩이 들어있는 식품을 다시 먹어야 되는데 유효기간이 남아 있는 발효식품을 전부 다 태워버린다면 낭비라는 생각이

들지 않을까?

현실적으로 보면 군부대나 병원, 공장, 학교 등 대규모 급식 시설을 둔 이스라엘의 모든 시설에서 누룩이 들어가 있는 하메츠를 전부 불에 태워버린다면 국가적 차원에서도 엄청난 재정부담이 따를 것이다. 그 피해가 너무 막대하기 때문이다. 그래서 대규모 시설의 경우에는 미리 약정해 둔 시나리오에 따라 유월절이 시작되기 전에 하메츠 식품을 일시적으로 매매하는 방식을 통해 문제를 해결한다. 이 하메츠 식품의 매매는 일반적 상품매매의 형태와는 달리 상징적으로만 이루어진다.

우선 대규모 시설들은 유월절이 시작되기 직전 하메츠 식품에 대한 매각 권한을 랍비에게 위임한다. 위임을 받은 랍비는 유대인이 아닌 이방인(아랍계 국민 등)과 하메츠 식품에 대한 매매계약을 체결한다. 그런데 조건부로 이루어지는 이 계약이 아주 재미있다. 매수인(아랍인)은 일단 매도인(유대 랍비)에게 매매 대금 중 일부를 계약금으로 지급한다. 그런데 매매계약이 체결된 하메츠 식품은 매수인이 가져가지 않고 원래 있던 곳에 그대로 둔다. 매수인은 유월절이 끝날 때까지 약속된 잔금을 완납하지 않는다.

유월절이 끝나면 매매계약은 잔금이 미납되었다는 이유로 자동적으로 파기된다. 일반적인 매매계약이라면 매수인이 잔금을 완납하지 않았기 때문에 매도인이 계약금을 돌려주지 않아도 되지만, 하메츠 계약의 경우에는 사전합의된 조건에 따라 계약금을 매수인에게 다시 돌려준다. 계약이 파기되었기 때문에 하메츠 식품은 본래의 주인인 매도인이 소유권을 그대로 갖는다. 식품도 전혀 위치이동을 하지 않았기 때문에 원래 있던 장소에 그대로 있다. 결과적으로 유월절 이전과 달라진 것은 아무것도 없다.

이런 기상천외한 상징적 계약 방식을 통해 적어도 유월절 기간 동안 유대인들은 하메츠 식품을 전혀 소유하고 있지 않은 것이 된다. 2021년 유월절에는 코로나 바이러스 상황 때문에 하메츠 매매를 개별적으로 하기 어려워졌다. 이 같은 상황을 고려하여 랍비청이 나서서 비대면 온라인 매매를 무료로 대행해 주는 서비스를 제공하기도 했다.

앞의 사례처럼 유월절 동안 상징적 방식으로 매매를 하지 못한다면 종교 당국의 지침에 따라야 한다. 슈퍼마켓에서는 보통 유월절이 시작되기 전에 매장에 있는 식품 중에서 빵, 과자, 면류, 맥주 등 누룩이 들어 있는 하메츠 식품을 한 곳에 모아 장막으로 가려 둔다. 유월절 동안 하메츠 식품을 공공연히 비치하지 못하도록 하는 당국의 지침을 충실하게 따르는 것이다. 실제로 유월절이 시작되는 금요일 오후에 슈퍼마켓에 가면 일부 판매대에서 비닐이나 천으로 장막을 치고 있는 모습을 쉽게 찾아볼 수 있다. 이렇게 유월절 기간에는 하메츠를 눈에 띄지 않게 장막으로 가려두지만, 명절이 끝나고 나면 다시 장막을 걷는다. 우리의 시각에는 어떻게 보면 '눈 가리고 아웅' 하는 느낌이 드는 것도 사실이다. 하지만 오랜 기간 이어져 내려온 유월절의 전통을 지키면서 동시에 불필요한 낭비와 금전적 손실도 방지할 수 있는 현실적인 방법이라는 생각이 들기도 한다.

몇 년 전에는 유월절을 앞두고 병원에 하메츠 식품의 반입을 허용해도 되는지 여부를 두고 이스라엘 사회에서 논쟁이 벌어진 적이 있다. 일부 하레디 병원이 유월절 동안 외부에서 반입하는 식품에 대해 그 내용물을 검사하여 만약 하메츠가 들어 있을 경우에는 반입을 금지한다고 결정한 것이다. 이 같은 조치를 두고 찬반 의견이 분분했다. 계율을 철저히 지키는 하레디 측은 아무리 병원이라 하더라도 하메츠의 반입은 절대 불가하다며 병원 측의 입장에 동조했다. 유월절 동안 병원 내부에 금지 식품인 하메츠가 있다는 사실을 알게 되면 계율을 중시하는 응급환자가 병원에 들어갈 수가 없고 기존에 있던 환자들도 병원을 떠나야 하는 등 부작용이 일어날 것이라는 주장이었다. 반면에 세속적 그룹인 세큘라 유대인들은 하메츠든 마짜든 본인의 선택사항인데 만약 본인이 원하는 음식의 반입을 차단할 경우 오히려 환자의 건강에 문제가 될 수도 있다고 주장하며 반입 자체를 금지해서는 안 된다고 반발했다.

양쪽의 입장을 고려한 타협안으로 병원 내 일정구역을 하메츠 반입이 가능한 공간으로 만들어 그 공간에서만 하메츠를 먹을 수 있도록 하자는 의견도 나왔다. 그러자 이번에는 병원 내 일정구역의 범위를 두고 또다시 논쟁이 벌어졌다. 과연 종교당국인 랍비청은 어떤 결정을 내렸을까?

유월절 기간 중 하메츠의 병원 건물 내 반입은 불가하다. 병원 건물 입구에 안내문을 붙이고 경비원을 배치하여 음식의 내용물을 살펴보고 누룩이 들어가지 않은 것으로 확인된 경우에만 반입을 허용한다. 다만, 병원 건물이 아닌 외부 별도 장소(주차장, 정원, 운동장 등)를 하메츠 허용 구역으로 지정해 둘 경우 그 지정 장소에 하메츠를 반입해 섭취할 수 있다.

이 같은 정부 지침에 대해 또다시 논쟁이 벌어졌다. '다른 업무로 바쁜 경비원이 왜 반입되는 음식물 검사까지 맡아야 하는가? 하메츠의 반입이 가능한 소위 하메츠 구역을 별도로 설치하는 데 소요되는 인력과 비용은 누가 부담하는가? 거동이 불가능한 환자는 어떻게 건물 밖으로 나가나?' 이러한 물음과 논쟁이 꼬리에 꼬리를 물고 이어졌다.

랍비청의 지침에 반발하는 시민단체들은 드디어 대법원에 하메츠 반입규제를 폐지해 달라는 청원을 제출하기에 이르렀다. 오랜 심리 끝에 대법원은 2020년 마침내 그 같은 반입규제는 잘못이라고 결정했다. 이스라엘에는 종교의 자유가 있고 하메츠 반입 여부는 개인의 자기 결정권에 관한 사안이라고 판단한 것이다. 이 판결에 대해 세큘라 그룹 측에서는 두 손을 들고 환호했지만 최고랍비공의회 등 초정통파 하레딤 측에서는 당연히 강력 반발하고 나섰다. 유대 국가의 정체성을 훼손하는 소수 의견만 존중한 것은 비민주적이고 편향된 판결이라는 것이었다. 하레딤 세력을 기반으로 하는 종교정당들은 대법원의 판결과 관계없이 하메츠 반입을 제도적으로 금지할 수 있는 새로운 법률을 만들 것이라고 선언했다. 2021년 유월절 기간에는 대법원의 규제금지 결정에도 불구하고 일부 병원이 하메츠 음식에 대해 반입을 규제하는 일이 또다시 발생했다. 유월절의 하메츠 문제를 둘러싸고 모든 국민이 합의하는 방법을 찾아내는 것이 결코 쉬운 과제가 아닌 듯하다.

1) 이스라엘의 주요 공휴일

유월절	Feast of Passover	페사흐	하나님과 모세의 인도 아래 이집트의 노예 생활에서 벗어난 날. 히브리력으로 닛산 달 15일에 시작된다.
현충일	Israel Memorial day	욤 하지카론	전쟁으로 인해 희생된 전사자들과 테러 희생자들을 기리는 날. 독립기념일 바로 하루 전날인 유대력 이야르달 4일이다.
독립기념일	Israel Independence day	욤 하츠마우트	이스라엘이 건국되면서 유대 민족의 디아스포라가 끝난 날. 유대력 이야르달 5일이다.
칠칠절	Feast of Weeks	샤부옷	이스라엘 땅에서 밀이 수확된 것과 하느님이 토라를 이스라엘에게 준 것을 감사하는 날. 히브리력 시반월의 6일째 날.
나팔절	Feast of trumpets	로쉬 하샤나	유대인들의 새해 명절로, 하느님이 1일에 인간을 창조한 것을 기념하는 날.
속죄일	Feast of Atonement	욤 키푸르	유대인들의 가장 큰 명절로, 금식하며 죄를 회개하는 날. 로쉬 하샤나 10일 후에 지킨다.
초막절	Feast of Tabernacles	수코트	3대 순례 축제 중 하나로 나라없이 광야를 떠돌며 장막생활을 한 것을 기념하는 날. 약 1주일 정도 조상들을 기리는 수확축제를 연다.

수전절	Feast of Dedication	하누카	군사 반란을 통해 이교도들로부터 유대 성전을 되찾은 것을 기념하는 날 9갈래의 촛대(하누카)에 불을 밝힌다.

2) 유대력의 주요 절기

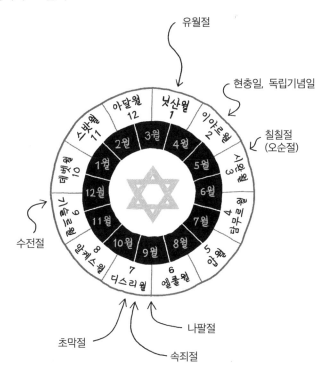

검은색 안쪽 원이 양력이고 하얀색 바깥쪽 원이 유대력이다.

닮은꼴의 나라,
이스라엘과 대한민국

이스라엘은 여러 가지 면에서 우리나라와 많은 유사성을 갖고 있다. 두 나라 모두 제2차 세계대전 종전 이후 1948년 정식으로 국가를 세울 수 있었다. 또한 국가 수립 이후 전쟁을 치른 것도 비슷하다. 인적 자원 이외에는 부존자원이 많지 않으며, 두 나라 국민 모두 근면하고 헝그리정신을 바탕으로 하는 승부 근성도 가지고 있다. 역사적으로도 다른 나라들로부터 길고 긴 고난과 박해를 받고서도 이를 이겨낸 경험을 가졌으며, 아직도 주변 국가들로부터 상시적인 안보 위협을 받으면서 살고 있다. 두 나라 가정 모두 가족의 가치를 매우 중요시하고 있으며, 자녀에 대한 부모의 교육열 역시 다른 나라의 추종을 불허할 정도로 높다. 정부 수립 이후 짧은 기간 동안 민주주의와 경제성장을 동시에 달성한 저력을 갖고 있다. 최근에는 하이테크 분야에서 세계적 선두를 다투며 발전하고 있다.

이스라엘은 건국 직후이던 1950년 한국전쟁 당시 유엔 회원국의 일원으로 국제사회의 지원에 동참하여 약 10만 달러에 상당하는 의료용품과 식료품을 지원해 준 바 있다. 한국은 1962년 이스라엘과 정식으로 외교관계를 수립한 데 이어 1970년대에는 한국군의 현대화를 위해 이스라엘을 벤치마킹하기도 했다. 1993년에는 이스라엘에 상주대사관을 개설하기에 이르렀다. 2022년은 양국이 수교한 지 60주년이 되는 해이다. 두 나라의 교역규모는 2021년 기준으로 34.2억 달러 수준이다. 우리나라는 주로 휴대폰, 가전제품, 자동차 등 완제품을 수출하고, 이스라엘로부터는 주로 각종 첨단기술 장비나 부품 등을 수입하고 있다. 현대와 기아자동차는 이스라엘 자동차 시장에서 인기를 누리며 점유율 상위권을 달리고 있다. 삼성이나 LG 등 대기업의 기술연구소와 영업법인들도 이스라엘에 진출해 있다. 양국은 하이테크 첨단기술을 공동개발하기 위한 협력협정을 체결해두고 있으며, 2019년 8월에는 자유무역협정FTA까지 체결하여 2022년 12월부터 발효되었다.

이스라엘에는 젊은 층을 중심으로 우리의 K-Pop, K-드라마 등 한국문화 애호층이 확산되고 있다. 정부 차원에서는 2018년 12월 우리 국회의장이 이스라엘을 방문한 데 이어 2019년 7월에는 이스라엘 대통령이 방한하는 등 양국간 고위급 수준의 교류도 지속적으로 확대되고 있다. 또한 연간 4~5만여 명의 우리 국민이 성지순례나 비즈니스 등을 목적으로 이스라엘을 방문하고 있다. 양국 간에는 비자면제협정이 체결되어 있어 언제라도 방문해 90일 간 체류가 가능하다. 최근에는 특히 정보통신, 사이버 보안, 핀테크, 바이오, 자율주행 등 다양한 분야에서 양국 간 기술교류도 활발히 이루어지고 있다.

　이와 같이 이스라엘은 여러 면에서 우리와 비슷한 점이 많고 이스라엘에 대한 우리의 관심도 결코 적지 않다. 하지만 이스라엘에 대한 우리의 인식은 관심을 가진 특정한 분야에만 한정된 경향이 있다. 오늘의 이스라엘을 보다 폭넓고 열린 관점에서 바라볼 때 우리는 비로소 이스라엘이라는 특별한 나라를 좀 더 정확하게 이해할 수 있을 것이다.

7가지 키워드로 읽는

오늘의 이스라엘

초판 1쇄 인쇄 2023년 3월 20일
초판 1쇄 발행 2023년 4월 7일

지은이 최용환
펴낸이 오세인 ┃ **펴낸곳** 세종서적(주)

주간 정소연
편집 김재열 ┃ **표지디자인** thiscover.kr ┃ **본문디자인** 김진희
마케팅 임종호 ┃ **경영지원** 홍성우
인쇄 천광인쇄 ┃ **종이** 화인페이퍼

출판등록 1992년 3월 4일 제4-172호
주소   서울시 광진구 천호대로132길 15, 세종 SMS 빌딩 3층
전화   (02)775-7012 ┃ 마케팅 (02)775-7011 ┃ 팩스 (02)319-9014

홈페이지 www.sejongbooks.co.kr ┃ 네이버 포스트 post.naver.com/sejongbooks
페이스북 www.facebook.com/sejongbooks ┃ 원고 모집 sejong.edit@gmail.com

ISBN 978-89-8407-891-8 03910